Tiempo de México

Cosecha de mujeres

Safari en el desierto mexicano

El dedo en la llaga

Cosecha de mujeres

Safari en el desierto mexicano

Diana Washington Valdez

OCEANO

EDITOR: Rogelio Carvajal Dávila

COSECHA DE MUJERES
Safari en el desierto mexicano

© 2005, Diana Washington Valdez

D. R. © EDITORIAL OCEANO DE MÉXICO, S.A. de C.V.
    Eugenio Sue 59, Colonia Chapultepec Polanco
    Miguel Hidalgo, Código Postal 11560, México, D.F.
    ☎ 5279 9000   🖷 5279 9006
    ✉ info@oceano.com.mx

PRIMERA REIMPRESIÓN

ISBN 970-651-988-2

IMPRESO EN MÉXICO / PRINTED IN MEXICO

Para mi mamá, Tere, y toda mi familia;
a la memoria de Monique Nicole, y las demás
estrellitas que se apagaron.

Las Muertas de Ciudad Juárez

Como conejos asustados nuestras lenguas
Enmudecen: voces inaudibles que rondan
Los confines de la muerte: donde la sangre
Del otro es aire envenenado: luz hiriente
Vivimos —como Henry Miller lo expusiera—
En el tiempo de la crueldad: en la edad
De los verdugos: y sólo contamos con las palabras
Para separar el mito de la historia
El dolor de sus revelaciones: aquí estamos
Tratando de vivir a la altura de sus vidas
Buscando ser fieles a su ausencia
Jurando que la impunidad es una etapa temporal
No el fragor que cubre nuestros pasos
No la polvadera de cenizas que carece de nombre
Por ello sólo pedimos contar lo que sabemos
Dar a conocer el relato veraz de cada herida
Los sueños insepultos que la justicia nos debe.

Gabriel Trujillo Muñoz

ÍNDICE

AGRADECIMIENTOS

Este libro no hubiera sido posible sin el apoyo de muchas personas, en particular de Sergio González Rodríguez, del periódico *Reforma*; Don Flores, el editor de *El Paso Times*; varios periodistas del *Norte de Ciudad Juárez*; y de la directora general de *La Jornada*, Carmen Lira Saade. Para la traducción de esta historia al español fue indispensable el trabajo y habilidad de Marisela Ortega Lozano. Leonel Monroy, un fotógrafo talentoso, también me acompañó en muchos momentos críticos.

También agradezco a las siguientes personas y organizaciones que apoyaron de distinta manera: Kent Paterson, Lorena Méndez, Marisela Ortiz, Lucha Castro, Mujeres de Negro, Julia Monárrez, Kathleen Staudt, Judith Galarza, Irene Blanco, Víctor Muñoz, Irasema Coronado, Patricia Garibay, Loren Magaña, Patricia Ravelo, Cynthia Bejarano, Isabel Arvide, Cheryl Howard, Gregory Bloom, Nuestras Hijas de Regreso a Casa, Kim Jensen, Ed Vulliamy, Sandra Jordan, Phil Jordan, Hardrick Crawford Jr., David Alba, Frank Evans, Socorro Córdova, Border Prayer Network, Azul Luna, Oscar Máynes, Jaime Hervella, Rosa Isela Pérez, Graciela Atencio, Alfredo Quijano, Voces sin Eco, Lourdes Portillo, Rita Laura Segato, Isabel Vericat, productoras de *Ciudad Sin Ley* (Telemundo), John Burnett, Ramón Chaparro, Mario Escobedo, Rosa Lardizábal, la policía municipal de El Paso, José María Guardia, Allison Forbes, la doctora Irma Rodríguez Galarza, Dan Williams, Mary Benanti, Vicky Caraveo, la Comisión Nacional de Derechos Humanos, miembros de Amnistía Internacional, Candice Skrapec, Casa Amiga, Integración de Madres Por Juárez, 8 de Marzo de Chihuahua, Félix González, Jenaro Villamil, Norma Chávez, Mujeres en Red, Hilda Solís, Eliot Shapleigh, Amigos de las Mujeres de Juárez, Mexican Solidarity Network y el equipo de WOLA.

Familiares de las víctimas por homicidios y secuestros quienes aportaron datos clave. Varias personas de las agencias policiales

19

en ambos lados de la frontera prefieren no ser nombrados, pero merecen todo el agradecimiento por su valentía de compartir la verdad tal como la conocen. Finalmente, la editorial Oceano merece las gracias de todos por su interés en el tema que nos ha llevado a este libro.

PRÓLOGO

La saña con que las mataban fue lo que al principio me llamó la atención. Ese día invernal de febrero de 1999, permanecí despierta hasta la madrugada, leyendo una serie de relatos que describían muerte por muerte.[1] Así comenzó todo. Pese a las afirmaciones de las autoridades, estos crímenes no tenían nada de normal y ya eran demasiados. Desde 1993, jovencitas, incluso niñas de sólo 12 años, eran violadas, estranguladas y mutiladas. Durante los últimos diez años, más de 400 mujeres han sido asesinadas y una cantidad indeterminada de ellas permanece en calidad de desaparecidas.

Una de las víctimas, Gladys Janeth Fierro, de 12 años, fue secuestrada en mayo de 1993, y al poco tiempo, la encontraron muerta. Sufrió abuso sexual y fue estrangulada. En septiembre de 1995, el cadáver de otra estudiante, Silvia Rivera Morales, de 17, fue localizado en un terreno al sur del Aeropuerto Internacional de Ciudad Juárez. Su seno derecho había sido cortado y el izquierdo mordisqueado por dentadura humana. Eso le hicieron a otras víctimas ese mismo año en uno de los predios en disputa, propiedad de familias influyentes.

Sagrario González, de 17 años, quien trabajó como obrera en una maquiladora, desapareció en abril de 1998 al salir de su trabajo. Después de varios días, su cuerpo fue encontrado en un lote baldío ubicado al oriente de la fábrica donde trabajaba. Las autoridades establecieron que la joven fue ultrajada, estrangulada y apuñalada. En 1996, otras ocho mujeres fueron localizadas en una región desértica de Juárez conocida como Lomas de Poleo, cerca de El Paso, Texas.

21

El hallazgo de estos cadáveres en las tierras conocidas como Lote Bravo y Lomas de Poleo se incluyó en los expedientes analizados por los perfiladores de criminales del FBI durante su visita a Juárez, en marzo de 1999.[2] Los expertos de Estados Unidos fueron enviados a la frontera luego de que el presidente mexicano, en ese entonces Ernesto Zedillo, y el presidente estadunidense Bill Clinton abordaran el caso de los crímenes contra mujeres en Juárez, durante su encuentro en la ciudad de Mérida, Yucatán, en febrero de 1999. Sin embargo, cinco años después, los asesinatos de las mujeres en Juárez de nuevo fueron tema de diálogo entre los dos mandatarios, George W. Bush y Vicente Fox.

Según declaraciones de funcionarios mexicanos, se grabó un gran triángulo en las espaldas de algunas de las víctimas, mediante un cuchillo o algún otro instrumento cortante. En Asia, un triángulo es un símbolo vinculado con los políticos de ultraderecha. También ha sido utilizado por algunas sociedades y logias secretas, incluso hasta por los nazis.[3]

Me resultaron muy inquietantes los relatos que leí esa noche de 1999. Aunque no todos los crímenes estaban relacionados entre sí, en los hechos todos ellos mostraban una extrema violencia. En apariencia, las víctimas eran escogidas y sus secuestros estaban muy bien organizados. Las mujeres desaparecían en la zona centro, a plena luz del día, sin que nadie oyera u observara algún detalle en particular. Al principio, creí que esos crímenes eran obra de un par de depravados asesinos bajo protección policiaca, gracias a sus vínculos con el bajo mundo. Había indicios de ello. Después, tuve conocimiento de que existía algo mucho más turbio y complejo detrás de esta cosecha de muerte. Al parecer los criminales eran hombres poderosos que gozaban de influencia en las más elevadas esferas del gobierno mexicano.[4] Pero los investigadores mexicanos, quienes sabían que estos hombres escogían a sus víctimas entre las jovencitas miembros de familias muy pobres, nada hicieron para frenarlos. Una antropóloga de Brasil describió a esta agrupación y a sus cómplices como una "cofradía" que se valía de estas muertes para demarcar su

22

territorio y sellar un pacto de silencio, mientras que una socióloga de Juárez calificó estos asesinatos como feminicidios y les atribuyó tinte sexual.[5] Homicidas en serie, pandillas salvajes y "puchadores" de droga también se consideraron responsables pero lograron eludir su responsabilidad en los asesinatos de las mujeres en Juárez.[6]

Los crímenes que convirtieron a esta ciudad fronteriza en la capital mundial de los asesinatos de mujeres no comenzaron de la noche a la mañana. Tuvieron sus inicios en la guerra sucia de México, cuando apenas se iniciaba una red de capos del narcotráfico, empresarios, militares, policías y funcionarios corruptos. Y estas muertes estaban surgiendo en otros lugares de México y Centroamérica. El terror y la desenfrenada violencia vinculada al cartel de los Carrillo Fuentes fueron de gran utilidad para encubrir a los poderosos juniors, a quienes un funcionario federal atribuyó la comisión de estos asesinatos para proteger sus intereses financieros. Por muchos años, los sospechosos permanecerían ocultos. Pero al final, el velo fue descubierto y esto provocó una serie de amenazas. En el año 2004, tres policías mexicanos me enviaron un mensaje de advertencia para que detuviera y abandonara mi investigación. Otra fuente mexicana me reveló que "los juniors están preocupados; no quieren que sus nombres sean divulgados".

A fines de 2003, luego de que *La Jornada*, de la ciudad de México, publicara breves extractos del manuscrito de este libro, unos colaboradores y yo empezamos a recibir extraños telefonemas con ruidos de fondo, que semejaban un serrucho eléctrico y la voz de un infante suplicando "Mami, no". Un agente federal de Estados Unidos también recibió llamadas similares, las cuales fueron rastreadas hasta México. Una fuente federal nos alertó de la intención de un funcionario del gobierno para emprender la "Operación Desaparición", un plan dirigido contra un periodista de la ciudad de México. Este plan fue diseñado luego de que un influyente ciudadano se quejara de que algunos de nosotros nos estábamos acercando demasiado.

Las autoridades mexicanas no cuentan con ninguna prueba en contra de los sospechosos ya encarcelados y que enfrentan acusaciones de participar en una cadena de crímenes en serie, lo que incluye al egipcio Abdel Latif Sharif Sharif.[7] Los feminicidios se han extendido hasta la ciudad de Chihuahua, la capital del estado de Chihuahua, a unos 380 kilómetros al sur de Juárez. Cynthia Kiecker, una ciudadana de Minnesota, Estados Unidos, y su esposo, un ciudadano mexicano, fueron acusados del asesinato de una joven en la ciudad capital, en el año 2003. El Departamento de Estado de Estados Unidos cree que Cynthia y su marido fueron torturados para obligarlos a firmar confesiones falsas.

Desde el principio, las amenazas y las intimidaciones han formado parte de la odisea en Juárez. El FBI se ha visto frustrado en sus esfuerzos por colaborar. Expertos van y vienen sin que las cosas cambien. Organismos internacionales, como Amnistía Internacional, Naciones Unidas y la Comisión Interamericana de Derechos Humanos, se han manifestado en vano contra el gobierno mexicano. Sin embargo, retroceder sólo beneficiaría a los asesinos. A menos que se haga algo para impedirlas, estas muertes continuarán. Sin una importante intervención internacional, una segunda década de muertes promete ser peor aún que la primera. Este libro fue escrito porque hay vidas en juego.

SAFARI FRONTERIZO

Ciudad Juárez. Olga Alicia Carrillo Pérez era el centro de la vida de Irma, su madre. La joven tenía 20 años cuando desapareció, la noche del 10 de agosto de 1995, en la zona centro de la ciudad. Trabajaba como dependienta en una tienda de calzado y ahorraba dinero para su escuela. Su desaparición y asesinato destilaban intriga. El egipcio Abdel Latif Sharif Sharif fue acusado de su muerte, pero la familia de ella nunca estuvo conforme con la versión de que el asesino ya se encontraba en la cárcel.

Anita, una amiga de Olga, fue una de las últimas personas que la vio con vida. El día de la desaparición de Olga, Anita la acompañó a la sede del Partido Acción Nacional, ubicado en la avenida 16 de Septiembre y Cinco de Mayo. Olga se había sumado a las juventudes panistas justo cuando el ascenso al poder de este partido político representó un rompimiento con el viejo sistema que alguna vez dominara el Partido Revolucionario Institucional. Miembros del PAN ocupaban la gubernatura del estado de Chihuahua, los puestos clave en la policía, así como el gobierno del municipio de Juárez. Francisco Barrio era el gobernador, Francisco Molina Ruiz era el procurador general de justicia y Ramón Galindo sería el nuevo alcalde.

El día que Olga no llegó a su casa, tenía planeado asistir a una junta con la juventud panista a las 7:30 p.m. en el edificio de ese partido. Después de que Olga no regresó, Irma, otros de sus parientes y amigos la buscaron con desesperación. Imprimieron volantes con la fotografía y los pegaron en los postes y bardas de la ciudad. Hablaron con todo aquel que pudiera haber tenido contacto con la joven, desde sus supervisores en el trabajo hasta choferes de transporte público de pasajeros. Galindo, quien estaba por ocupar el cargo de alcalde, había organizado un viaje de retiro para los jóvenes panistas a la sierra de Chihuahua. Después de la desaparición de Olga, Galindo prohibió a los jóvenes que colaboraran en los esfuerzos realizados para localizarla. Irma dijo presentir que algo muy malo estaba ocurriendo el día en que su hija no llegó a casa. En esa época, Irma buscaba trabajo extra porque deseaba que Olga ingresara a la universidad en la que la joven tenía puestas sus esperanzas.[1]

Pero un mes después, el 10 de septiembre, el cuerpo de la joven mujer fue descubierto en Lote Bravo, un predio localizado al sur, en los límites de la ciudad, en donde ese mismo año se encontraron también los cuerpos de otras adolescentes. Este horrible descubrimiento conmocionó a la comunidad. De acuerdo con el médico forense, el seno derecho de la joven fue cortado de tajo y el izquierdo había sido literalmente arrancado a mordidas. Se le apuñaló en varias ocasiones, su cuello estaba fracturado y había señales de que fue violada. La policía mencionó que vestía pantalón de mezclilla azul con etiqueta Lee, chaleco rojo, zapatos y calcetines. Otras víctimas localizadas en el mismo desierto sufrieron heridas semejantes. Los detalles de la muerte de Olga llenaron a Irma de rabia y dolor. Mencionó que las autoridades, al principio, creían que ese cadáver pertenecía a Olga, "pero después me dijeron que estaba entre las víctimas de Lomas de Poleo y no entre las que encontraron en Lote Bravo". Este tipo de confusiones son frecuentes en las investigaciones de los crímenes en serie de Juárez.

"Ya no puedo llorar. He llorado todo lo que podía, pero el dolor ahí se queda", comentó Irma, en su casa de Ciudad Juárez.

"¿Cómo puede alguien matar a una joven de esta manera? No está bien. No fue justo lo que le hicieron a mi Olga."

Cuando la conocí, Irma vivía en la misma casa que compartía con su hija en uno de los viejos barrios del centro de Juárez. Como medio de subsistencia, vendía hamburguesas y sodas en un puesto frente a su casa. Los rascacielos del centro de El Paso eran visibles desde su calle. Vivía como a dos kilómetros de la frontera. Completaba sus ingresos con la venta de ropa usada y trabajando como empleada doméstica en Juárez y El Paso. Irma era una mujer de voz enérgica cuyo lenguaje crudo, de barrio, apenas escondía la pena y la rabia que la consumían. No estaba del todo convencida de que el cuerpo que le entregaron perteneciera en realidad a Olga. Un académico de Juárez, quien logró revisar los archivos del caso, comentó que a Olga se le identificó plenamente mediante una prueba de ácido desoxirribonucleico, realizada por una universidad de Texas.[2] Aún así, Irma no se convenció.

"Cómo puede tratarse de ella, cuando sólo me entregaron un costal de huesos. Sólo me dijeron: ésta es su hija", expresó Irma. "No ha estado muerta tanto tiempo como para que se descompusiera. Creo que las autoridades me han ocultado un montón de cosas acerca de la muerte de mi hija."

En una entrevista posterior, Irma perdió el control y lloró al relatar el encuentro que tuvo con una joven que tenía un parecido extraordinario con su hija.

"El otro día me encontré a alguien en la calle que se parecía tanto a mi Olga, que le dije que fuera a mi casa a ver el retrato de mi hija en la pared de la sala. Estaba asombrada de ver cómo se parecía a ella. La abracé imaginando que era Olga Alicia."

Irma comentó que Rogelio Loya, un funcionario del municipio de Juárez y miembro del PAN fue la única persona que se ofreció a ayudarla a localizar a su hija, después de que fue reportada su desaparición. Convenció a la policía de salir y buscar a la joven perdida, pero su ayuda no duró mucho.

"Su familia pidió que ya no lo llamáramos porque había recibido amenazas de muerte al querer ayudarnos. Hasta la fecha, no sé por qué se le amenazó", dijo Irma. "Él no me comentó nada. La madre de Rogelio estaba muy inquieta cuando nos llamó y pidió que lo dejáramos en paz." En el año 2003, Loya se desempeñaba como regidor en la administración del alcalde Jesús Alfredo Delgado.

Al igual que otras chicas de su edad, Olga soñaba con vivir una novela de amor con un apuesto pretendiente. Su madre recordó que la joven estaba prendada de Luis Arenal, un joven que comenzaba a descollar en las filas panistas. Olga salió con el regidor un par de semanas, pero Arenal le destrozó el corazón al dar por terminadas sus relaciones. La policía interrogó a este líder político, al ser de las últimas personas que vieron con vida a Olga en la junta del 10 de agosto. Pero las autoridades no lo acusaron de nada y lo declararon libre de toda sospecha.

El espionaje

En 1999, llamé a Irma para revisar los detalles de mi pasada entrevista. Había mucha estática en la línea del teléfono, que parecía aumentar mientras hablábamos. La llamada se cortó bruscamente, justo en el momento en que le pedí que me deletreara el nombre de Luis Arenal. No me fue posible comunicarme con ella en los siguientes tres días y ella estuvo imposibilitada de efectuar llamadas desde su teléfono por más de una semana. La interceptación del teléfono nada tenía que ver con Arenal sino con el hecho de que, cuatro años después de la desaparición de Olga, alguien continuó monitoreando los encuentros de Irma con desconocidos.

En México no es raro que una tercera persona escuche y grabe las conversaciones telefónicas. El gobierno (o la mafia) lo hace sin una orden judicial.[3] Es tan obvio que hay ocasiones en que se pueden escuchar los beeps cada 15 segundos cuando el equipo no sofisticado es usado para grabar conversaciones telefónicas remotas. Después de esta experiencia con Irma, y por su propia seguridad, creí prudente continuar cualquier plática o conversación de manera personal con ella sobre del caso de Olga.

En el libro *Drugs and Democracy in Latin America*, Laurie Freeman y Jorge Luis Sierra nos informan que el ejército tuvo la capacidad y los recursos suficientes para llevar a cabo el espionaje en el estado de Chihuahua. La misión del ejército era valerse de cualquier medio

para obtener información de grupos armados, actividades subversi-
vas, presencia injustificada de extranjeros, organizaciones varias, pro-
selitismo por parte de sacerdotes o líderes de sectas religiosas, grupos
ecológicos, propaganda política y acciones de las pandillas delictivas. Para sustentar esa afirmación, los autores citaron un documento del año 2000, elaborado por la Secretaría de la Defensa Nacional,
llamado Orden General del 33 Batallón de Infantería.[4] En efecto,
según ese documento, al ejército se le dio la facultad para hacer espionaje político.

Por otra parte, el conserje del edificio sede del PAN dijo que
la última vez que vio a Olga fue cuando la joven caminaba por la
parte posterior del inmueble, después de salir de una junta, pero el
hombre se negó a comentar si esa noche notó algo extraordinario.
Detrás del local del PAN, ubicado en 16 de Septiembre y Cinco de
Mayo, hay un canal, y al otro lado un edificio que es utilizado por el
partido para cursos de adiestramiento. Irma explicó que el edificio
auxiliar fue clausurado tiempo después de que se localizó el cuerpo
de Olga. A corta distancia del edificio del partido, en la calle Zaragoza y Cinco de Mayo, se encuentra el Instituto de Estudios Computacionales, una escuela privada que imparte clases de computación
y opera como secundaria abierta. En diciembre de 2003, dos adolescentes acusaron a un hombre de atraerlas hacia la escuela y violarlas ahí mismo. Varias jóvenes desaparecidas, muertas en Juárez y
Chihuahua, un año antes, tuvieron vínculos con la escuela de computación ECCO que reclutaba gente joven para sus clases, en ambas
poblaciones.

El conserje del PAN no era la única persona que tenía miedo
de hablar sobre del caso de Olga, y nadie más parecía saber, con
seguridad, si la joven salió con vida de esos edificios. Anita, la antigua supervisora de Olga, quien la había llevado a la junta del PAN el
10 de agosto, también se negó a hablar. Es más, se reservó la identidad de un importante hombre de edad, tal vez un abogado, quien tenía
el hábito de detenerse y platicar con Olga en El Vaquero, la zapatería
en donde Anita y ella trabajaban. Irma comentó que Anita estaba tan

temerosa, que se negó a revelarle la identidad del hombre para que la policía lo interrogara. Olga también trabajaba para el despacho de un abogado en el centro de Juárez, pero Irma expresó que el misterioso visitante no pertenecía a ese bufete de abogados. Por casualidad, Olga ya había renunciado a su trabajo en la zapatería de la Avenida Tecnológico 1610, pero el día de su desaparición sus jefes le habían solicitado su ayuda para trabajar en el negocio por última vez.

Investigación cortada

Irma recalcó cómo prácticamente arrastró a la policía para interrogar a los excompañeros de Olga en la zapatería. "Pero los agentes judiciales sólo se probaron varios pares de botas y bromearon con las empleadas de la tienda. En lo que a mí me consta, hasta ahí llegó la investigación", expresó Irma. "Al principio, me aseguraron que Sharif asesinó a mi hija. Después, la policía señaló que Sharif pagó a la pandilla de los Rebeldes para matarla."

"Y a la mayoría de las familias, lo que más nos duele y lastima es la forma en que la policía intentó destrozar la reputación de nuestras hijas. Declararon a la prensa que ellas llevaban una doble vida, que eran vagas o prostitutas. Conocía a mi hija y ella no era ninguna de esas cosas."

Otra víctima encontrada en Lote Bravo, cerca del cadáver de Olga, en 1995, fue identificada como Silvia Elena Rivera, de 17 años. Su madre, Ramona Morales, participó en la conferencia "Crímenes de la Maquiladora" 2003 en la Universidad de California en Los Angeles (UCLA), llevada a cabo desde el 31 de octubre hasta el 2 de noviembre de ese año. La conferencia binacional, organizada por Alicia Gaspar de Alba y copatrocinada por Amnistía Internacional, logró reunir a expertos, activistas, periodistas y madres de víctimas, para abordar el tema de la mortal década de 1993 a 2003 en esta ciudad fronteriza. Los participantes en la conferencia me comunicaron que el actor Nicolas Cage y otras estrellas de Hollywood donaron fondos para cubrir los gastos de las madres asistentes a la conferencia.

Ramona comentó que su hija Silvia fue vista por última vez el 11 de julio de 1995, cuando se dirigía a la escuela preparatoria Iberoamericana. Al igual que Olga, Silvia fue violada, estrangulada y mutilada. Su cadáver fue encontrado el 2 de septiembre de 1995, también con seno cercenado y el otro arrancado a mordidas. Ramona dijo que su esposo, Ángel Rivera, perdió la voluntad de vivir al enterarse de los detalles de la terrible muerte de su hija. "Fue él quien identificó su cuerpo y estoy segura de que él falleció a causa de esa pena tan grande", expresó Ramona.[5]

Otra participante en la conferencia de la UCLA, Norma Andrade, maestra de escuela primaria en Juárez, enviudó casi de la misma manera. Su hija de 17 años, Lilia Alejandra García Andrade, fue asesinada de forma brutal en febrero de 2001. Conocí al padre de Lilia antes de que contrajera cáncer, padecimiento que lo privó de la vida en el año 2003. Antes de su muerte, su familia apenas pudo cubrir los gastos de los medicamentos para atenuar sus dolores.[6] Los cónyuges de Ramona y Norma eran hombres criados en la cultura machista de México, en la que se presiona a los hombres a mostrar su fuerza a cualquier costo. En ocasiones, esto se manifiesta en violencia doméstica, así como en la actitud generalizada mostrada por la policía que, con frecuencia, concede poca importancia a las denuncias de violencia intrafamiliar y asaltos de índole sexual. Los progenitores varones sienten, de alguna manera, haber fallado en proteger a sus hijas y se culpan de sus muertes. Uno de ellos, el padre de una víctima asesinada en 1998, confesó haber suspendido las relaciones sexuales con su esposa desde que su hija fuera asesinada. El hombre no pudo superar la sensación de haberle fallado también a su esposa.

Cerca de narcorrancho

Adriana Torres Márquez, de 15 años, quien también fue sacrificada con la misma saña que las demás jóvenes, había desaparecido seis meses antes de que sus restos fueran localizados en las afueras de la carretera a Casas Grandes, en los alrededores de la Granja

31

Santa Elena, al sur de Juárez. Esta colonia semirrural se ubica en las cercanías de un rancho en donde agentes del FBI y de México exhumaron los cadáveres de cinco hombres durante la investigación de las "narcofosas" en 1999. Su madre, Berta Márquez, explicó que Adriana fue vista, por última vez, el 8 de mayo, frente a la zapatería Tres Hermanos en la Avenida Vicente Guerrero, por el rumbo de la catedral de Juárez. Por lo menos otras dos víctimas fueron vistas cuando se dirigían a una de las sucursales de la misma zapatería en la zona centro, o bien, trabajaban en esos negocios. El cuello de la joven sufrió fracturas durante su estrangulación. Expertos forenses revelaron que otras víctimas también tenían el cuello roto al ser estranguladas y especularon que sus atacantes las agredían así con el fin de obtener un mayor placer sexual. Los especialistas explicaron que la fractura de la nuca, en determinado punto de las vértebras cervicales, ocasiona convulsiones que es precisamente lo que los asesinos deseaban provocar. Las víctimas de los asesinatos sexuales encontradas a fines de 2003 sufrieron las mismas lesiones en el cuello.[7] Francisco Minjares, jefe del Grupo Antisecuestros de la Procuraduría General de Justicia de Chihuahua, declaró en 1995 que los testigos vieron a Sharif acompañado de Adriana la noche anterior a su desaparición, en un centro nocturno de Juárez. Pero sus familiares refutaron estas versiones oficiales y aseguraron que la adolescente permaneció toda la noche con ellos en la casa. Minjares fue acribillado en Chihuahua en el año 2003. Una fuente del FBI comentó que el expolicía, quien había concluido la investigación en contra de Sharif, estaba vinculado con los traficantes de droga, y que la agencia federal lo consideraba "uno de los policías más corruptos y asesinos del estado de Chihuahua". Una de las encomiendas del asesinado exjefe policiaco, antes de abandonar la corporación en 2002, era proporcionar protección a algunas de las familias más acaudaladas del estado. Según el FBI, entre sus clientes se encontraba Valentín Fuentes Téllez, quien contrajo matrimonio con la hija de Lino Korrodi, extesorero de la campaña electoral del actual presidente.

Sin identificar

Elizabeth Castro García, **de 17** años, es otra víctima asesinada en 1995, cuyo crimen se le atribuye a Sharif. Un amigo la vio por última vez en la en la esquina de las avenidas Juárez y Vicente Guerrero, en el centro de la ciudad. Castro estudiaba en la escuela de computación ITEC de la Avenida Francisco Villa, una calle adyacente a las vías del ferrocarril, y de la Avenida Juárez. La desaparición de Elizabeth fue reportada el 14 de agosto de ese mismo año y su supuesto cadáver fue encontrado el 19 de agosto, en la carretera a Casas Grandes, al sur de Juárez. Un mismo patrón iba sobresaliendo en estos casos: Elizabeth, Adriana y otras jóvenes se desvanecían a plena luz del día en los lugares más poblados de la ciudad. La mayoría de las desapariciones de estas jóvenes ocurrió por la tarde y en día hábiles. Estas jóvenes realizaban sus actividades acostumbradas: iban camino al trabajo, a la escuela, a reunirse con sus amigos, o a cumplir encargos. Había más patrullaje de la policía en la zona centro que en ningún otro sector de Juárez. Aun así, nadie vio o escuchó nada. La mayoría de los sitios de la zona centro, lugar donde desaparecían las jóvenes, queda a sólo quince minutos del puente internacional que divide a Ciudad Juárez y El Paso.

La doctora Irma Rodríguez Galarza, especialista forense de la Procuraduría General de Justicia de Chihuahua, concluyó que algunas de las mujeres mutiladas fueron torturadas cuando aún estaban con vida. "No se trataba de heridas infligidas a un muerto", atestiguó. La doctora Rodríguez, una experta en su campo, con dos libros publicados, se dedicó a reconstruir los rasgos de las víctimas no identificadas a partir de los restos encontrados, con la esperanza de poder establecer su identidad. Dos años antes de que su hija muriera, la doctora Rodríguez poseía una larga lista de víctimas en espera de ser identificadas: existían los restos de 42 mujeres y 70 hombres.[8] Estas cifras con frecuencia se excluyeron del número total de víctimas que las autoridades hicieron públicas. En ocasiones, el gobernador de Chihuahua, Patricio Martínez, se refería a una "bolsa de huesos" que, según co-

33

mentó, la anterior administración —presidida por el entonces gobernador Francisco Barrio— había heredado a la nueva gestión administrativa. Le pregunté a la doctora Rodríguez si los restos no identificados
se remontaban a muchos años atrás, quizá a la década de los ochenta o
antes. La profesional forense explicó que todos los restos se encontraron entre 1995 y 1996, durante lo que, al parecer, fue el apogeo
de esta fiebre asesina. Comentó que se consideró a las jóvenes como
víctimas de simples homicidios, y que se desconocen datos adicionales sobre estos casos. Debido al ambiente político prevaleciente en
la Procuraduría General de Justicia de Chihuahua, es casi imposible
que la identidad de los 112 hombres y mujeres se conozca algún día.
En julio de 2001, Paloma Villa, la hija de la doctora Rodríguez, y su
concubino fueron asesinados frente a la casa de la familia, en Juárez.
Sus cuerpos fueron prácticamente cosidos a tiros. Su hijo, Vladimir
Villa, un nieto del héroe revolucionario Pancho Villa, quien resulta-
ra herido durante el ataque, logró sobrevivir de milagro. Sus muertes quedaron impunes.

La zona crítica: Avenida Juárez

En la Avenida Juárez existen tiendas antiguas y bares que atien-
den de preferencia a los turistas. Los estadunidenses atraviesan con
frecuencia el puente Paso del Norte para comprar recuerdos, souvenirs, medicinas o licor. Durante las noches, en especial los fines de
semana, este sector se convierte en un centro de fiestas para cientos
de adolescentes provenientes de Estados Unidos, quienes congestio-
nan la zona atraídos por la ley que les permite beber a los jóvenes a
una edad más temprana que en su país de origen. Después de atra-
gantarse con cervezas "al 2 × 1", los jóvenes se apoderan de la vida
nocturna en la avenida. El Club Kentucky, un bar clásico, ha sido, por
generaciones, una de las barras más populares. En 1998, por órdenes
de un traficante residente en El Paso, tres hombres de esa ciudad
fueron secuestrados en el Club Kentucky por la policía. Nunca se les
volvió a ver con vida. En esa misma década en donde muchas muje-

res fueron asesinadas con impunidad, docenas de hombres se esfumaron de Juárez de la misma manera que los tres paseños; hombres armados que portaban uniforme e insignias policiacas los secuestraron. Se calcula que entre 400 y 800 hombres han desaparecido en esta ciudad fronteriza. A unas dos calles al sur del bar Kentucky se ubica el Noa Noa, que literalmente se convirtió en un santuario debido al conocido cantautor Juan Gabriel. El artista de Michoacán creció en Juárez y llegó a ser una estrella internacional de la música. Para contrarrestar la publicidad negativa que sufría la ciudad a causa de los crímenes contra mujeres, Juan Gabriel ofreció un concierto al aire libre, en diciembre de 1999, en donde logró reunir alrededor de unas quince mil personas. Otro club, de los más frecuentados por los residentes de la ciudad, se ubica en la parte sur de la Avenida Juárez, poco antes de llegar a la Avenida 16 de Septiembre. Ahí, el Club Sinaloense ameniza con los acordes de conjuntos en vivo, al son de cumbia o de música norteña, cualquier día de la semana. La gente que pasa cerca del club se siente atraída por la sensual música latina que se toca durante la noche. Hombres y mujeres como las trabajadoras de maquiladora entran a bailar y a beber después de un largo día de trabajo en una de las casi 300 plantas maquiladoras de origen extranjero. Frente al Sinaloense, opera Glamour, una escuela de cosmetología en donde trabajaba Juanita Sandoval. Ella fue encontrada muerta el 17 de febrero de 2003, en un sitio llamado Cristo Negro. Las autoridades dijeron que ese día tres cuerpos fueron encontrados en el mismo sitio, pero los vecinos y un fotógrafo del periódico *Norte* aseguraron haber visto a las autoridades rescatar cuatro cuerpos de ese lugar. En la esquina de la escuela de cosmetología se encuentra otra zapatería Tres Hermanos, en donde alguna de las víctimas fue vista por última vez. A la vuelta de la esquina de ese negocio, se ubica la escuela de cómputo ITEC donde asistía Elizabeth Castro. En la misma calle, rodeada por las avenidas Juárez, 16 de Septiembre, Francisco Villa y Abraham González, se encuentra el restaurante La Sevillana, un negocio señalado por un reporte de inteligencia del FBI, en 2003, de estar relacionado con los crímenes. Antes de ese fin de año, el negocio que había funcionado por décadas en el centro y administrado por diferentes dueños, cerró sus puertas en silencio al público.

Acosan con droga

La zona de diversión del centro de esta ciudad fronteriza se extiende desde la llamada zona roja, en la calle Mariscal, la primera localizada al poniente de la Avenida Juárez. Bajo la vigilancia de la policía, los vendedores trafican con marihuana y cocaína. Durante un recorrido para acompañar a un periodista canadiense por ese distrito, uno de los "puchadores" del lugar nos insistió largo rato para que le compráramos cocaína. Jim Conley, el editor nocturno de *El Paso Times*, comentó que "los taxistas les informaban a sus clientes estadunidenses que ellos mismos les podían conseguir lo que quisieran en Juárez, incluyendo sexo con jóvenes menores de edad". Un simple viaje para cenar a través de la frontera se convirtió en una aventura relacionada con el sexo. Muchas de estas actividades clandestinas tienen lugar en los cuartos traseros de algunos bares y congales en La Mariscal. Los choferes de sitio conocen todos estos lugares. Los frecuentes secuestros de las jóvenes asesinadas que han dado a Juárez notoriedad a nivel mundial ocurren justo aquí, frente a todos. Hardrick Crawford Jr., el exjefe del FBI en El Paso, coincidía en ello. En una ocasión, cuando Crawford aún trabajaba para el FBI, él y otro investigador de esa agencia regresaban a El Paso después de salir de una reunión con funcionarios mexicanos cuando al llegar a la esquina de las avenidas Juárez y Francisco Villa, su acompañante le comentó que se encontraban justo donde algunas de las víctimas habían sido vistas por última vez. Crawford miró a su alrededor y comentó: "El asesino se encuentra justo aquí, en algún lugar". Más tarde, el investigador del FBI pagaría muy caro su gran interés en estos y otros crímenes.

Vicky Caraveo forma parte de la opulenta sociedad de esta ciudad. Es fundadora del grupo Mujeres por Juárez. En México no es usual que una mujer que pertenece a una clase social tan elevada se convierta en una activista social y que tenga contacto con las clases más menesterosas. Caraveo empezó a ocupar los principales espacios noticiosos cuando protestó en contra de las elevadas tarifas de la energía eléctrica, a principios de los años noventa. Consideró que los cobros del servicio eran exorbitantes y que esquilmaban a los más pobres. En la actualidad, Caraveo continúa con su protesta al racionar el consumo de electricidad en su propio hogar.[9] Cuando la visité, su residencia del fraccionamiento Campestre estaba tan oscura que casi lamenté no haber traído unas velas para leer mis notas. "Sé que tengo con qué pagar el servicio", aclaró Vicky, "pero no se trata de eso". Otra campaña radical que la activista asumió fue disminuir el alto consumo de gas, después de las generalizadas quejas de los residentes de Juárez, quienes aseguraban que las empresas distribuidoras de gas licuado los estaban estafando. Se quejaban de que pagaban por un tanque lleno, cuando en realidad les era surtido un tanque "ordeñado". "Me presenté ante los Zaragoza (propietarios de compañías gaseras) con la esperanza de que pudieran hacer algo al respecto, pero sólo me respondieron: 'somos un negocio'", recordó Vicky. El año pasado, el periódico *Norte* publicó un desplegado de cuarto de plana en la sección A, titulado "TOMZA y la nueva fiscalía para el caso Juárez". El desplegado publicitario, así como dos notas informativas, afirmó que Tomás Zaragoza, miembro del poderoso clan Zaragoza en Juárez, al parecer engañaba a los consumidores al proporcionar una cantidad de energético menor a la estipulada según las regulaciones gubernamentales.[10] El comunicado, firmado por Fernando Martínez Cortés, de la ciudad de México, también aseveró que los empleados de TOMZA en Guatemala estaban bastante familiarizados con los detalles del fraude en los tanques de gas, mientras que notas periodísticas señalaban que la empresa mexicana enfrentaba demandas laborales en ese país. El desplegado era también un llamado a las autoridades para emprender una investigación para obtener la información que

37

pudieran tener los Zaragoza acerca de los crímenes contra mujeres. La respuesta a la publicación de referencia no se hizo esperar mediante desplegados pagados por cámaras y asociaciones empresariales para defender a Tomás Zaragoza como una persona honorable.[11] Una fuente del CISEN aseveró que un funcionario de esa agencia, cuyas iniciales son "J. A.", fue removido de su puesto al tratar de investigar a uno de los Zaragoza. La fuente de inteligencia también comentó que un alto funcionario del gobierno de Fox ordenó detener la investigación. Esa misma información le llegó al periodista Sergio González Rodríguez, del periódico *Reforma*, y a un diputado federal del PRI. Al cierre de este libro, ni el señor Zaragoza ni la vocera de la presidencia, Carolina Díaz, dieron respuesta a las aseveraciones de la fuente del CISEN o al desplegado.[12]

Los empresarios

Una vez le pregunté a Vicky Caraveo por qué los líderes empresariales de Juárez no unieron fuerzas para frenar los asesinatos. Su tío, Eloy Vallina, quien es un poderoso empresario y amigo de políticos de alto nivel, podría servir como catalizador para este movimiento entre la clase empresarial. Otros líderes poderosos incluían a Jaime Bermúdez, un exalcalde de Juárez que fue el arquitecto del Programa de Industrialización Fronteriza en 1965 y que trajo consigo cientos de maquiladoras a las ciudades fronterizas, como parte de un plan de revitalización económica. La maquiladora remplazó al antiguo Programa Bracero para trabajadores emigrantes. La población de México estaba creciendo y el país requería de fuentes de empleo. Con su poder colectivo, los empresarios pudieron haber puesto punto final a los crímenes. Nunca olvidé la vergonzosa explicación de Vicky. Agachó la cabeza y se detuvo brevemente antes de contestar: "A ellos no les importan las mujeres pobres". Su respuesta me dejó desconcertada. No se me había ocurrido antes pensar que a nadie le importaba. Y continué preguntándome por qué la clase empresarial de Juárez no estaría interesada en proteger a las jóvenes que pertenecían al grupo de trabajadoras que habían contribuido a convertirlos en hombres millonarios. La apasionada activista, nieta de un general del ejército, gozaba de una vida privilegiada y no tenía necesidad de involucrarse en un asunto que exponía a la gente a la muerte o a la desgracia. Mediante el grupo que ella había fundado, Vicky llegó a conocer a mujeres que vivían en Anapra, Felipe Ángeles y Lomas de Poleo, algunos de los barrios más pobres en donde se encontraba el hogar de muchas de las víctimas muertas y desaparecidas, como fue el caso de Sagrario González, obrera de una maquiladora, quien tenía 17 años, violada y asesinada en 1998. En un movimiento instigado por poderosos políticos, cientos de invasores llegaron a asentarse en ese lugar a fines de la década de los noventa. Se trataba de recios pioneros que levantaron sus precarios hogares con cajas de madera, colchones abandonados y materiales desechados que eran arrojados en los arroyos cercanos.

La tabla

En 1996, Vicky y un grupo de voluntarios de la comunidad llevaron a cabo un rastreo en Lomas de Poleo. Hacia fines de 2003, Vicky y otros miembros de su grupo ya habían participado en 27 búsquedas. En esa ocasión buscaban a Guadalupe del Río Vásquez, de 18 años, quien había desaparecido, sin dejar rastro, en 1996. La joven vivía en la colonia Felipe Ángeles, un barrio muy pobre, el cual puede verse desde la Universidad de Texas en El Paso, a través del Río Bravo. Mientras recorrían el desierto, los participantes en la búsqueda se toparon con un intrigante artefacto: una plancha de madera de alrededor de cinco pies de altura y dos pies de ancho, con un notable trabajo artístico. La tabla fue encontrada dentro de una barraca construida en medio del desierto. Dentro de la construcción de bloque, los participantes del rastreo se encontraron con lo que consideraron eran manchas de sangre seca en el piso de cemento. Encontraron ropa interior de mujer y otras prendas de vestir. Afuera del lugar, que tenía dos puertas y dos ventanas, había un gran montón de cabe-

39

llo humano. No había mobiliario en su interior ni iluminación o tubería. "El lugar estaba impecablemente limpio", dijo Vicky. La tabla de madera estaba recargada en una de las paredes. "Todos la vimos." La plancha era la única pieza de madera en el área. Tenía dibujos a lápiz de mujeres desnudas, soldados, la zona montañosa de Juárez, cactáceas desérticas y de unas plantas representando matas de marihuana. Tenía también el as de espadas, la estrella de David y numerosas esvásticas nazis. Un total de diez mujeres estaban dibujadas en ambos lados de la tabla. Todas, excepto una de ellas, estaban desnudas. Las características más notables eran sus ojos, el área púbica, senos y cabello sombreado a lápiz. El artista no dibujó detalles de sus manos y pies. Los soldados permanecían en dos filas de cuatro a cinco elementos cada una. Juárez tiene un batallón militar de caballería al sur de la ciudad, enseguida del penal conocido como el Cereso. "Se estaba haciendo tarde", expresó Vicky, "y después de encontrar ahí las pantimedias, ya no quisimos quedarnos y decidimos regresar. Uno de los hombres nos ayudó a cargar la tabla, que estaba muy pesada, en la caja de la pickup." El grupo empacó el resto de los artículos dentro de una bolsa de plástico. Una vez que llegaron a la ciudad, Vicky se puso en comunicación con Jorge López Molinar, subprocurador general de justicia en la zona norte en Juárez en esa época, para notificarle sobre esos hallazgos. El funcionario no se presentó pero a solicitud suya, Vicky y los demás entregaron los artículos a uno de los subordinados de Molinar. Las autoridades le dijeron a Vicky que indagarían la procedencia de los objetos y que conseguirían expertos para analizar los dibujos de la tabla. Después, explicó ella, "nos dijeron que las manchas eran de sangre de pichón". La prensa publicó fotografías de la tabla y reportó el descubrimiento. Pero seis años después, cuando periodistas extranjeros pidieron verla, según las autoridades este artefacto nunca existió. Al ver lo sucedido de manera retrospectiva, dijo Vicky: "nunca debimos haberla entregado. Se perdió para siempre". La tabla y los trazos pudieron ser obra de un artista imaginativo, o pudo ser colocada ahí después por alguien que, deseoso de aportar pistas, limpió la edificación. Una de las víctimas pudo haber trazado los bosquejos antes de ser asesinada. El hecho de que las autoridades negaran su existencia contribuyó a crear sospechas de que había algo que ocultar.

Durante otro rastreo, una de los participantes en esta búsqueda se desvió a una zona desconocida de Lomas de Poleo y se encontró con un rancho fuera de lugar en medio del desierto. Era lujoso. Tenía palmas, una alberca, pasto verde y lo que parecía ser una pista clandestina de aterrizaje. Otro participante del rastreo, encontró a su compañera extraviada, más tarde, y le advirtió que nunca volviera a ese sitio. Para las autoridades, el rancho fue sólo un espejismo. Pero la gente que trabajaba en otro rancho desértico no imaginó los cuerpos con los que tropezarían a lo largo de Lomas de Poleo en marzo de 1996.

Muertes en el desierto

Ocho cadáveres más de jóvenes, cuyas edades fluctuaban entre los 15 y 20 años, fueron descubiertos en Lomas de Poleo. Al igual que las víctimas de Lote Bravo, las autoridades dijeron que las jóvenes fueron estranguladas, apuñaladas y mutiladas. Los primeros cuerpos fueron encontrados en Lomas de Poleo en el mes de marzo, y los restantes en las cercanías del lugar en el mes de abril. La policía comentó que una de las víctimas tenía las manos atadas con las cintas de sus zapatos. La misma firma o señal de este asesinato distinguió a otro grupo de cadáveres descubiertos en 2001, en un vasto campo algodonero. De acuerdo con un documento del estado de Chihuahua de 1998, Rosario García Leal, de 17 años, estaba entre las víctimas de Lomas de Poleo en 1996. Cerca o sobre su cuerpo había un suéter azul con la letra "R" en color marrón, usaba pantalón café, una diadema verde, una tarjeta de una persona llamada Héctor, un reloj negro con el logo de la fábrica Phillips, una pulsera dorada, un juego de aretes en forma de hojas negras, un anillo con un corazón plateado, así como una bata de trabajo de la misma fábrica. Dentro de los bolsillos de la bata, la policía encontró dos identificaciones con la foto-

41

grafía de Rosario. Existen documentos en Chihuahua relacionados con el caso; que un peón, quien trabajaba para el ranchero José Pasillas Martínez, fue el primero en encontrar el cadáver, que se encontraba en estado de descomposición. Pasillas, según se dice en el documento, llamó a uno de los grupos de banda civil —voluntarios que utilizan aparatos de radio CB para comunicarse y quienes han llevado a cabo varios rastreos en las afueras de la ciudad, en busca de más cadáveres. El grupo en turno llamó a las autoridades, quienes enviaron investigadores a la escena del crimen. En una fotografía de la escena, adherida al reporte de la autopsia de la víctima, la adolescente asesinada yacía boca abajo. Su cabeza descansaba sobre su brazo derecho y el izquierdo aparece doblado a la altura del codo con su mano tocando su brazo derecho. Su oscuro cabello está a un lado de su espalda. Ella usaba un sostén blanco que estaba jalado arriba de sus senos, sus pantaletas blancas estaban en su muslo derecho y portaba un par de tobilleras blancas. El reporte mencionó que médicos forenses encontraron esperma en su vagina, y el estrangulamiento fue señalado como causa de su muerte. El cuerpo no estaba tan descompuesto como los demás cadáveres localizados en Lomas de Poleo, y se estimó que su fallecimiento había ocurrido 72 horas antes. Si la prueba de esperma fue conservada, jamás se le volvió a mencionar. No coincidía con las muestras tomadas de algunos de los sospechosos que fueron acusados de los crímenes. Las demás jóvenes que según las autoridades fueron encontradas con Rosario el 7 de abril de 1996, en la parte de Lomas de Poleo conocido como ejido López Mateos, eran Guadalupe Verónica Castro Pando, de 18 años, y la hija de Irma Pérez, Olga Alicia Carrillo Pérez, de 20. Otros reportes contradictorios señalan a Olga Alicia como una de las víctimas de 1995 encontradas en Lote Bravo. El sitio de Lomas de Poleo en donde fueron encontrados los cadáveres se ubica a dos o tres kilómetros al sur de la Presa Pistola, cerca de Anapra. Hernán Rivera Rodríguez, jefe del Departamento de Averiguaciones Previas de la oficina del estado de Chihuahua, firmó los dictámenes de las necropsias de las víctimas de Lomas de Poleo.

Investigaciones incompletas

El 29 de marzo de 1996, la hermana de Verónica, María del Consuelo Castro Pando, acudió a la policía judicial del estado para preguntar si podía ver los cadáveres en el anfiteatro, en caso de que su hermana desaparecida estuviera entre ellos. La familia le dijo a la policía que Verónica fue vista por última vez el 4 de marzo de 1996, al dirigirse a su trabajo en la planta ensambladora Essex. Un reporte oficial establece que la hermana declaró que la descripción de la ropa localizada en el sitio correspondía a las prendas que su hermana usó antes de su desaparición. La declaración también especifica que la madre y la hermana de la joven expresaron que Verónica frecuentaba salones de baile en la calle Segunda de Ugarte, en la zona centro de Juárez. Las autoridades han relacionado estos clubes con Sharif y la pandilla de los Rebeldes. Ambas familiares negaron después haber emitido tales declaraciones acerca de Verónica. Asimismo, Verónica era sobrina de un policía retirado, Felipe Pando, quien en 1999 me proporcionó información sobre un asesino en serie que operaba en Juárez en la década de los ochenta. El asesino, quien escapó de la cárcel, permanece prófugo. Funcionarios municipales de Juárez le solicitaron a Pando su colaboración en una investigación paralela sobre el grupo de ocho cuerpos descubiertos en el 2001.[13] José Reyes Ferriz, miembro del Partido Revolucionario Institucional, era alcalde interino, y Guillermo Prieto era su jefe de policía. En México, la policía estatal goza de jurisdicción en casos de homicidios, y se había encargado de la investigación de los casos de asesinatos contra mujeres hasta el 2003. En seguimiento de las pistas, Pando reunió a un grupo de veteranos conocedores de los expedientes de casos registrados durante su trabajo en las corporaciones policiacas. Una fuente familiarizada con el operativo comentó que sus esfuerzos se vieron frustrados ya que algunos de los expedientes de personas con antecedentes penales vistos como sospechosos potenciales habían desaparecido de los archivos policiacos. Al parecer nada se obtuvo de la segunda investigación de los crímenes de 2001, y sus resultados nunca fueron divulgados. Lo único que surgió de ello fue que Pando, quien trabajaba para el Departamento de Asuntos Internos del gobierno provisional, fue amonestado por inmiscuirse en casos de homicidio de la policía estatal. En 1996, las autoridades acusaron de manera formal a la pandilla de los Rebeldes y a Sharif del asesinato de Verónica, pero años después, Pando seguía teniendo dudas al respecto.

ATROCIDADES

A mediados de la década de los noventa, el temor y la violencia se habían apoderado de Juárez. Una nueva ola de crímenes se tradujo en atrocidades. La sed de sangre era insaciable. Cuatro homicidios múltiples de mujeres fueron reportados entre 1993 y 2003: ocho en el Lote Bravo en 1995; nueve en Lomas de Poleo en 1996; ocho en un lote de un campo algodonero en la avenida Ejército Nacional en el año 2001; y seis en Cristo Negro, en 2003.[1] Entre estos casos, que tuvieron alta relevancia, se registraron otros casos aislados, pero se trató de crímenes muy similares; en estos últimos, los cuerpos de las víctimas eran arrojados en diversos puntos de Juárez, por lo general en caminos de terracería a un lado de las carreteras. A veces, la prensa utiliza la palabra "sacrificio" para hacer referencia a un asesinato, o usa ese término como sinónimo de homicidio. A menos que se trate de un ritual, el uso de la palabra "sacrificio" es desconocido y extraño para la prensa de Estados Unidos. Sin embargo, esta diferencia cultural me favoreció para narrar lo sucedido.

Si consideramos el contexto en donde estos crímenes se registraban, en realidad el uso del término era apropiado. Durante esa terrible década, la mayoría de las víctimas eran mexicanas originarias de Juárez o procedentes del interior del país, en busca de oportunidades de trabajo. Llegaron tanto de ciudades como de regiones rurales, de lugares tales como Coahuila, Durango, Zacatecas, Sinaloa, Guanajuato, Veracruz, la ciudad de México y Chiapas. Muchas de ellas buscaron trabajo en las maquiladoras, mientras que otras mantenían

45

la esperanza de cruzar la frontera hacia el norte. Aun cuando se mostraron entusiasmadas de encontrar trabajo, muy pronto las recién llegadas se dieron cuenta que sus salarios no alcanzaba para satisfacer sus necesidades más básicas. En 2003, el salario promedio pagado en las plantas ensambladoras oscilaba entre tres y cuatro dólares diarios, el mismo salario que regía en 1988, cuando laboré en una de las maquiladoras para realizar un reportaje asignado por *El Paso Times*. Corporaciones de Estados Unidos son propietarias de la mayor parte de estas plantas, y el trabajo es agotador y tedioso. Hombres y mujeres jóvenes conforman su principal fuerza laboral. Con la autorización de sus padres, jóvenes desde los 14 años de edad pueden trabajar en esas fábricas. Y no es nada sorprendente que menores de 13 años se valgan de actas de nacimiento falsificadas para obtener trabajo. Para hacer rendir lo más posible esos exiguos salarios, familias enteras están dispuestas a trabajar en las ensambladoras y sumar sus sueldos para el pago de vivienda y otros gastos. Sin embargo, como bien saben funcionarios de inmigración de México como de Estados Unidos, la frontera representa un imán para personas de diferentes lugares.

De todas partes

Algunas de las víctimas en el estado de Chihuahua eran originarias de Estados Unidos, Holanda, Honduras y Guatemala. Las siguientes son residentes de Estados Unidos, asesinadas en Juárez en años anteriores. Hay muy poca información sobre estos casos. Mark Leoni, un oficial consular estadunidense asignado a Juárez, me comentó, antes de ser transferido a Washington, que funcionarios mexicanos lo mantuvieron informado sobre ejecuciones por narcotráfico y desapariciones de ciudadanos de Estados Unidos, pero no tenía idea, hasta su entrevista conmigo, que había ciudadanas estadunidenses entre las víctimas de los asesinatos de Juárez.[2] Algunas de las ciudadanas estadunidenses, mencionando su edad, ciudad de origen y el año en que perdieron la vida son: las hermanas Victoria Parker Hopkins, 27, y Rita Pearl Parker Hopkins, 35, El Paso, 1996; Donna

Striplin Boggs, 28, Albuquerque, Nuevo México, 1994; Cynthia Portillo González, 26, El Paso, 2002; Rosa Arellanes García, 24, El Paso, 1997; Ignacia Soto, 22, Fabens, Texas, 1995; Gloria Olivas Morales de Ríos, 28, El Paso, 1995; Deissy Salcido Rueda, 26, El Paso, 2002; Teresa Herrera Rey, 26, El Paso, 1997; Miriam Sáenz Rivera, El Paso, 2002; Leticia Alvídrez Carrera, 27, El Paso, 2002; María Tullius, 22, El Paso, 2003; y Carolina Carrera Aceves, 30, El Paso, 2002. Donna Striplin Boggs fue hallada apuñalada en las orillas del río Bravo cruzando la refinadora ASARCO; su caso permanece sin resolver. Ignacia Soto pereció acuchillada. Gloria Olivas, secuestrada junto con Walter Ríos y Alejandro Fuentes, fue estrangulada. Muchas de esas mujeres fueron asesinadas a tiros. Cuchillos y otros instrumentos punzocortantes fueron las otras armas elegidas por los asesinos, seguidas de rocas de gran tamaño y otros objetos puntiagudos. Mientras un tercio de los feminicidios podría ser catalogado como crímenes sexuales, la violencia doméstica y el narcotráfico son responsables por la mayoría de los restantes. El comercio de drogas es la causa principal por la que están muriendo más mujeres por arma de fuego. La Organización Panamericana de la Salud, filial de la Organización Mundial de la Salud, tiene una oficina de campo en El Paso. En uno de sus reportes anuales sobre mortalidad, la OPS señaló que el homicidio era la segunda causa principal de muerte entre mujeres jóvenes en Juárez.[3] Entre 1995 y 1997, Juárez tenía registrado 124 homicidios de mujeres, en comparación con 36 en Tijuana y 13 en Matamoros. En ese periodo, la población en cada ciudad era de 1.2 millones, 1.1 millones y 420 mil habitantes. Las estadísticas comprueban que la violencia contra las mujeres, en Juárez, se ha incrementado en forma desproporcionada. No todos los crímenes comenzaron en 1993, pero la comunidad coincide en que la cifra de mujeres asesinadas se disparó en la década de los noventa. En el pasado, el estado de Chihuahua acostumbraba reportar los asesinatos contra mujeres al Instituto Nacional de Estadística, Geografía e Informática del gobierno federal, bajo el rubro de "crímenes varios". Una de las recomendaciones de la Comisión Nacional de Derechos Humanos dirigida al gobierno de ese estado en 1998 fue la de modificar los métodos para reportar estos crímenes.[4] El reporte de 1998 es el documento de procedencia gubernamental más completo y creíble, elaborado sobre los problemas con las investigaciones de los asesinatos del estado de Chihuahua. Otros dos documentos igualmente significativos fueron generados en 2003 por Amnistía Internacional y por la oficina contra el Crimen y las Drogas de Naciones Unidas.

Violencia de género

Debido a que estadísticas confiables eran difíciles de obtener en México, Cheryl Howard, una socióloga de la Universidad de Texas en El Paso, así como la Oficina Panamericana de la Salud, se basaron en las actas de defunción para averiguar cuántas mujeres eran víctimas de homicidios. Cheryl, quien había vivido en la frontera por muchos años, descubrió que los índices de mujeres asesinadas eran más elevados en Juárez que en Tijuana y Matamoros.[5] En su reporte de 2003, Amnistía Internacional señaló que el índice de mujeres asesinadas en Juárez se elevó de uno a diez por cada hombre asesinado en los años ochenta, a seis por diez en los años noventa, un incremento al cuádruple.[6] El reporte también criticó a las autoridades por su falta de voluntad en reconocer la presencia de un "patrón de violencia de género", y los acusó de responder a estos hechos con una política de desinformación. Asma Jahangir, una relatora especial de la Organización de las Naciones Unidas, visitó Juárez en 1999, en donde habló con familiares de las víctimas, representantes de la industria maquiladora y funcionarios.[7] Jahangir, quien se entrevistó entonces con la fiscal especial Suly Ponce, criticó a los funcionarios por culpar a las víctimas de sus propias muertes. Ella catalogó como "arrogantes" a estos funcionarios y consideró que otorgaban muy poco valor a las mujeres asesinadas. Según los medios de información, el gobernador de Chihuahua, Patricio Martínez, se refirió de forma pública al reporte de Amnistía Internacional como "pinche". Un funcionario del FBI dijo que los funcionarios del estado de

48

Chihuahua tendían a abordar el asunto de las muertes como un "fastidio". La Comisión Interamericana para los Derechos Humanos, que también investigara los crímenes, reportó que algo "inusual" estaba ocurriendo en Juárez.[8] Tijuana y Matamoros también tenían poblaciones flotantes, plantas maquiladoras y narcotráfico. Pero Juárez estaba marcando un récord de violencia contra las mujeres, justo a un lado del umbral del primer mundo.

El silencio que mata

Pese a las objetivas conclusiones de la ONG y de académicas como Cheryl Howard, las autoridades del estado de Chihuahua continuaron restando importancia a este problema. En vez de ello, atacaron a sus críticos y acusaron a los activistas de derechos humanos, como Judith Galarza, de exageración. El silencio de líderes y personas influyentes en el estado de Chihuahua era tan preocupante como los esfuerzos de las autoridades en despedazar a sus críticos. En cuanto al tema de los homicidios contra mujeres, ninguno de los notables empresarios como Jaime Bermúdez, Federico de la Vega, Miguel Fernández, Pedro Zaragoza, Enrique Terrazas y Eloy Vallina, entre otros, comentó algo al respecto. Algunos de esos empresarios, como se les conoce a los líderes de negocios, se beneficiaron directa o indirectamente del trabajo de las jóvenes asesinadas que laboraban en las maquiladoras, o que consumían sus productos. Durante la reunión de julio de 2003, para anunciar el Plan Integral de Seguridad Pública para Juárez, a la que asistió el secretario de Gobernación, Santiago Creel, Angélica Fuentes fue llamada a representar a la clase empresarial durante la presentación del programa federal gubernamental para proteger a las mujeres. Todos se preguntaron el porqué Fuentes, quien nunca asumió un papel de liderazgo en este asunto, de pronto pronunciaba el discurso principal para este encuentro. Ella aludió, en esencia, al tema de la economía. A principios de 2004, Fuentes contrató al periodista de la ciudad de México, Sergio Sarmiento, para desarrollar una imagen positiva de Juárez que coadyuvara a contrarrestar la publicidad negativa que esta ciudad fronteriza había recibido alrededor del mundo.[9] La respuesta de la elite empresarial de Juárez a los asesinatos no fue más que darle vueltas al asunto. Durante una entrevista en su despacho legal, Nahum Nájera Castro, quien se desempeñaba como subprocurador de justicia a cargo de los casos ocurridos, entre octubre de 1998 y marzo de 1999, emitió un juicio provocador: "Los funcionarios carecen de voluntad, capacidad y honestidad para esclarecer los crímenes".

La muerte de Sagrario

Sagrario González Flores emigró de su natal estado de Durango para reunirse con sus familiares en Juárez, quienes habían conseguido trabajo en las plantas ensambladoras de la ciudad. La adolescente trabajaba para la maquiladora General Electric, una de las empresas de Fortune 500 con presencia en la ciudad fronteriza. Un día, Sagrario salió de la maquiladora poco después del mediodía al finalizar su turno. La joven de 17 años se dirigía a su casa. Su hogar consistía en una humilde vivienda en Lomas de Poleo, al poniente de la ciudad; toda su familia había ahorrado para construirla. La madre de Sagrario, Paula González, dijo que su hija deseaba tomar clases de guitarra para animar las misas dominicales en la iglesia católica adonde asistía. También cantaba en el coro de la iglesia. La familia González, muy unida, creía en los valores tradicionales. Los padres enseñaron a Sagrario y a sus hermanos a respetar a sus mayores, a cumplir con sus deberes diarios y a mantener a Dios en muy alta estima. Quizá lo que distinguía a los González era la vida tan normal que llevaban a cabo. No había nada disfuncional en esta familia. Al final de un arduo día de labores, Sagrario llegaba a casa en donde unos padres amorosos la recibían, así como sus hermanos y hermanas. Eso la alentaba a seguir adelante cada día. La familia se mantenía firme en este cruel desierto, en donde la estrujante pobreza y la desesperación rodeaba a muchos de sus vecinos. El padre de Sagrario estaba decidido a mantener intacta a su familia y hacer realidad sus sueños. Ambos padres estaban de acuerdo en dar educación a sus vástagos. Juntos, diseñaron un futuro lleno de promesas pero nunca imaginaron que el lugar de sus sueños significaría el sacrificio de uno de ellos.

El 8 de junio de 2004, Paula Flores difundió a los medios una carta que escribió para su hija, "porque todavía tengo esperanzas de que esté viva y la vuelva a ver":[10]

> Sagrario:
> Si por un milagro de Dios tú estás viva y algún día tienes esta libreta en tus manos, y si para entonces yo ya no tengo vida, quiero que sepas que nunca estuviste muerta para mí y siempre estuviste en mi mente y en mi corazón. Tú vales más que todo el dinero del mundo porque eres un tesoro muy grande para todos nosotros; quisiera decirte más, pero yo pienso que a lo mejor Dios me concede decirte todo esto personalmente. Te extraño mucho, mi reina. Tu mamá que te quiere y te recuerda en cada segundo de mi vida. Paula Flores.

Vecindad de riesgo

Lomas de Poleo se observa cubierta con un fino polvo blanco que deja una capa permanente por dondequiera; los vientos que soplan en la región esparcen las partículas de arena en toda la zona. La tierra se fija en la boca, cabello y ojos. Vicky Caraveo, una activista de la comunidad, aseguró que el sitio no era nada saludable. Varias mujeres que ahí vivían habían muerto de cáncer, y Caraveo sospechaba que algo en el ambiente era el causante de este padecimiento. Algunas de las viviendas más antiguas en este asentamiento irregular están erigidas sobre bloques de cemento. Pero en los sitios más recientes, el suelo en donde se han construido más casas tiene el aspecto de un basurero con una delgada capa de suciedad en la superficie. Otras, están construidas de tablas de madera desechadas de las plantas maquiladoras, en tanto que otras más están erigidas tan sólo con viejos colchones y box spring, así como con grandes cajas de cartón que hacen las veces de techo. Cortinas cosidas a mano que no bastan para guarecer el interior de vientos o lluvias sirven como puertas. Son muy comunes los pisos de tierra. Perros enflaquecidos rondan en las sucias calles, olfateando entre los desperdicios, mientras que los niños, cubiertos de ese fino polvo, entran y salen de sus patios. De alguna manera, los pequeños se las han ingeniado para transformar esta desolación en un vasto campo de juegos. Éste era el barrio de Sagrario, un lugar para el más endurecido de los pioneros. A lo lejos, la tronera de la planta metalúrgica ASARCO está bastante visible; se eleva a través del río Bravo en el lado de El Paso, Texas.

En la década de los setenta, la planta de cobre fue señalada como la causante de los elevados niveles de plomo en el sistema sanguíneo de los niños que vivían en sus alrededores.[11] Fue un gran escándalo sanitario, y las familias fueron reubicadas de esta comunidad hacia otras regiones de El Paso. Nadie sabe lo que ocurrió del lado de Ciudad Juárez, en donde los niños no fueron examinados. La diferencia entre ambos lados del río es que, en México, un obrero de maquiladora puede ganar como máximo cuatro dólares diarios, mientras que en territorio estadunidense, el salario mínimo legal es de 5.15 dólares la hora. El día de su desaparición, Sagrario salió de la planta ubicada en el parque industrial Antonio J. Bermúdez de regreso a su casa. Ella tenía que abordar dos camiones para llegar. Miles de residentes en Juárez utilizan el transporte público todos los días para ir y volver de la escuela y del trabajo. Después de un recorrido de más de diez kilómetros, el primer autobús dejaría a Sagrario en la zona centro de la ciudad. De ahí abordaría otro en la esquina de Felipe Ángeles y Anapra en dirección a Lomas de Poleo, otros doce kilómetros de calles azotadas por los vientos y caminos sin pavimentar.

La joven extraviada

Sagrario y varios de sus parientes trabajaban en el turno nocturno. Pero después, Sagrario fue transferida al turno matutino, y su nuevo horario concluía a las tres de la tarde. Aun cuando Sagrario dejaba de trabajar durante el día, sus familiares, quienes todavía seguían en el turno nocturno, ya no pudieron acompañarla en el camino hacia su casa. Había mucha luz el día 16 de abril de 1998, cuando Sagrario se esfumó. Su o sus asesinos se apoderaron de ella rumbo a su casa.

A lo largo de los años, Lomas de Poleo ha sido utilizada como cementerio para otras mujeres jóvenes. La mayoría de ellas fueron vistas con vida por última vez en el bullicioso centro de la ciudad, o por lo menos tenían que cruzar esta zona para abordar un autobús de pasajeros. Cuando fue obvio que Sagrario había desaparecido, sus amigos y parientes se movilizaron de inmediato para lanzarse en su búsqueda. Como muchas personas, sus allegados imprimieron volantes con la fotografía de la joven y sus datos y los colocaron en diferentes sitios de la ciudad. Entrevistaron a personas que podrían haberla visto ese fatal día. De acuerdo con la doctora Irma Rodríguez Galarza, una perito forense del gobierno del estado de Chihuahua, Sagrario recibió numerosas puñaladas y fue estrangulada. Otro crimen absurdo se sumaba a la lista de las muertes en Juárez.

La madre de Sagrario relató, en una ocasión, más anécdotas sobre la joven asesinada. También su caso es mencionado en *El silencio que la voz de todas quiebra*, un libro que contiene conmovedoras descripciones de algunas de las víctimas. Paula González relató que Sagrario tenía como mascota a dos periquitos, "Mary" y "Luis". "Mary" murió el día en que Sagrario ya no llegó a su casa. El segundo se alejó volando hacia la montaña el 28 de abril, un día antes de que el cadáver de Sagrario fuera hallado en Loma Blanca, en el valle de Juárez, al otro extremo de la ciudad.[12] Guillermina González, la hermana de Sagrario, contribuyó a crear el grupo Voces sin Eco, un organismo no gubernamental que buscaba justicia para su hermana y las otras víctimas. Irma Pérez, la madre de Olga Carrillo, era una de sus miembros. El grupo, que incluía otros familiares de víctimas, libró una batalla para mantenerse a flote. Irma señaló carecían de suficiente presupuesto, y "a veces no podíamos asistir a las juntas porque no teníamos ni para el camión", que en ese entonces era de 25 centavos de dólar. La pobreza representaba un poderoso enemigo.

Pintando cruces

La agrupación pintó cruces negras dentro de cuadros color rosa en los postes de la ciudad, en memoria de cada niña o joven asesinada. Este notable diseño se convirtió así en la bandera para esta causa. Un miembro de Justicia para Nuestras Hijas explicó que el color negro de la cruz simboliza la muerte, en tanto que el rosa significa la promesa de vida y juventud. Guillermina González señaló que el grupo con frecuencia fue atacado por operadores del gobierno, y se incrementaron las dificultades para continuar con esta organización. Frente a estas adversidades, Voces sin Eco permaneció aletargada por varios años. En el sexto aniversario de la muerte de Sagrario en el 2004, algunos de sus antiguos miembros resolvieron reunirse para pintar nuevas cruces y retocar los antiguos símbolos que el tiempo había borrado. Fueron acompañados por Vicky Caraveo y miembros de Amigos de las Mujeres de Juárez, un grupo defensor de los derechos humanos cuya base se localiza en Las Cruces, Nuevo México. Esa semana, unos transeúntes descubrieron restos humanos en el desierto del sur de Juárez. El área era utilizada para arrancones y se ubica a un lado del rancho de San Valentín. Investigadores expusieron que los restos pertenecían a un desconocido del sexo masculino. Samira Izaguirre, una comentarista de la radio local, y uno de sus compañeros tuvieron que auxiliar a la policía para encontrar el sitio exacto del hallazgo, después de que un radioescucha, quien había visto los restos, alertara a la estación radiofónica. La primera vez que la policía llegó no pudo encontrar nada. Las autoridades expresaron que los huesos formaban parte de una osamenta masculina, pero corredores que cruzaron por el lugar aseguraron que había ropas de mujer junto con los restos.

Rastros de muerte

En 1999, Nancy Villalba, de 14 años, fue asaltada sexualmente y dada por muerta a manos de Jesús Guardado Márquez, quien era chofer del autobús de pasajeros contratado por una planta maquiladora en donde la adolescente trabajaba. Las autoridades del estado de Chihuahua se valieron de su caso para resolver de un salto siete asesinatos ocurridos entre junio de 1998 y marzo de 1999. Las víctimas eran Brenda Méndez Vázquez, de 14 años; María Mendoza Arias, de 28; Celia Gómez de la Cruz, de 14; Rosalbi López Espinoza, de 25; Irma Rosales Lozano, de 13; Elena García Alvarado, de 35; y una jovencita no identificada de entre 14 y 16 años. Entre las víctimas había una bailarina, algunas estudiantes y obreras de las plantas ensambladoras. A diferencia de víctimas anteriores, cuyos cadáveres han sido hallados en grupos en Lomas de Poleo o Lote Bravo, los cuerpos de estas jóvenes estaban dispersos a lo largo de Juárez. Algunos de ellos fueron encontrados en un área al sur de la ciudad en donde confluyen el penal del Centro de Readaptación Social para Adultos, la Academia Estatal de Policía, el Vigésimo Regimiento de Caballería Motorizado, así como un espacioso rancho vinculado al cartel de Juárez. Otros cadáveres han sido localizados cerca de Zaragoza, al nororiente de Juárez. A inicios de 1999, las autoridades le atribuyeron a Abdel Latif Sharif Sharif y a una banda de ruteros las últimas muertes. Era la segunda vez en que Sharif era acusado de manera formal de ser el autor intelectual de los multihomicidios. Los acusados negaron los cargos, mientras que su consignación ante los tribunales significó una breve victoria para el gobernador Patricio Martínez, quien, durante su campaña electoral, prometió convertir a Juárez en un lugar más seguro para las mujeres. Martínez se había quejado de que la administración de su antecesor Francisco Barrio no le hubiera dejado material para trabajar en las investigaciones, excepto una "bolsa de huesos" y archivos en total desorden. Aunque Martínez proclamó "que esta pesadilla es cosa del pasado; llegó a su fin", se había equivocado.[13] Su administración presenciaría dos casos de homicidios múltiples. Algunos allegados al gobernador comenzaron entonces a difundir versiones similares a las expuestas por el equipo de su antecesor Barrio: que los cadáveres eran "sembrados" por motivos políticos.

Los asesinatos de dos adolescentes, ocurridos con años de diferencia, permanecían sin esclarecer. Guadalupe Estrada Salas, una obrera de la industria maquiladora, tenía sólo 16 años cuando fue asesinada en 1993. Funcionarios adujeron que no podrían asegurar si la joven había sido violada debido a que su cadáver estaba demasiado descompuesto. Un reporte del gobierno del estado de Chihuahua, conocido como El Libro Rojo, menciona que un gerente de la maquiladora Electrosistemas Bravo —en donde trabajaba Guadalupe— fue la última persona de la empresa en verla con vida. Las autoridades que lo interrogaron dijeron que logró justificar su paradero en el lapso en que la joven estaba desaparecida. El ejecutivo admitió haberse portado amistoso con la joven, y, en ocasiones, hasta le ofreció aventones en su vehículo.[14] Esta investigación es tan sólo una de tantas que siguen "pendientes" por parte de las autoridades.

La frontera brava

El caso archivado de Sandra Vásquez Juárez, quien trabajaba para la planta Zenith, también permanece empolvado. Su caso ilustra el tipo de retos jurídicos que representa la frontera para funcionarios de ambos lados de la frontera. El cadáver de Sandra fue hallado flotando en el lado estadunidense del río Bravo el 10 de julio de 1996. La Oficina de Medicina Forense en el condado de El Paso, Texas, efectuó la autopsia, en donde se establece que la joven murió "estrangulada con las manos".[15] En otras palabras, lo más seguro es que la víctima fue arrojada al río después de ser asesinada. Investigadores del Departamento de Policía de El Paso turnaron después el caso hacia sus homólogos en Juárez, al considerar que fue ahí en donde fue cometido el crimen. El Libro Rojo menciona el asesinato de Silvia Laguna Cruz, de 16 años, quien también trabajara para una planta maquiladora. Fue vista con vida por última vez camino a la planta Data Processors de Norteamérica. Su cadáver se encontró a cien metros del Boulevard Zaragoza, al oriente de Juárez. El reporte indica que la víctima fue violada y fue apuñalada veinte veces, y que su o sus asesinos "sádicamente le clavaron un objeto en el pecho". Las similitudes entre las víctimas y la manera en que fueron privadas de la vida, sugieren que uno o más asesinos en serie estaban en plena actividad. El experfilador del FBI, Robert Ressler, quien acuñara el término "asesino en serie", viajó a Juárez en 1998 a invitación expresa del gobierno del estado de Chihuahua. El investigador propuso la teoría de que algunos asesinatos fueron cometidos en serie por naturaleza. El experto internacional y autor consideró que alguien estaba tras la cacería de las jóvenes en esta ciudad fronteriza.[16]

Aunque las maquiladoras de la frontera empleaban a miles de mujeres, no todas las víctimas de los asesinatos en Juárez laboraban en esta industria. Julia Monárrez, una investigadora académica del Colegio de la Frontera Norte, logró averiguar, después de exhaustivo estudio, que la quinta parte de ellas había trabajado para una de las 300 plantas ensambladoras.[17] El resto transitaba por otras actividades: estudiantes, bailarinas, amas de casa, propietarias de negocios y algunas prostitutas. Dada la demografía de esta ciudad, comentó Monárrez, la mayoría de las jóvenes provenientes de familias de escasos recursos tiende a trabajar en las fábricas. Cheryl Howard añade que las jóvenes que se enfrentan a limitadas oportunidades financieras también están expuestas a involucrarse con narcotraficantes. Al mismo tiempo, hombres jóvenes en busca de oportunidades laborales eran atraídos hacia el tráfico de drogas, que con frecuencia reclutaba a personas desesperadas y sin empleo, para transportar, distribuir y vender marihuana, cocaína y heroína. Un reportero policiaco veterano en Juárez comentó que los agentes judiciales rara vez investigan los homicidios. "Los policías nos dicen que por lo general fabrican los asuntos que archivan, a efecto de esclarecer un caso para concentrarse en el siguiente. Algunos expedientes contienen datos ficticios, como un novio señalado como sospechoso principal cuando, en realidad, ni siquiera existe." Los crímenes impunes envían un claro mensaje en el sentido de que es correcto matar a las mujeres, expresa Cheryl Howard mientras enciende otro cigarro. En México, se le conoce como la cultura de la impunidad.

El gringo

Me encontraba en Juárez con dos periodistas de Guadalajara, Mario Mercuri y Vanesa Robles, cuando otro colega me llamó. Félix González, un editor del periódico *El Mexicano* en ese entonces, hablaba con mucha agitación. Señaló que su periódico se había topado con el hombre que estaba asesinando a las mujeres de Juárez, y me invitó a visitarlo en su oficina para echar un vistazo a algunos materiales. Mario y Vanesa visitaban la ciudad para realizar una investigación sobre los crímenes, y les pregunté si tenían interés en acompañarme. Era ya muy noche cuando Mario y yo corrimos para encontrarnos con Félix, quien ya tenía varias cajas con varios documentos, cartas, libretas, álbumes y fotografías. Todo esto pertenecía a un anciano estadunidense, quien tenía dos meses de no haber regresado a su departamento en Juárez. El casero se preocupó porque el inquilino no regresó, por lo que desocupó el inmueble para rentarlo nuevamente. Algunos de estos objetos levantaron sospechas en el casero, por lo que llevó las cosas del anciano a *El Mexicano*. Félix dijo que el periódico notificó a las autoridades, "pero ellas no tenían prisa en escudriñar el material, y tal vez el gringo es el asesino". Los tres nos sentamos a observar las libretas del hombre, sus fotos y correspondencia.

Resultó que el hombre, de casi setenta años de edad, andaba en una especie de aventura Viagra. Con base en las notas y facturas, había comprado esa droga en forma regular y había sostenido relaciones sexuales con numerosas prostitutas. El hombre guardaba notas detalladas sobre sus encuentros y tenía a la mano fotografías y detalles sobre sus compañeras de sexo. Por ejemplo, describía a una mujer como de buena figura pero pésima en la cama. Encontramos

58

también el retrato de otra mujer que había vivido un tiempo con él. Nada indicaba que nuestro misterioso hombre era un asesino en serie. Probablemente no pudo regresar durante su última visita a Estados Unidos, o se encontraría enfermo, o tal vez había fallecido. Pero de este episodio surgió algo que nunca antes había tomado en cuenta, la vulnerabilidad de las mujeres que trabajaban en la industria del sexo en la ciudad.

Vidas al azar

Algunas mujeres admiten que uno de los medios para obtener dinero extra es el tener relaciones sexuales con los clientes, una actividad muy peligrosa, en virtud de la situación actual en la ciudad. El anciano estadunidense escribió que algunas de sus compañeras de alcoba eran drogadictas que habían muerto a raíz de una sobredosis. Félix comentó: "Te vas a sorprender, pero hay *muchas* jóvenes que mueren así". Pero sus decesos rara vez ocupan los encabezados de los periódicos; son víctimas invisibles. Una sobredosis de droga puede disfrazar un homicidio. En dos de los casos, las muertes de las jóvenes, cuyos cadáveres mostraban señales de violencia, fueron dictaminados como decesos por sobredosis. En septiembre de 2002, una mujer se encontró en un sector de San Lorenzo, cerca de la empresa transportista de Manuel Sotelo (miembro de la Comisión de Verdad y Honor de Ciudad Juárez). Érika Pérez —así se llamaba— estaba semidesnuda, el asa de su bolsa estaba enredada en su cuello. Funcionarios del estado de Chihuahua, consideraron su muerte como resultado de una sobredosis de droga, concluyeron que el caso no debería ser investigado como homicidio sino atribuir la presencia de la intoxicación como principal causa de muerte. Pero el criminólogo Óscar Máynez, junto con otros ciudadanos de la comunidad, se mostró escéptico sobre el dictamen médico.

En marzo de 2004, funcionarios estatales se enfocaron en las prostitutas al catear varios bares en la zona roja del centro de la ciudad. La policía dijo que el operativo fue impulsado por el descubrimiento del cadáver de una mujer en el área del Cristo Negro, a principios de ese mes. Los oficiales explicaron haber ordenado estos operativos para encontrar a gente que pudiera tener información sobre la muerte de Rebeca Contreras Mancha. Aseguraron que Rebeca era una prostituta que colaboraba para los "puchadores" de droga y que su muerte fue una venganza al fallar a la organización. Los funcionarios aseguraron también que llevaban a cabo registros de las prostitutas a fin de protegerlas. Pero no parecía que éstos estuvieran preocupados por las mujeres más marginadas de la comunidad. Después de todo, nunca habían reprimido a los padrinos (algunos de ellos narcotraficantes) que reclutaban a mujeres para entrar al mercado del sexo. Vanesa Johnson, de la organización no lucrativa FEMAP en El Paso, dijo que esa organización había escuchado que alrededor de tres mil mujeres (y algunos hombres) trabajaban en la prostitución en Juárez. Adair Margo, una de las fundadoras de FEMAP, mencionó que dicha organización ha colaborado en la rehabilitación de algunas de estas mujeres para obtener empleos fijos o en la apertura de micronegocios mediante préstamos, además de adiestramiento y becas para escuelas vocacionales. Margo, quien opera una galería de arte en El Paso, dijo que el tema de los asesinatos de mujeres en Juárez fue abordado durante un encuentro con George W. Bush cuando era gobernador de Texas. Margo comentó que la señora Laura Bush y Anita Perry (esposa del gobernador Rick Perry) visitaron Juárez y están conscientes de la existencia de estos asesinatos. "Es un asunto doloroso que se ha dejado supurar", expresó Margo sobre los asesinatos.[18] Ella encabezó el comité que reunía fondos para la campaña de reelección de Bush en Texas, y ha trabajado muy de cerca con Guadalupe de la Vega en Juárez, en varios proyectos de la FEMAP.

Sin embargo, los funcionarios no tuvieron que escudriñar más allá de la subprocuraduría general de justicia para investigar la explotación sexual de mujeres. A principios de 2004, Héctor Lastra García, subjefe del Departamento de Averiguaciones Previas en la subprocuraduría, fue acusado de reclutar a adolescentes para tener intercambio sexual con hombres influyentes en una casa rentada en el fraccionamiento Club Campestre en Juárez. Antes de su detención, Lastra tenía a su cargo al personal que da seguimiento a denuncias penales de delitos como violación, secuestro, robo y homicidio. Lastra, hijo de un prominente miembro del Partido Revolucionario Institucional, no era el primer funcionario judicial en ser sospechoso de contribuir al abuso sexual de adolescentes, aun cuando nunca salió a la luz pública. Anteriormente otros funcionarios estatales habían sido sometidos al escrutinio de investigadores federales. Esta vez, la comisionada Guadalupe Morfín Otero presionó a los investigadores federales para ahondar en posibles vínculos entre la supuesta red de prostitución de Lastra y las desapariciones y muertes de mujeres. La investigacion quedó congelada.

El agujero negro

Antonio Medina, presidente de una agrupación de comerciantes en vinos y licores en Juárez, describió lo que venía a ser un agujero negro para las mujeres en Juárez. Una vez que entraban al hoyo desaparecían y nadie jamás sabría si se cambiaron de residencia, fueron asesinadas o reclutadas para trabajar en otra ciudad. Medina comentó que él y otras personas lamentaban esta clase de cambios que han convertido a la zona roja en un sitio muy peligroso para las mujeres:

> El crimen organizado ha comprado muchos de los centros nocturnos de la zona centro, a tal punto que ignoramos quiénes son los verdaderos propietarios. Antes, la prostitución estaba mucho más controlada, pues todos sabían quiénes eran las jóvenes y en dónde vivían. Pero ahora, hay chicas con sobrenombres y nadie sabe dónde localizar a sus familias cuando algo les pasa. En otro tiempo, a nadie se le ocurriría matar a estas mujeres. Las autoridades se enterarían de inmediato con quién estuvo la muchacha por última vez, y capturarían al o los asesinos.[19]

61

La zona roja de tolerancia se ubica a un lado de la Avenida Juárez y otras calles del centro de la ciudad por donde han transitado numerosas víctimas. El Hotel Plaza, en donde una turista de Holanda fue hallada muerta, se localiza en ese distrito. El periodista de Nuevo México Kent Paterson ha entrevistado a mujeres en otras ciudades quienes explican que trabajan en centros nocturnos bajo contrato a corto plazo, y se movilizan hacia otros lugares en el país en busca de trabajos similares. Pero no únicamente como cantineras. Algunas tiendas de autoservicio de cadenas nacionales también contratan a mujeres jóvenes y las envían a diversos lugares en donde cuentan con sucursales. Estos negocios incluyen las escuelas de computación ECCO y las mercerías Estrella. Más de una docena de víctimas en Juárez y Chihuahua fueron reclutadas en las escuelas ECCO.

En marzo de 2004, las autoridades federales, bajo el mando de Rolando Alvarado, emprendieron una investigación encubierta a la escuela que se hacía llamar Escuela de Computación ECCO; demasiado tarde para obtener algún logro. La escuela, que negó cualquier irregularidad, cambió de propietarios y el nuevo nombre era INCOMEX. El cadáver de una exalumna de la escuela ECCO fue hallado en febrero de 2003; ella formaba parte del caso de los asesinatos del Cristo Negro. Cerca de 15 jóvenes desaparecidas o asesinadas se inscribieron, o de cierta manera tuvieron contacto con un plantel de ECCO. La movilización de mujeres a través del país, en busca de puestos en plantas ensambladoras, centros nocturnos, escuelas de computación y tiendas de autoservicio, provee de un perfecto coto de caza para asesinos y traficantes de personas. A las jóvenes que se les privó de la vida, fue justo cuando se dirigían a solicitar o tenían citas de trabajo en alguna planta industrial.

Cristo Negro: el nuevo cementerio

Testigos revelaron a la reportera interna de *El Paso Times*, Allison Forbes, y a Ed Vulliamy, un reportero de *The London Observer*, el hallazgo de los restos de tres mujeres en el desierto de Lomas de Poleo en enero de 2003 y se preguntaban el porqué en las noticias no se informaba sobre el descubrimiento. Los tres regresamos a Juárez para pedirles a los testigos que nos mostraran en dónde habían encontrado a las víctimas. Sin titubear un instante, uno de los testigos nos condujo hacia un área en la parte alta de Lomas de Poleo, atrás de una caseta de seguridad, hacia la entrada de un extenso rancho, y en dirección a una zona desértica. Una bolsa de plástico transparente sujeta a un arbusto marcaba el punto del hallazgo, pero el viento y los movimientos de la arena habían borrado todo signo de violencia. El hombre, cuya identidad ha sido omitida por su propia seguridad, describió los cuerpos y las ropas que llevaban. Dijo que una de ellas tenía el cabello corto y un pequeño arete en una ceja. Mientras tanto, un guardia de seguridad, a bordo de un vehículo, saludó de manera amistosa a nuestro guía. La unidad tenía un engomado de Radio Magia Digital. También nos informaron que el rancho pertenecía a Boone Menchaca, quien poseía algunas estaciones radiofónicas en Juárez y El Paso.

Los testigos nos proporcionaron los números de las radiopatrullas que acordonaron el área, y mencionaron que una unidad forense recogió los cadáveres del lugar. La policía local dio tres diferentes versiones de lo ocurrido: la policía municipal se presentó a acordonar el área para los agentes de la policía judicial del estado; la policía municipal comenzó a acordonar el área, pero ya era muy tarde y se fueron del sitio debido a que estaba demasiado oscuro para continuar; y, por último, me dijeron que "será mejor que se dirija a la policía estatal porque es quien tiene a su cargo las investigaciones de homicidios". Ángela Talavera, la fiscal especial para la Atención de Homicidios de Mujeres, negó que la policía estatal ocultara el descubrimiento de tres cadáveres.

Debido a que las autoridades estatales de Chihuahua habían reanudado sus lazos con el FBI en El Paso, me puse en contacto con esta agencia federal para averiguar si sabían algo al respecto. El agente especial del FBI, Art Werge, respondió que investigaría ese informe y posteriormente me daría una respuesta. Werge comentó que los fun-

63

cionarios le revelaron al FBI que, en efecto, habían localizado el cadáver de una mujer, no tres, y que mantenían oculta la información para no poner en peligro la investigación. No fue precisado cuándo y dónde fue localizado el cadáver. Una fuente en Juárez me dijo que Manuel Esparza, un funcionario estatal que respondió al cuestionamiento del FBI, comentó que no podría mentirle a éste y reconoció que la policía estatal había hallado el cuerpo de una mujer, pero lo mantenían en absoluto hermetismo. Si las autoridades del estado de Chihuahua ocultaban algo tan serio como un homicidio, ¿qué otras cosas escondían y por qué? Después de que *El Paso Times* y *London Observer* reportaran el incidente, el periódico *Norte* publicó la misma nota después de que sus reporteros, de manera independiente, ubicaran a un par de testigos que corroboraron los hechos.

El mes siguiente, el 17 de febrero de 2003, varios cuerpos de mujeres fueron encontrados a unos tres kilómetros al poniente de Lomas de Poleo en donde habíamos estado. El sitio, dentro de la cooperativa de un banco de materiales, es conocido como Cristo Negro. Las autoridades estatales dijeron haber recuperado tres cadáveres, pero un fotógrafo de *Norte*, quien se quedó rezagado del resto de los reporteros, observó un cuarto cadáver que los vecinos habían descubierto. De nuevo, las autoridades estatales de Chihuahua negaron haber hallado más de tres cadáveres en esa fecha. A fines de 2002, por lo menos dos cuerpos de mujeres se encontraron en el sitio del Cristo Negro. Después, el fiscal federal Rolando Alvarado confirmó que un total de seis víctimas estaban relacionadas con el Cristo Negro. Fueron identificadas como Esmeralda Juárez Alarcón, Violeta Alvídrez Barrios, Juanita Sandoval Reyna, Gloria Rivas Martínez, Teresita López y otra identificada de manera extraoficial como Isabel Mejía. Fue algo espeluznante. Ellas trabajaban o iban a la escuela en la misma área del centro de Juárez, en donde víctimas anteriores fueron vistas por última vez. Juanita, de 17 años, estudiaba y trabajaba en la escuela de belleza Glamour en la Avenida Juárez; Gloria, de 15, trabajaba en la tienda Estrella en la Avenida 16 de Septiembre (cerca de la catedral); María trabajaba en otra sucursal Estrella en la misma calle, pero a dos cuadras al poniente; Violeta, de 18, acudía a la cercana escuela preparatoria Ignacio Allende en la Avenida Vicente Guerrero; Esmeralda, de 17, trabajaba en el Mercado Carranza en la venta de ropa para mujer y asistía a la escuela de computación ECCO a media cuadra de su centro de trabajo. Otra escuela ECCO funcionaba en la Avenida 16 de Septiembre, cerca de una de las tiendas de manualidades Estrella. Berenice Ramos, una de las ocho víctimas de noviembre de 2001, también estudiaba en la preparatoria Allende.

Los federales investigan

Al intervenir en las indagatorias, los investigadores federales resolvieron investigar los dos casos que involucraban 14 víctimas, las ocho de 2001 y las seis de octubre de 2002 a febrero de 2003. Por años, las víctimas de crímenes sexuales del campo algodonero y del Cristo Negro coincidían en ciertas características: jóvenes, bonitas, provenientes de familias pobres, algunas estaban atadas, y fueron halladas desnudas o semidesnudas. De manera extraña, unas de las chicas eran muy parecidas entre sí, era como si las hubieran escogido con cierto perfil. Surgieron también otras coincidencias. Elizabeth Castro, la adolescente cuya muerte, en 1995, le fuera atribuida a Sharif, era amiga de Mayela González, hermana de Claudia Ivette González, identificada por los investigadores como una de las ocho víctimas que se encontraron en noviembre de 2001. Mayela y Elizabeth vivían muy cerca una de la otra. Elizabeth asistía a la escuela de computación ITEC en la avenida Francisco Villa, cerca de los centros escolares y lugares en donde estudiaban y trabajaban las futuras víctimas. El expediente de la policía judicial del estado señala que la joven tenía un triángulo marcado en la espalda, al parecer la firma que los asesinos dejaron en sus primeras víctimas.[20] Las autoridades del estado de Chihuahua se mantuvieron firmes: las muertes no estaban relacionadas entre sí y todas, a excepción de seis de los supuestos asesinatos en serie, habían sido resueltos. Ese mismo mes (febrero de 2003) en que las jovencitas fueron encontradas en el Cristo Negro, otra pequeña extraviada fue hallada sin vida cerca de las vías de FERROMEX y de las instalaciones de la subprocuraduría general de justicia de Chihuahua, Berenice Delgado Rodríguez, de 5 años de edad, secuestrada cerca de su casa, fue violada y apuñalada cinco veces. El médico forense explicó que la menor había muerto de una puñalada en el corazón.

Con ese tipo de noticias, llegué a mi límite emocional. Permanecí inmóvil en mi escritorio en El Paso, y le envié un mensaje al editor de la sección *Metro*, Armando Durazo, para notificarle la imposibilidad de reportar los crímenes en Juárez. No podría escribir sobre una muerte más. Después me enteré que algunos de mis colegas que trabajaban en este asunto estaban experimentando experiencias similares, incluyendo a la cineasta Lourdes Portillo y al activista Gregory Bloom, de los Amigos de las Mujeres de Juárez. "La pequeña [Berenice] me conmovió mucho", comentó Lourdes. La gente empezaba a resentir estos efectos de diversas maneras. Algunos colaboradores me confesaron que estaban muy deprimidos o padecían de pesadillas. La criminóloga canadiense Candice Skrapec, quien había revisado cerca de 200 expedientes de asesinatos en Juárez, creía que había más de un asesino serial operando en Juárez, y uno de ellos tenía interés en las pequeñas. "Estoy segura de que si esclarecen uno de estos casos [asesinatos de niñas], el resto quedaría resuelto", expresó. La brutal muerte de la pequeña Berenice permanece sin esclarecer. Edgar Fernández Jurado, quien tenía vínculos con el cartel, fue arrestado en enero de 2002 luego de que la policía lo acusara de violar a un adolescente. Fernández fue arrestado debido a la presión pública, pero la policía jamás lo investigó. Residentes de la zona rural al oriente de Juárez, donde Fernández vivía y en donde ocurrió la agresión, dijeron que la policía protegió al sospechoso debido a que estaba involucrado en el mercado de las drogas.

Restos ocultos

Dos meses antes de que fueran encontrados ocho cadáveres

femeninos en noviembre de 2001, tres personas que yo conocía hicieron un descubrimiento perturbador en el anfiteatro de la ciudad. Se habían presentado a tratar de identificar un cadáver con la esperanza de localizar a un familiar extraviado. Les fue mostrado el cuerpo de un hombre, pero no se trataba de la persona que ellos buscaban. Antes de retirarse, uno de los asistentes del anfiteatro les ofreció mostrarles una nueva sección de las instalaciones, muy moderna y que contaba con el tipo de refrigeración requerida para preservar mejor los cadáveres. En la nueva sección de la morgue, dos de los tres visitantes se toparon con nueve cadáveres. Estaban apilados uno encima del otro, y tenían adheridas sendas etiquetas. Una de las tres personas se quedó impactada por este incidente y mencionó: "Nos dijeron que los cadáveres estaban ahí porque nadie había ido a identificarlos".[21] Uno de los visitantes es funcionario judicial del estado de Chihuahua, se sorprendió por lo que estaba observando. Después, las autoridades negaron la existencia de esos cuerpos y empezamos a especular sobre la posibilidad de que dichos cadáveres, o por lo menos ocho de los nueve, pudieran ser los mismos que aparecieron en una parcela frente a la Asociación de Maquiladoras en noviembre. Pero ¿quiénes eran las víctimas en el anfiteatro y qué ocurrió con los cadáveres?

Disputa por tierras

Un reportero de Juárez mencionó la presencia de fuertes rumores que esos ocho cadáveres realmente fueron encontrados detrás de una tienda de autoservicio Del Río y que fueron trasladadas al predio algodonero. La familia De La Vega, de Juárez, es propietaria de la cadena de tiendas Del Río, donde también trabaja un familiar de la señora Marta Sahagún. Si tomamos en cuenta los antecedentes de cómo han ocurrido estos crímenes, es muy posible que los cuerpos hayan sido trasladados a otros lugares más convenientes. Los colaboradores del gobernador Patricio Martínez y su antecesor, Francisco Barrio, han considerado que los cadáveres fueron "sembrados" para perjudicarlos políticamente. Sin embargo, montones de cadáveres de mujeres han sido arrojados en o cerca de predios en litigio, como Lote Bravo, Lomas de Poleo y el campo algodonero, en donde se habían establecido varias familias invadiendo tierras a cambio de su apoyo durante las elecciones.

En el 2003, una extensa brigada de policías municipales desalojó a cientos de familias del Lote Bravo mediante violencia y escándalo.[22] Algunos de los invasores optaron por prender fuego a sus humildes chozas en vez de sentarse a presenciar cómo sus hogares eran vendidos por partes. De acuerdo a un reporte de 1998, de los crímenes de mujeres en Juárez, emitido por la Comisión Nacional de Derechos Humanos, algunas familias poderosas eran terratenientes en Lote Bravo y Lomas de Poleo. En ese entonces, Lote Bravo estaba dividido entre propietarios como José A. Padilla Rodríguez, el INFONAVIT (programa gubernamental de vivienda), Desarrollo Económico de Chihuahua, el Municipio de Juárez, Amparo Rodríguez Douglas de Padilla, Sergio Bermúdez Espinoza y Alicia Quevedo Verdes. Se extiende en sucesión a Enrique C. Creel y Simón Rodríguez (norte), hacia la extensión del ejido Zaragoza (sur), Simón Rodríguez (este) y hacia la carretera Panamericana (oeste).[23] Gran parte del área de Lote Bravo fue desarrollada luego del macabro descubrimiento de ocho cadáveres en 1995. El reporte de la comisión señaló que Pedro Zaragoza Vizcarra era el dueño de Lomas de Poleo en ese tiempo. La propiedad se extiende hacia el río Bravo al norte, Leandro Valles al sur, Puerto Anapra al poniente y Jerónimo Villegas al oriente.

En 2003 y principios de 2004, las tensiones entre los colonos de la parte alta de Lomas de Poleo y Pedro Zaragoza llegaron al punto de ebullición. Los guardias de seguridad de Zaragoza cortaron el suministro de energía eléctrica que llegaba a las viviendas y al parecer amenazaron a las personas que se negaban a bandonar el lugar. En la primavera de 2004, el asunto permanecía estancado. En septiembre del mismo año algunos residentes de la colonia denunciaron que empleados de Zaragoza destruyeron su templo y se quejaron ante el obispo. Después, los residentes comenzaron a reconstruir la iglesia y el obispo ofició una misa en ese lugar

En 2002, marqué el número telefónico de Pedro Zagaroza en Juárez, y una mujer que contestó la llamada se identificó como la señora Zaragoza. Le pregunté si su familia había tenido dificultades a causa de los cadáveres localizados en Lomas de Poleo en 1996. Ella respondió que su familia tenía muchos problemas por la presencia de invasores en su propiedad. Consideró injusto que esos colonos estuvieran en ese terreno. La mujer puso punto final a nuestra breve plática al decir: "Vale más que no publique nada en el periódico". La familia Zaragoza es muy extensa, y algunos de sus miembros poseen grandes empresas, incluyendo lecherías y queserías, gaseras y una cadena de tiendas de autoservicio. Algunos de los Zaragoza están emparentados con la familia de los Fuentes, otra familia poseedora de grandes empresas comerciales de gas y bienes raíces. Por lo menos dos de los miembros de ambas familias dirigen compañías trasnacionales, y poseen propiedades en el interior de la república mexicana, España y Guatemala.

Según un reporte de investigación del Servicio de Aduanas de Estados Unidos, algunos de los miembros de la familia Fuentes han sido sospechosos de tráfico de drogas.[24] En 1997, la revista *Insight,* así como el programa televisivo de CBS TV *60 Minutes,* reportaron versiones de narcotráfico que involucraban a pipas de gas pertenecientes a una de las empresas de Tomás Zaragoza. En 1991, un residente de El Paso y Juárez, Baldomero Fuentes, supuesto familiar del clan Fuentes, fue sentenciado por un tribunal de Juárez a un año de libertad condicional por posesión de cocaína.[25] *Insight* también reportó que Baldomero Fuentes y Rafael Aguilar fueron los fundadores del original cartel de Juárez en la década de los ochenta. Y en la década siguiente, la gente continuaba asociando los nombres de Zaragoza y Fuentes al narcotráfico. Por ejemplo, un chofer de trailer en El Paso comentó que un representante de uno de los Zaragoza lo abordó en el hipódromo y casino de Sunland Park, Nuevo México. El trailero agregó que el hombre le ofreció trabajo en excelentes condiciones

69

para transportar cargamento legal "y en ocasiones cargas de droga".[26] Es importante recalcar que a pesar de que las familias Zaragoza y Fuentes son muy numerosas, sólo unos cuantos de sus miembros han sido vinculados a crímenes por las agencias investigadoras.

Según el Registro Público de la Propiedad, el predio donde fueron encontrados los ocho cadáveres, en 2001, pertenecía a Andrés Barrio, un familiar del exgobernador Francisco Barrio.[27] El cadáver de Lilia Alejandra García, de 17 años, fue encontrado en un terreno propiedad del exgobernador Teófilo Borunda, quien envió un bulldozer al predio después de que la policía levantó el cadáver. Es muy probable que los asesinos hayan "sembrado" a propósito los cuerpos en determinados sitios de Juárez. En algunos de los casos, las autopsias demostraron que algunas de sus víctimas estuvieron privadas de su libertad por varias semanas antes de ser asesinadas. Sin embargo, sus cadáveres no fueron localizados de inmediato. En el caso de los ocho cuerpos descubiertos en el 2001, los médicos legistas dictaminaron que una de las víctimas ya tenía ocho meses de muerta, en tanto que la víctima más reciente había fallecido tres semanas antes de su hallazgo. Las autoridades nunca explicaron esa discrepancia. Ello significa también que los restos fueron almacenados en algún sitio antes de que sus asesinos resolvieran deshacerse de ellos. Se habló de huellas de quemaduras por congelación en la piel de una o dos de las víctimas de las ocho mujeres muertas en noviembre de 2001, por lo que se especula que podrían haber estado guardados en un área refrigerada.

Sólo un grupo altamente organizado podría llevar a cabo crímenes a tal escala, y con una secuencia de delitos como el secuestro, violación, tortura, asesinato, así como almacenamiento y traslado de cadáveres. Este grupo, que en apariencia incluye a la policía, ha logrado operar sin ser descubierto por años. Es posible que los homicidas sembraron los cuerpos en determinados lugares para establecer una postura política, para emitir una especie de mensaje hacia la comunidad, para avergonzar o perjudicar a terratenientes bien intencionados, o como una forma de comunicación entre ellos mediante

70

una clave macabra. Se trata de un *modus operandi* que habla de dinero y poder. Hay suficientes recursos para costear la logística necesaria, y para comprar el silencio de todos los cómplices. Gradualmente, fue aparente que una red corrupta de funcionarios judiciales, políticos, líderes empresariales y narcotraficantes, hicieron posible que el asesinato de mujeres en Juárez se convirtiera en deporte para ciertos hombres. En febrero de 2005, las autoridades de Chihuahua presentaron al presunto asesino confeso de Sagrario González, José Luis Hernández Flores, quien aseguró haber participado en el homicidio a cambio de 500 dólares, pese a que un informe de la CNDH relacionaba a este asesinato con el crimen organizado.

La muerte de un abogado

Transcurría la noche del 5 de febrero de 2002, cuando Mario Escobedo (hijo) se retiró del despacho de abogados de la calle Constitución que compartía con su padre, también abogado. El joven abordó su camioneta pickup y se dirigió al estacionamiento ubicado en el Boulevard Zaragoza. El litigante iba a cumplir con una cita referente al pago de la fianza de una mujer cuyo hijo era un fugitivo apodado el Venado. Las autoridades dijeron que Francisco Estrada, nombre verdadero de éste, había asesinado a un policía al escapar de la penitenciaría en Chihuahua. En febrero de 2001, Francisco había sido detenido por delitos relacionados con el narcotráfico.[1] Mario, el joven abogado, era el defensor de uno de los choferes de transporte público acusados de violar y asesinar a ocho mujeres, cuyos cadáveres fueron descubiertos dentro de un lote en Juárez, en noviembre de 2001. Desde la tienda, Mario notó que alguien lo seguía. A través de los medios de información, su padre, Mario Escobedo y Sergio Dante Almaraz, abogado representante del segundo chofer acusado, prácticamente hicieron pedazos el caso. A causa de ello, los abogados comenzaron a recibir amenazas de muerte en forma anónima.[2]

Poco antes de la muerte de Mario, el noticiero ABC *Downtown 20/20*, con sede en Nueva York, había entrevistado a los tres abogados. Otros periodistas y yo estábamos en el despacho de Escobedo cuando llegó el equipo de la ABC. Las esposas de los dos choferes acusados aceptaron ser entrevistadas. Hardrick Crawford Jr., entonces jefe del FBI en El Paso, así como el exjefe de los Servicios Periciales del estado de Chihuahua, Óscar Máynez Grijalva, aparecieron en el programa *20/20*. El programa de la ABC sobre los crímenes contra mujeres en Juárez salió al aire el 31 de enero de 2002, y menos de una semana después, Mario Escobedo hijo fue tiroteado por policías estatales.

Mario presintió que sus perseguidores pretendían capturarlo, y su salida del estacionamiento se convirtió en una persecución por las calles de Juárez, principalmente en la Avenida Municipio Libre. Mario, desesperado, llamó a su padre por el teléfono celular que sostenía con una mano, mientras con la otra maniobraba con el volante del vehículo.

—¡Ayúdame! —gritó, suplicante, a su papá.

Escobedo trató de calmar a su hijo, al tiempo de poner en marcha su automóvil y salir en auxilio de su vástago. Momentos después, luego de más llamadas angustiosas, Mario (su padre) escuchó un estridente ruido proveniente del teléfono celular y perdió todo contacto. Cuando llegó al sitio, unos tres minutos después de la última llamada del joven abogado, se dio cuenta que el sonido del celular que escuchó fue el impacto de la camioneta de su hijo. El padre observó a su alrededor y avistó a numerosos agentes policiacos rodeando el área del choque automovilístico. El papá fue informado de la muerte de su hijo a causa del accidente y se le ordenó no acercarse a la zona. Pero no fue el encontronazo lo que privó de la vida al joven Mario; él pereció a causa de una herida de bala.

Al principio, las autoridades del estado de Chihuahua explicaron que los agentes policiacos habían matado al litigante al confundirlo con el prófugo el Venado. Poco tiempo después, las autoridades arguyeron que Mario disparó en contra de los agentes y que éstos se vieron precisados a responder al fuego en legítima defensa. Después, un testigo ocular apareció por su propia voluntad para relatar una versión distinta de la noche de los hechos. Se trata de un vendedor de tacos, temeroso, al principio, de declarar en contra de la policía. El testigo explicó que después de que la camioneta de Mario se estrellara, los agentes judiciales que lo perseguían salieron de sus unidades y uno de ellos, el primer comandante Alejandro Castro Valles, brincó hacia la parte trasera de la pickup de Mario, destrozó el cristal con la cacha de su arma y le disparó al abogado a quemarropa en la cabeza.

La juez que tuvo a su cargo la denuncia en contra de la policía se mostró poco dispuesta a aceptar las versiones del vendedor de tacos, bajo el argumento de que ya había fenecido el plazo para agregar esta declaración al expediente. Al final, los judiciales que mataron a Mario fueron exonerados. El periódico *Norte de Ciudad Juárez* publicó fotografías mostrando que las perforaciones de bala aparecidas en uno de los vehículos policiacos, sin insignias, involucrados en la persecución, no existían la noche en que pereciera el abogado. Los agujeros aparecieron después, con la clara evidencia de que fueron "sembrados" para apoyar los alegatos de legítima defensa, esgrimidos por los policías. La fotografía donde aparece el vehículo policiaco sin las perforaciones de bala, fue tomada por *Norte* la noche del incidente. La segunda del mismo vehículo, con las huellas de los tiros, fue tomada después en el corralón de la policía.[3]

Pero hay mucho más sobre la muerte del joven abogado. Fuentes de inteligencia de México y Estados Unidos revelaron que el capo de las drogas Vicente Carrillo Fuentes había enviado al Venado para asesinar al gobernador de Chihuahua, Patricio Martínez. El primer intento para liquidar a Martínez, el 17 de enero de 2001, en Chihuahua, había fracasado, y al parecer el Venado fue contratado para acabar con él. No se sabe a ciencia cierta si el joven Mario tenía conocimiento de ello, aquella trágica noche, cuando hacía tratos para dejar en libertad bajo fianza a la madre del Venado, quien estaba detenida en la cárcel bajo la sospecha de ocultar a su hijo prófugo. Pero si las autoridades de Chihuahua tenían en su poder información sobre las intenciones del Venado para matar al gobernador, entonces seguramente consideraron la muerte de Mario como un gran favor para los altos funcionarios estatales. De acuerdo con las fuentes de inteligencia, uno de los lugares en donde el fugitivo se ocultaba después de la muerte de Mario era el condado de El Paso, donde

75

vive un familiar. En noviembre de 2002, el Venado fue capturado en uno de sus viajes a México, según el periódico *El Paso Times*. Un reportero de Chihuahua le preguntó al Venado, antes de ser encarcelado, si era cierto que fue contratado para atentar contra el gobernador. El detenido negó tales afirmaciones, mientras que el gobierno del estado de Chihuahua evadió el tema. En respuesta a mis preguntas sobre estas versiones, uno de los voceros del gobernador me explicó que el Venado carece del perfil de alguien involucrado en un complot para asesinar al gobernador. Alejandro Castro Valles, el jefe de la policía judicial del estado que hirió de muerte a Mario, también residió en El Paso. Las fuerzas policiacas de Estados Unidos en El Paso discretamente trataron de ubicar el paradero del ahora exjefe policiaco, sobre todo, en relación con otros asuntos. El comandante pretendía comprar una casa en El Paso y gestionaba sus documentos migratorios. Sin embargo, el asunto de la muerte del abogado Mario Escobedo estaba tan caliente que Castro Valles y el resto de los agentes judiciales —Jaime Gurrola y Donaldo López— abandonaron Juárez por una temporada. Donaldo López es hijo de Fermín Robledo, un comentarista del Canal 44 en Juárez, propiedad de Arnoldo Cabada. El FBI mencionó que Luis Cabada, un traductor de esa agencia en El Paso, tiene parentesco con el dueño de la televisora.[4]

Agentes premiados

Funcionarios del estado de Chihuahua explicaron que los agentes, bajo la mira de la opinión pública, fueron invitados a reintegrarse a sus puestos; pero no se volvió a saber de ellos por un tiempo. A fines de 2003, Castro Valles y su asistente, Jaime Gurrola, quien también participara en la persecución que terminara con la vida del abogado Mario Escobedo, reaparecieron repentinamente como administradores de justicia en la Secretaría de la Función Pública en la ciudad de México. Ambos fueron contratados cuando Francisco Barrio, el zar anticorrupción del país y exgobernador del estado de Chihuahua, se desempeñaba aún como secretario de la referida dependencia federal. De nuevo fueron los reporteros de *Norte* quienes dieron la noticia. Eduardo Romero, el nuevo contralor que sustituyó a Barrio después de que éste dimitiera al postularse para el congreso, despidió a Castro Valles y a Gurrola, después que se divulgaron sus antecedentes. La destitución de ambos expolicías se debió, en parte, a Guadalupe Morfín, la nueva comisionada nombrada por el presidente Vicente Fox, quien se presentó ante Romero para exponerle la preocupación de la comunidad sobre los exagentes judiciales. Sería exagerado creer que Barrio no tenía la menor idea que los controvertidos policías fueron sus empleados en la secretaría. Es interesante observar que Castro Valles y Gurrola trabajaron bajo la férula de funcionarios miembros del Partido Acción Nacional, de la misma manera que con sus adversarios del Partido Revolucionario Institucional. Al parecer, carecía de relevancia su filiación partidista.

Una de las escenas más conmovedoras de esta saga fue el observar a Mario Escobedo Salazar y a sus colegas transportar el ataúd del joven Mario frente a la puerta del subprocurador general de justicia en la zona norte. De esa forma se unieron a la muchedumbre que exigía justicia contra estos funcionarios. Pero en vez de lograrlo, los participantes saborearon la amarga impotencia que por años probaron los familiares de las jóvenes mujeres asesinadas. Vi al joven Mario unos días antes de su muerte. Había ido a su despacho a recoger algunos documentos en relación con los dos choferes acusados de asesinato. El abogado permanecía en el exterior, acompañado por algunos amigos. Cuando me acerqué a saludarlo, éste me sonrió y me estrechó la mano. Así es como lo recuerdo la última vez: amigable y con una franca sonrisa. En febrero de 2003, un año después del deceso de Mario, Gustavo González Meza, el chofer sospechoso defendido por Mario y su padre, murió dentro de la penitenciaría de Chihuahua en circunstancias sospechosas. Según la ley, los sospechosos en los casos de crímenes contra mujeres en Juárez debieron ser juzgados y encarcelados en la misma ciudad donde supuestamente cometieron sus delitos. Sin embargo, funcionarios estatales reubicaron a los acusados en Chihuahua. Gracias a una nueva intervención de la comi-

77

sionada Morfin, el 20 de febrero de 2004, los funcionarios gubernamentales de Chihuahua accedieron a regresar a Víctor Javier García
Uribe a la prisión de Juárez.

Empieza protesta internacional

La muerte del joven Mario, tres meses después del descubrimiento de los cadáveres de las ocho mujeres, fue el clímax de una
extensa campaña de intimidación en contra de activistas y de familiares de víctimas que exigían la verdad. La comunidad vio a Mario
como un mártir para esta causa, y su penoso fallecimiento ayudó a
galvanizar a muchas personas en acción. Las protestas en contra del
gobierno del estado de Chihuahua hicieron eco alrededor del mundo.
Según algunos activistas, el joven abogado fue ejecutado por los
policías judiciales en represalia por su enérgica defensa en contra de
una aparente injusticia. En vez de aterrorizar a la gente y sumirla en
el silencio, la muerte del defensor a manos de la policía estatal tuvo
el efecto contrario. Lo peor que podría pasar —perecer a manos de
agentes policiacos— ya había ocurrido. Nuevas activistas como Marisela Ortiz, maestra de escuela, así como personas de Nuevo México
y paseños, surgieron ante esta situación. A fines de 2003, Ortiz y las
demás habían transmitido este mensaje de los crímenes contra mujeres
a la arena internacional. La película *Señorita extraviada*, de Lourdes
Portillo, fue exhibida al público en varios países, y sirvió como un catalizador para la creciente disidencia. La Comisión Interamericana para
los Derechos Humanos en Washington y Amnistía Internacional en
Londres, Naciones Unidas y la Comisión Nacional de Derechos Humanos en México son algunos de los organismos que mandaron
representantes a esta ciudad fronteriza ante insistentes súplicas —y en
ocasiones, ruegos desesperados— de madres de las víctimas. Otros
activistas de derechos humanos, al norte de la frontera y en otros países, colaboraron para involucrar a sus países en esta lucha. El efecto
producido no tardó en caer como lluvia en México.

En febrero de 2003, una coalición de activistas de derechos

humanos, conocida como Mujeres de Negro, se manifestó en las calles mediante una emotiva marcha iniciada en Chihuahua y finalizada en el puente internacional Paso del Norte, a unos 380 kilómetros. Vestidas de negro y con sombreros rosados se convirtieron en el símbolo de las mujeres que se negaban a tolerar que cayeran en el olvido las hijas asesinadas del estado de Chihuahua. Estas mujeres eran como las madres en duelo permanente. Cuando los grupos participantes en el "Éxodo por la Vida" llegaron a los límites de Juárez, un grupo de choque político ya los esperaba. Los antimanifestantes empujaron y aventaron a las mujeres, y entre las que fueron arrojadas al piso durante la refriega se encontraban Vicky Caraveo y Guadalupe de la Vega, una destacada filántropa de Juárez. Algunas personas de Chihuahua intervinieron para crear una especie de cuña humana para que el grupo pudiera continuar su camino a Juárez. La táctica ayudó a paliar el conflicto. Mientras avanzaban hacia la Avenida 16 de Septiembre, vi a la profesora Julia Monárrez frente al Parque Borunda. Ella se desempeñaba como académica del Colegio de la Frontera Norte, que llevó a cabo una extensa investigación sobre los crímenes. La doctora Monárrez era una mujer valiente e íntegra, quien no dudó ni un momento en desafiar las cifras oficiales con sus propias estadísticas y hechos investigados con todo cuidado. La multitud de manifestantes se incrementó a miles de participantes cuando llegaron a la Avenida Paseo Triunfo de la República, una calle de dos sentidos que confluyen en una sola vía en la Avenida 16 de Septiembre. Algunos de los participantes en la protesta entonaban canciones en memoria de las víctimas, al tiempo que pronunciaban consignas en desafío a las supuestas intenciones del gobernador Patricio Martínez de frenar esa marcha. Si el gobernador hubiera sido más inteligente, debió de encabezar la manifestación; pero en vez de ello, permitió a miembros de su partido tratar de impedir el movimiento. Samira Izaguirre, conductora de una estación radiofónica, encabezaba la marcha junto con Vicky Caraveo y Guadalupe de la Vega. Aunque las amenazas y el hostigamiento en contra del movimiento realizado por Samira la orillaron después a pensar en la posibilidad de solicitar asilo políti-

79

co en Estados Unidos. Yo me encontraba a un costado de la Avenida Juárez, cuando los manifestantes dieron vuelta por la Avenida 16 de Septiembre y estaban a punto de finalizar la travesía.

Es para llorar

"Es todo lo que se necesita para hacerte llorar", comentó una anciana al presenciar la solemne marcha. Cuando los activistas llegaron al final de la manifestación, un grupo de hombres y mujeres descargaron una enorme cruz traída desde Chihuahua. Después procedieron a la colocación de ese símbolo en la entrada del puente internacional. La cruz de madera fue adherida a una base metálica, de más de tres metros de alto. Un letrero con la leyenda de "Ni una más" fue colocado en la parte superior. El monumento incluía otros ornamentos como un torso femenino, de plástico, a los pies de la cruz, que imprimieron al nuevo accesorio fronterizo un aire sobrenatural. Además, etiquetas con los nombres de las víctimas, algunos de ellos con la leyenda "no identificadas", fueron adheridas a los clavos. Empleados del puente internacional del lado mexicano y policías uniformados anotaban los nombres de los oradores del acto e interrogaban a los manifestantes sobre los organizadores de la protesta. Gracias a sus contactos, los organizadores obtuvieron autorización de los funcionarios federales para instalar la cruz y obstruir el tráfico internacional por algunas horas. Mediante un megáfono, Samira desafió cualquier intento de derribar la cruz y afirmó ante los entusiastas asistentes: "Si la tiran, regresaremos a colocar una más grande". Los asistentes provenientes de Chihuahua explicaron que varios hombres de esa población, en ese momento desempleados, se ofrecieron a colaborar para la causa. Con profundo sentido de voluntad, pusieron en práctica sus habilidades para diseñar la cruz de cualquier chatarra que encontraron. Día a día, miles de viajeros que cruzaban la frontera vieron los resultados de su notable labor. Muchas personas de todo el mundo tuvieron oportunidad de observar el monumento a través de internet. Las Mujeres de Negro divulgaron un mensaje el día de la marcha, aunque la mayoría de la gente no lo captó en su exacta dimensión: jóvenes de Chihuahua también desaparecían y eran asesinadas al igual que las víctimas de Juárez. El periodista de Albuquerque, Nuevo México, Kent Paterson, averiguó que asesinatos similares eran cometidos en otras regiones de México.[5] En Guatemala, apenas comenzaba el asesinato de cientos de mujeres.[6]

Ocho víctimas

Durante una conferencia de prensa, celebrada el 10 de noviembre de 2001, el procurador de justicia de Chihuahua, Arturo González Rascón, anunció que la adolescente Laura Berenice Ramos y otras siete muchachas fueron ultrajadas y estranguladas por dos choferes de transporte público confesos de esos crímenes. El procurador explicó que ambos hombres revelaron haber arrojado los ocho cadáveres en un campo algodonero de las Avenidas Ejército Nacional y Paseo de la Victoria. En los pasillos de la subprocuraduría, una angustiada Miriam García, la esposa de Víctor Javier García Uribe, uno de los choferes acusados, y su abogado Sergio Dante Almaraz, aseguraron que agentes judiciales, utilizando máscaras de Halloween, habían plagiado, en sus propias casas, a los dos sospechosos y los torturaron para obligarlos a confesar. Miriam y su representante legal aseguraron a reporteros que esos hombres nada tenían que ver con los homicidios. Sergio González Rodríguez, del periódico *Reforma*, de la ciudad de México, viajó hasta Juárez en cuanto le di a conocer las novedades. Ambos asistimos a la conferencia de prensa, incrédulos al presenciar el desarrollo de los acontecimientos. Ese mismo mes, una mujer que trabajaba como bailarina en el centro nocturno Medusa apareció sin vida en una habitación del motel Royal, en la Avenida Tecnológico, y cuatro jóvenes fueron plagiados, torturados y asesinados después de retirarse del centro nocturno Hooligan's, ubicado en la misma avenida. La policía y el hijo de un narcotraficante estuvieron implicados en esas cuatro muertes, pero ninguno fue arrestado. El motel Royal está ubicado frente al predio en donde el cuerpo de Lilia Alejandra García, de 17 años, fuera encontrado el 21 de febrero de 2001. La muerte se enseñoreaba en Juárez.

El predio en donde fueron encontrados los ocho cuerpos, el 6 y 7 de noviembre de 2001, se ubica en la esquina de una intersección muy transitada, frente a la sede de la Asociación de Maquiladoras, una organización de empresas que representa a las plantas ensambladoras instaladas en la ciudad. Éstas emplean a miles de mujeres jóvenes en ciudades fronterizas tales como Tijuana, Matamoros y Juárez. Pero todos sabemos que las maquiladoras y el tráfico de drogas son los motores que manejan la economía en Juárez. El cementerio, que forma parte del campo algodonero, está rodeado por una unidad habitacional, el rancho de Jaime Bermúdez y por el exclusivo fraccionamiento Misión de los Lagos. Jaime Bermúdez fue alcalde de la ciudad y fundador de la industria maquiladora de exportación en México. Más allá de la Avenida Ejército Nacional, una de las calles que rodea el lote, es una zona comercial que cualquiera confundiría con un sector de Estados Unidos, con sucursales de Wal-Mart, modernos centros comerciales, tiendas de autoservicio, restaurantes, talleres, gimnasios y centros nocturnos.

Los peatones utilizan con frecuencia el enorme lote para cortar camino, en tanto que algunos ilegalmente arrojan basura desde sus vehículos. El 6 de noviembre de 2001, un transeúnte llamó a la policía después de encontrarse con el primer cadáver en una zanja de irrigación que pasaba por el campo algodonero. El predio, localizado en el centro de la llamada Zona Dorada, sería el último lugar en donde cualquiera hubiera esperando encontrar los cuerpos de cuatro mujeres en diferente estado de descomposición. Los médicos forenses dijeron que la más joven de las víctimas era probable que tuviera 14 años. Los investigadores y expertos forenses del estado fueron citados en esa área. Un grupo de estudiantes de la Academia Estatal de Policía fue el encargado de colaborar en la búsqueda de cadáveres. La doctora Irma Rodríguez Galarza, una de las expertas que rastrearon el área, se vio precisada a abandonar la ciudad, ya que su hijo estaba internado en un hospital de Chihuahua, debido a una intervención quirúrgica. Después de tener que identificar el cuerpo de su hija en julio de ese mismo año, la doctora Rodríguez había jurado no trabajar más. "Aún me dolía, pero no podía negarme, así que hice a un lado mis sentimientos y mi propia confusión sobre el asesinato no resuelto de mi hija, para poder colaborar", comentó Rodríguez antes de abandonar el campo para atender a su vástago.

La criminóloga canadiense Candice Skrapec, quien inspeccionó el lugar durante una de sus visitas a Juárez, dijo que el o los asesinos mostraron suma osadía al haber arrojado los cadáveres en esa área. ¿Se trataba tal vez de un mensaje? ¿Acaso los asesinos se burlaban de las autoridades? ¿Fue una demostración de poder? Este caso, más que cualquier otro, vendría a simbolizar todo lo que tenían de malo las investigaciones de las autoridades sobre los asesinatos que habían asolado a la ciudad desde 1993. La falta de investigación, la poca importancia dada a las víctimas y sus familias, los arrestos de sospechosos cuya culpabilidad era dudosa, la intimidación y amenazas en contra de organismos de derechos humanos, el desorden y la corrupción permitieron que los asesinatos continuaran por más de una década.

Otra investigación

De entrada, el caso también presentaba una oportunidad única para llegar al fondo de los asesinatos. De acuerdo con mis investigaciones, un total de 432 jóvenes y mujeres han sido asesinadas en Juárez entre 1993 y 2003. De éstas, entre 120 y 130, al parecer, fueron asesinatos sexuales. Era más difícil calcular una cifra exacta de las mujeres desaparecidas. En agosto de 2003, Amnistía Internacional rindió un reporte sobre los homicidios de mujeres, titulado "Muertes Intolerables: Diez Años de Secuestros y Asesinatos en Ciudad Juárez y Chihuahua".[7] Amnistía Internacional incluyó en su estadística los asesinatos cometidos en Chihuahua; y suma "cerca de 370" muertes, incluyendo 137 relacionadas con asaltos sexuales. El Instituto Chihuahuense de la Mujer, encabezado por Vicky Caraveo, afir-

83

mó a su vez que se trataba de un total de 321 asesinatos durante el mismo periodo, incluyendo 90 asesinatos sexuales. El reporte del instituto estaba basado en una auditoría de artículos periodísticos y otra información proporcionada a la oficina de Vicky en el estado. En 2003, el procurador general de justicia del estado de Chihuahua, responsable de supervisar las investigaciones, reportó alrededor de 280 muertes. La Procuraduría General de la República, a cargo del general Rafael Macedo de la Concha, contabilizó 258 muertes, en tanto que la Comisión Nacional de los Derechos Humanos, bajo la dirección de José Luis Soberanes, apuntó 248 casos en sus reportes. El llegar a una cifra precisa de víctimas —o tan aproximada hasta donde sea posible— fue uno de los mayores obstáculos de esta investigación. Reduciendo el número de víctimas, tal y como las autoridades lo han hecho de manera informal, sería cometer una injusticia más en contra de las mujeres asesinadas.

Capital de feminicidios

A fines de 2001, no había duda de que Juárez era la única ciudad en el mundo que la gente vinculaba con los crímenes contra mujeres. Con el esclarecimiento de los homicidios múltiples en noviembre, las autoridades tuvieron la oportunidad de cambiar todo eso. Cuando menos tres de las muertes parecían recientes y el potencial para recuperar evidencia útil era promisorio. Si se considera el sitio en donde se encontraron, era probable que alguien hubiera visto algo que facilitara su esclarecimiento. Pero esa posibilidad pronto se esfumó. Óscar Máynez Grijalva, jefe de Servicios Periciales del estado en aquel entonces, había empezado su labor científica cuando se encontró con que los altos mandos de la Procuraduría General de Justicia del estado de Chihuahua ya tenían a dos sospechosos detenidos. Las madres con hijas desaparecidas y que presenciaron las noticias en la televisión, empezaron a llegar al anfiteatro, preparadas para enfrentar lo peor. Irma Monreal, la madre de una de las jóvenes, quien contaba con 15 años, estaba entre ellas. Al principio, los oficiales se rehusaron a permitir que las madres vieran los cuerpos. Óscar creyó que el desarrollo de estos eventos se llevaba a cabo en forma muy acelerada. Mientras los peritos forenses buscaban por toda el área, un funcionario no identificado había enviado equipo para remover la tierra y empezar a excavar grandes fosas en el predio, para encontrar los cadáveres. La labor concluyó después de que Óscar hizo notar la inconveniencia de utilizar maquinaria pesada para desenterrar restos humanos, pues el equipo podía destruir o sepultar la evidencia bajo la tierra.

Años atrás, cuando Óscar trabajaba en un cargo diferente con el procurador de justicia del estado, les advirtió a los funcionarios, por escrito, sobre la probabilidad de que un asesino en serie anduviera por ahí. Sus superiores de la policía judicial y procuraduría del estado, Javier Benavides, Jorge Ostos y Jorge López Molinar, desestimaron su informe. "Uno de ellos hasta me insultó y me dijo que retirara mi reporte de sus narices", recordó Óscar. Uno de los hombres mencionó que se acordaba de Óscar, pero no de su reporte, y los otros dos aseguraron no recordarlo. El criminólogo, educado en México y Estados Unidos, se escandalizó cuando la policía judicial del estado de Chihuahua instruyó a su personal para que sembrara pruebas en contra de los dos conductores de autobuses, acusados de los ocho asesinatos. Óscar comentó que tanto él como su equipo habían buscado en la camioneta, que según la policía, los dos choferes utilizaban para "levantar" a las mujeres. Su personal utilizó Luminol en el interior para corroborar si había residuos de sangre, invisibles para el ojo humano. "Estaba limpio, sin rastros", exclamó Óscar.

Antes de que Óscar obtuviera los resultados de la prueba de ADN para confirmar la identidad de las víctimas, el procurador dio a conocer sus nombres durante la conferencia de prensa del 10 de noviembre: Claudia Ivette González, 20 años; Verónica Martínez Hernández, 19; Esmeralda Herrera Monreal, 15; Laura Berenice Ramos, 17; Mayra Reyes Solís, 17; María Acosta Ramírez, 19; Guadalupe Luna de la Rosa, 20; y Bárbara Martínez Ramos de 20. El procurador general sostuvo que ambos choferes les proporcionaron los nombres completos de las víctimas, una aseveración que generó mucho escepticismo en vez de certeza. Según los funcionarios, los asesinatos habían sido resueltos y los investigadores de campo recibieron instrucciones de regresar a sus puestos de trabajo. La investigación había concluido.

"Algo apesta", comentó Óscar a quienes pudieron escucharlo.

El tiempo demostraría que el idealista Óscar no andaba muy equivocado. Los resultados de las pruebas de ADN y que un congresista federal hizo públicas meses después, prácticamente pusieron en duda la identidad de las ocho víctimas.

El predio algodonero

Otro periodista y yo fuimos al predio después de que las autoridades lo reabrieron al público. Trozos de cinta amarilla y roja que la policía utiliza para acordonar se mecían con el viento ese día. Había postes de madera bien alineados, con lazos blancos, con la forma de grandes rectángulos y las correspondientes etiquetas que indicaban dónde se localizaron los cuerpos uno y dos, y era todo lo que quedaba del operativo de investigación. Los tres primeros cadáveres se encontraron el 6 de noviembre, en la zanja que corre paralela al campo algodonero. Al día siguiente, cinco cuerpos más fueron localizados dentro de otra zanja, bajo montones de basura. Uno de los cuerpos recuperados había sido abandonado dentro de un árbol de muérdago que crecía dentro de un canal de irrigación. "Me pregunto si lo hicieron a propósito, o si se trató de una broma macabra", le comenté al colega periodista. A un metro de ese sitio, en el exterior del canal, recogí una larga mecha de cabello rojizo y un trozo de hueso. Llamé de inmediato al periodista para que viniera a ver. Tomamos fotografías de los objetos y los entregamos al equipo de forenses de la Procuraduría de Justicia de Chihuahua.

La hija de Irma Monreal aparecía en la lista de víctimas. La obrera se culpó de la muerte de su hija, ya que por su iniciativa la familia dejó su natal Zacatecas para residir en Juárez. "Nunca vi ningún futuro para mí o mi familia en los ranchos de Zacatecas, por lo que decidí que nos viniéramos a la frontera, ya que por lo menos tendríamos trabajo en la maquila", explicó Monreal. Irma se preocupó bastante cuando su hija de 15 años no llegó a su casa, como lo hacía al terminar su trabajo como empleada de medio tiempo. La madre y sus otros hijos salieron a buscar a la joven después de la negativa de la policía a emprender un patrullaje para dar con su paradero. Irma se encontraba en la planta maquiladora Phillips, en donde laboraba, cuando una compañera le avisó que un canal de televisión había reportado el hallazgo de los cadáveres de varias mujeres. De inmediato, Irma salió de la planta y se dirigió a la Subprocuraduría General de Justicia y al anfiteatro. "Cuando llegué, le pregunté a un judicial qué sucedía, y me contestó que si quería saber, comprara el periódico", explicó Irma. "Tomé un periódico y regresé a ver si podía averiguar si mi hija desaparecida se encontraba entre las últimas víctimas de estos crímenes seriales. Otro policía me dijo que no creyera todo lo que leía." Las autoridades no se tomaron la molestia de notificar a las familias de las jóvenes víctimas que ellos mismos identificaron durante la conferencia de prensa. La mayoría de los familiares se enteró primero a través de las noticias en la prensa. Todos los familiares de las mujeres desaparecidas empezaron a fluir hacia las oficinas de la policía judicial del estado para obtener la mayor información posible sobre esas jóvenes. Algunos de los allegados de las víctimas pudieron observar la ropa de ellas, pero no así los restos. Benita Monárrez, madre de Laura Berenice, dijo que ella jamás logró ver el cadáver de su hija, "ya que me explicaron que yo no podría soportarlo". Benita no fue la única que se preguntaba si en realidad el cadáver entregado era el de su hija.

Reclamo de locutores

Samira Izaguirre y sus compañeros de su programa de radio alzaron sus voces de condena en contra de los últimos crímenes, durante la transmisión del programa. Era ya la tercera vez, en menos de una década, que la ciudad había despertado con la noticia de otro terrible descubrimiento de cadáveres. Varios cuerpos fueron descubiertos en el Lote Bravo, en 1995, y en Lomas de Poleo, en 1996. Mientras tanto, otras víctimas de crímenes de índole sexual se habían localizado en las afueras de la ciudad, en las calles y hasta en los moteles. Pero las autoridades se mostraron inflexibles: no había relación alguna entre estos asesinatos. Samira deseaba actuar de inmediato para dignificar la memoria de las víctimas, por lo que invitó a la comunidad a participar en una vigilia en el campo algodonero donde se encontraron los ocho cuerpos. La locutora proyectó reunir diez mil veladoras y alentó a sus radioescuchas a regalar una vela. Unas veinticinco mil personas asistieron al encuentro, el 16 de diciembre de 2001, para aportar veladoras. La habilidad de Samira para movilizar a las masas y su terquedad para cuestionar las estadísticas oficiales sobre estas muertes de inmediato atrajeron la atención de las autoridades estatales. Ella y sus compañeros de la radio pagaron un alto precio por haber concedido un espacio al aire a los testimonios de las esposas de los choferes acusados y sus abogados defensores. La estación radiofónica canceló de inmediato el programa; los locutores fueron boletinados por otros medios de información; y Samira se convirtió en el blanco de una campaña de desprestigio en su contra. De acuerdo a la factura de un desplegado publicado en un periódico para atacar a Samira, fondos del erario público fueron empleados para pagar la publicación.[8] La conocida comunicóloga jamás tuvo ante su vista ese recibo de pago que me fuera enviado por una fuente desde México. "Lo peor de todo", comentó Samira, "fue cuando un desconocido se presentó en la escuela de mi hija y le mostró una fotografía mía. Era una advertencia de que mi familia sería la siguiente."

El rastreo

El 24 de febrero de 2002, un par de organizaciones defensoras de los derechos humanos emprendió un rastreo en el campo de la Avenida Ejército Nacional y Paseo de la Victoria, a solicitud de las familias a quienes se les había asegurado que sus hijas y hermanas

88

eran algunas de las víctimas de las ocho mujeres encontradas en ese lugar. Fui a cubrir el rastreo junto con la fotógrafa Linda Stelter. Víctor Muñoz, miembro de la Coalición Contra la Violencia en la Frontera, de El Paso, así como Cynthia Bejarano, una catedrática en materia de justicia criminal de la Universidad de Nuevo México, en Las Cruces, estaban entre los participantes. Algunas de las madres de las supuestas víctimas se presentaron en el lugar, junto con varios policías municipales que llegaron para vigilar. Ese día, el grupo, que incluyó a varios voluntarios de radio de banda civil, encontraron prendas de vestir, incluyendo zapatos y ropa interior, así como mechones de cabello hacia la parte posterior de la Avenida Ejército Nacional, en una especie de túnel. Había suficiente espacio en el pasadizo —en realidad era un canal de concreto bajo el camino— para ocultar a varias personas de la vista de la gente. El hallazgo más dramático se trató de un overol extraviado, propiedad de Claudia Ivette, de 20 años. Su madre, Josefina González, se impactó cuando un joven mostró las prendas a los demás participantes. El menor había encontrado el overol beige dentro de una bolsa de plástico de la tienda Soriana, en el canal del algodonal.

De forma extraoficial, el grupo decidió conservar las prendas para luego entregarlas a las familias de las víctimas, incluyendo aquellas que no participaron en la búsqueda, para que tuvieran oportunidad de recoger cualquier objeto que reconocieran de las jóvenes asesinadas. Pero la policía tenía otros planes y alertó a la policía judicial del estado. Los investigadores estatales llegaron de inmediato al sitio antes de que alguien pudiera retirar las bolsas con la ropa y el cabello que el grupo había reunido. La policía estatal se hizo cargo de los hallazgos, pero nunca convocó a los familiares para revisarlas. Al día siguiente, la policía judicial del estado condujo un rastreo formal del predio, y reportó la localización del gafete de la maquiladora Lear, identificación propiedad de Claudia Ivette. Óscar aseguró la imposibilidad de que el personal forense a su cargo hubiera pasado por alto estos hallazgos, durante la primera búsqueda realizada en noviembre. "Llevamos a cabo un rastreo a fondo e incluso tomamos

89

fotos de los lugares", afirmó Óscar. "No había nada antes de que estas prendas fueran encontradas." No parecía haber explicación alguna excepto que alguien —el asesino o sus cómplices— hubiera regresado a la escena del crimen para deshacerse del overol y el gafete. La planta maquiladora Lear fue blanco de duras críticas después de que se divulgó públicamente que Claudia Ivette había desaparecido el día en que los directivos de la ensambladora la regresaron del trabajo sólo por llegar dos minutos tarde a su hora de entrada. Portavoces de la empresa aseguraron que la joven tenía varios retardos acumulados, y que era norma de la compañía regresar a los empleados retrasados. Esos dos minutos le costaron la vida a la joven. Dado el desarrollo de los acontecimientos, los familiares de las víctimas sospecharon de una nueva posibilidad —que se estaba encubriendo a alguien. "Una persona con poder tiene que estar detrás de todo esto, sólo alguien así puede salirse con la suya", expresó la madre de Claudia Ivette, Josefina González. El procurador general de justicia de Chihuahua, Arturo González Rascón, defendió la labor de sus subordinados en lo que él mismo calificara de "una investigación profesional".

Cargamento fronterizo: marzo de 2002

Un pedazo de clavícula yacía en la guantera de mi automóvil, dentro de una bolsa de plástico transparente propiedad de la Procuraduría General de Justicia de Chihuahua, con la etiqueta de "evidencia". Me encontraba en el Puente Internacional de las Américas de regreso a El Paso procedente de Juárez, preocupándome sobre la posibilidad de que los inspectores aduanales estadunidenses me hicieran preguntas sobre el paquete o lo confiscaran. Cómo podría explicarles mi participación dentro de un equipo de respaldo en el transporte de un resto óseo de siete centímetros, perteneciente a una víctima de homicidio, hacia un laboratorio de California. La prueba de ácido desoxirribonucleico podría determinar si ese hueso pertenecía a Laura Berenice Ramos Monárrez, de 17 años, una de las ocho víctimas cuyos cadáveres fueron encontrados en un lote baldío el 6 y el 7 de noviembre de 2001, en el nororiente de Ciudad Juárez. Los resultados de estos análisis también podrían determinar si los funcionarios que declararon resuelto este caso de homicidio múltiple, dos días después, en realidad conocían la identidad de esa víctima. O, peor aún, si esos funcionarios habían mentido al respecto. Se trataba de una preciosa carga, y era crucial llevarla a través de la frontera estadunidense porque el resto del cuerpo ya había sido cremado.

Por suerte, ninguno de los funcionarios estadunidenses en el puente internacional revisó el interior de mi vehículo. Los inspectores escudriñaron la cajuela y dentro del cofre, en un procedimiento ya rutinario, después de la alerta decretada en el país a causa de los atentados del 11 de septiembre de 2001. Las exhaustivas revisiones por parte de los inspectores se traducían en dos y tres horas de espera para cruzar las garitas, una travesía que antes era de 10 a 20 minutos. En la frontera, los únicos terroristas de que tengamos conocimiento son los narcotraficantes que toman represalias por cargamentos perdidos, policías corruptos que se amparan en sus placas para secuestrar o eliminar a rivales, o los monstruos que sistemáticamente plagian, violan y asesinan a jóvenes en la frontera limítrofe con El Paso, Texas.

Cuando regresé esa noche, observé con atención el fragmento de hueso que había logrado traerme desde Juárez. Con base en los antecedentes que ya tenía de otros crímenes, no quería ni imaginar cómo habría muerto esa joven, sin importar su verdadera identidad. Al día siguiente, le llamé a Azul Luna, quien había volado de regreso a Los Angeles después de llevar a cabo varias entrevistas para elaborar un documental en Juárez. A ella le dio mucho gusto que yo hubiera conseguido traer la pieza ósea a través de la frontera. "Esta vez, mi equipaje fue revisado a fondo en el aeropuerto internacional", comentó Azul. "No hubiera sabido qué hacer o qué hubiera pasado en caso de que encontraran el hueso en mi maleta." Tomé fotografías del hueso, lo envolví con cuidado y lo envié a California. Azul es una artista que filmaba un documental sobre esos crímenes. Después entablé comunicación con Lorena Méndez, de FOX TV, acerca de los trámites realizados por ella para efectuar los análisis en Estados Unidos. Lorena mencionó que costaría 4 mil dólares practicar el análisis de ADN en la muestra ósea proporcionada por una madre de familia, ansiosa por saber si el cadáver que le fuera entregado realmente pertenecía a su hija. Un laboratorio de primer orden en su clase iba a dirigir las pruebas, pero ninguno de nosotros disponía de tal cantidad de dinero, aunque Lorena y los demás insistieron en que sería mejor realizar la prueba en Estados Unidos que en México. Aun cuando los resultados no tendrían efecto en un proceso judicial, de cualquier modo Benita podría conocer una de las pocas verdades sobre el destino de su hija. Las autoridades de Chihuahua le aseguraron a Benita que su hija se encontraba entre las ocho víctimas localizadas sin vida en noviembre de 2001. De acuerdo con un documento proporcionado por el diputado federal David Rodríguez en 2002, las pruebas de ADN, efectuadas por un laboratorio del gobierno federal en la ciudad de México, resultaron negativas, es decir, no coincidieron con los restos de Laura Berenice. En realidad, los exámenes de ADN efectuados por las autoridades, no pudieron corroborar la identidad de siete de las ocho víctimas.

Después, el laboratorio de ADN en Estados Unidos solicitó otra muestra de Benita, la madre, por lo que la hice venir exprofeso a El Paso. Un médico que vive en El Paso se ofreció para tomar la muestra hemática, y efectuar la prueba genética.

Benita también aportó varios de sus cabellos con todo y raíz. El laboratorio recibió la sangre y cabello para realizar los exámenes. Sin embargo, el laboratorio no divulgaría los resultados de los análisis hasta cobrar los 4 mil dólares.

EL CARTEL DE LA DROGA

E l cartel del narcotráfico fue el factor más determinante para enviar a la frontera al borde del desastre. Bajo el mando de los hermanos Amado y Vicente Carrillo Fuentes, procedentes del estado de Sinaloa, cuna del tráfico de drogas, su influencia corruptora y sus prácticas de terror marcaron la década de los noventa. Después de pelear el control de la "plaza" (nombre con que se conoce a los corredores de la droga), los hermanos transformaron al comercio de la droga en una gran corporación con ganancias calculadas en miles de millones de dólares. Los jefes antinarcóticos de Estados Unidos y México también responsabilizaron a este sindicato de cientos de desapariciones y muertes sin esclarecer. Nadie en México investiga muchos de sus crímenes. El cartel ha logrado convertir casi cada asesinato en un misterio.

Patricia Garibay, una diminuta mujer de bellos ojos verdes, contempla desde El Paso las montañas de Juárez y pregunta: "¿En dónde estás?". Se refiere a su hermano Jorge. En enero de 1998, él y dos paseños —Matthew Baca y Eddie Barragán— fueron sacados por la fuerza del Club Kentucky de la Avenida Juárez, a manos de la policía.[1] No se supo jamás del paradero de ninguno de los tres, en tanto que la policía negó cualquier intervención en esas desapariciones a pesar de que varios transeúntes atestiguaron la detención a plena luz del día. El club se ubica a sólo tres cuadras del Puente Internacional Juárez-

El Paso. "Jorge ya había abandonado el negocio del narcotráfico. Se hizo cristiano y estaba a punto de encabezar su propia iglesia", relató Patricia. "Entonces, alguien que intentaba entrar al negocio le suplicó que lo pusiera en contacto con personas clave. Él no deseaba hacerlo, pero así era Jorge, siempre dispuesto a ayudar a quien lo necesitara. Eso fue lo que pasó." Patricia estaba muy apegada a su hermano. Ambos eran noctámbulos y disfrutaban trabajando o haciendo vida social durante las horas en que la mayoría de la gente acostumbra dormir. Ambos se involucraron en el mercado del enervante de diferente manera. Por varios años, Jorge se desempeñó como narcotraficante, antes de renunciar a estas actividades, mientras que Patricia sostuvo un romance de ocho años con Rafael Aguilar, el expolicía federal y fundador del original cartel de Juárez que antecedió a la organización de Carrillo Fuentes. "Rafael fue el amor de mi vida", confesó Patricia.

En el año 2001, Patricia viajó a bordo de su vehículo a través de la frontera con Fabens, Texas, rumbo a un sitio localizado al sur del río Bravo. Ella seguía una pista aportada por alguien que le aseguró que su hermano desaparecido estaba sepultado en un ejido. Se le dijo que tal vez Matthew y Eddie también se encontraban ahí. En compañía de una persona procedió a excavar en algunos lugares. Patricia comentó que la región, conocida como El Millón, se encuentra justo en el epicentro del narcotráfico; se trataba de una comunidad agrícola en donde muchos residentes trabajaban para el cartel de diversas maneras. El sitio a donde ella fue conducida se localizaba a unos sesenta metros de distancia del camino, era un día de agobiante calor. Ella y su acompañante se ponían nerviosas cada vez que un camión o un vehículo pasaba por ahí a baja velocidad. No era difícil que dos mujeres llamaran la atención al estar dispuestas con palas y en un automóvil con placas de Texas. Ambas excavaron en algunos puntos en el suelo de blanca arena cubierta con maleza desértica. Agotadas y deshidratadas, finalmente desistieron de su ardua tarea. Cuando pretendían irse del lugar, el carro de Patricia se quedó atascado entre la arena y tuvieron que recorrer el camino en busca de ayuda. Cinco hombres que bebían cerveza fuera de un rancho se ofrecieron a auxiliarlas. Los hombres utilizaron su camión y una cadena para rescatar el vehículo, mientras que las dos mujeres retiraban la arena de las llantas. Uno de los hombres recalcó: "Qué suerte que tuvieran esas palas en la cajuela de su carro". La amiga de Patricia se molestó muchísimo al darse cuenta de que la pista seguida por Patricia ese día provino de una vidente consultada por el padre de Eddie Barragán. Henry Barragán, convicto por narcotráfico en El Paso, había alentado la imprudente excursión para encontrar el cuerpo de su hijo, ya que tenía miedo de iniciar él mismo la búsqueda. Aun cuando Patricia no encontró a su hermano ese día, no dejó de buscarlo.

Círculo de amigos

En 1996, se encontraron los cuerpos de dos hermanas, Victoria y Pearl Parker, en un camino de terracería en el Valle de Juárez. No estaba muy lejos de El Millón. Los detectives de El Paso encargados de investigar su desaparición conjeturaron que alguien atrajo a las mujeres desde su hogar en El Paso. Y ya en ese sitio, las asesinaron. En una fotografía incluida en el expediente, una de ellas aparece vestida con un lujoso pijama y luce como si sólo estuviera dormida. Un lago de sangre rodea la mitad de su cuerpo. Las autoridades atribuyeron sus muertes al narcotráfico, lo que prácticamente anunciaba el fin de cualquier investigación adicional. Aseverar que una defunción proviene del narcotráfico —cierto o falso— nos lleva a posibles escenarios. Primero, daña la reputación de las víctimas. Segundo, ocasiona que los activistas de derechos humanos se muestren reacios a defender o apoyar a los familiares de las víctimas. Y, por último, ello garantiza la impunidad a los asesinos. Los investigadores asignados a las ejecuciones por droga rara vez han resuelto algún caso. Hasta cierto punto, la policía de El Paso investigó la muerte de las hermanas Parker; los investigadores relacionaron a las dos mujeres con Eddie Barragán.[2] Las autoridades jamás detuvieron a nadie por los asesinatos de las hermanas estadunidenses o por la desaparición del hermano de Patricia y sus dos acompañantes. Agentes del FBI en El Paso comentaron que José Cruz, un joven "puchador" que actualmente cumple una condena de 50 años en una prisión federal estadunidense, posee la clave para el esclarecimiento de los asesinatos de Barragán, Garibay y Baca. Sin embargo, el hombre se rehúsa a hablar.[3]

Víctimas del cartel

El narcoterrorismo no es más que una manera violenta de ejercer el poder sobre los demás. Además, es raro que los narcotraficantes que asesinan mujeres sean detenidos, primordialmente porque forman parte de una red del crimen organizado que compra protección. Las razones de un traficante para matar mujeres van desde los celos personales hasta encubrir la guerra de la venta y distribución de drogas ilícitas. En Juárez, el cartel de los Carrillo Fuentes, ya sea como organización o en forma individual, acostumbra desaparecer a hombres y mujeres. La binacional Asociación de Amigos y Familiares de Desaparecidos calculó que, entre 1993 y 2003, socios del cartel han secuestrado a cerca de 700 personas, en su mayoría del sexo masculino. Entre las víctimas se encuentra Abigail Sánchez, quien fue vista por última vez en 1994; Heidi Slaquet Armengol, plagiada de un taxi en 1995; y Alma Díaz, una exinterna en el consulado general de México en El Paso, Texas, privada de la libertad en el 2002 cuando se dirigía a un jardín de niños.

Abigail era la esposa de Saúl Sánchez Jr., un veterano de la Fuerza Naval de Estados Unidos, quien inventó varios instrumentos para interceptar comunicaciones por tierra y aire. Saúl y Abigail, quienes fueron secuestrados cuando se dirigían al teatro, dejaron a sus hijos en el desamparo. Las agencias judiciales e incluso los operarios del cartel, con frecuencia solicitaban los servicios de Saúl; esto debido a sus inventos. Un exempleado de la policía federal dijo que un grupo de hombres, en donde había miembros de la misma policía, plagió a Abigail y Saúl. Esta fuente ignora el destino actual del matrimonio, ya que sólo se sabe que fueron llevados hasta una cochera frente a una estación de televisión. Al igual que Patricia, los familiares de la pareja desaparecida han dado seguimiento a cualquier pista o señal sobre su paradero.

Jaime Hervella, padrino de Saúl, llora cuando se refiere a su frustrada búsqueda para localizar a la pareja. Patricia comentó que el cartel ha desaparecido o ejecutado a ocho miembros de su familia. Otros familiares de las víctimas han compartido los angustiosos relatos que les hacen llegar diferentes personas sobre el supuesto destino de sus seres queridos. Las diversas teorías incluyen exterminios en masa mediante "ejecuciones" por fusilamiento, o que todavía están con vida y prisioneros en campos militares secretos en algunas regiones de México.

El cartel de Amado

Bajo el liderazgo de Amado Carrillo Fuentes, el cartel de Juárez se convirtió en una despiadada máquina de la muerte y a veces lograba extender su poderío hacia la frontera norte. Amado era un hombre esbelto que, a simple vista, parecía inofensivo. Le gustaba vestir bien, según la ocasión, cuando salía a divertirse por las noches y era aficionado a ofrecer fiestas extravagantes. A muchos traficantes les encanta lucir joyería costosa y Amado no era la excepción. Según una declaración escrita, Amado y otros narcos gastaban hasta cinco millones de dólares en tan sólo una noche en la compra de alhajas.[4] Su hermano Vicente acostumbraba manejar un Corvette amarillo y tenía preferencia por los pantalones de marca Versace. También le gustaban las mujeres con el pelo teñido de rubio, mientras que Amado se inclinaba por hacer vida social, él se sentía más a gusto departiendo en las cantinas. Personalmente, Amado atendía a sus amigos que llegaban a visitarlo en su domicilio a altas horas de la noche. Ana, una mujer de El Paso y que conoció a los Carrillo Fuentes, afirma: "Lo vi preparando el café y calentando las tortillas para sus invitados. Así era él".[5] Vicente gustaba calzar botas de avestruz y grandes hebillas para el cinto. Ambos hermanos eran aficionados a los corridos y a la música norteña. Por supuesto, ambos sirvieron de inspiración

97

de algunos narcocorridos, canciones que relatan la saga de los traficantes de droga. Fue ampliamente divulgada la fascinación experimentada por Amado hacia la cantante Gloria Trevi, una mujer que estuvo encarcelada en la penitenciaría de la ciudad de Chihuahua, y acusada, junto con su representante, de corromper a menores a quienes adiestraban para convertirlas en coristas.[6] Otras fuentes aseguran que el cartel de Juárez tiene que ver con el encarcelamiento de Trevi en el estado de Chihuahua. De acuerdo con un documento del gobierno, Amado se había encaprichado con la cantante y no tardó en pretenderla. Según otras fuentes, Amado montó en cólera cuando ella rechazó sus propuestas amorosas. Trevi, quien se supone fue violada en una cárcel de Brasil y quien procreó un niño, ha negado las acusaciones en su contra por corrupción de menores.

En 1993, familiares de una residente de El Paso, Melina García Ledesma, de 17 años, interpusieron una denuncia en ambos lados de la frontera por la desaparición de la joven. Gracias a la perseverancia de un agente especial del FBI, el cadáver de Melina fue encontrado años después, no en Juárez, sino en el patio trasero de su casa en El Paso. En Juárez, era usual que los narcotraficantes ocultaran y se deshicieran de los cuerpos de esta manera. El esposo de Melina, Alex Ledesma Jr., convicto por posesión de droga en 1997, fue declarado culpable en la corte de El Paso, del asesinato de Melina y de sepultar sus restos en el patio.[7] Ambos vivían en un vecindario en el centro de El Paso. Los fiscales mencionaron que el hombre privó de la vida a Melina en un arrebato de celos, después de un juego de billar en un popular negocio. Los investigadores dijeron que Alex, descendiente de una familia de "puchadores", también mató al perro mascota de la pareja, luego de que el animal escarbara y extrajera algunas partes del cuerpo de Melina. El padre de Alex Ledesma —Alejandro Ledesma— quien debía declarar ante la corte como testigo clave durante el juicio, prefirió huir a Juárez antes que atestiguar en contra de su hijo. En cierto momento durante el proceso judicial, los padres de Melina, quienes habían gastado todos sus ahorros para contratar a detectives que localizaran a su hija, se mostraron muy afectados cuando su exyerno bromeó y felicitó a su abogado luego de que el juez exteriorizara un punto favorable a la defensa. Al mismo tiempo, la madre de Alex, Enedina Mendoza Ledesma, purgaba una sentencia en el Centro de Readaptación Social en Juárez por posesión de drogas. Las autoridades mencionaron que la mujer era la concubina de Gilberto Ontiveros, un narcotraficante encarcelado en México durante 1989 por tráfico de drogas. Ontiveros era el único capo en Juárez arrestado por autoridades de ambos lados de la frontera en más de una década.[8] El hombre tenía otra mujer en El Paso, que tenía bajo su cargo la operación de un club nudista. Ontiveros fue trasladado a otra prisión en México, después de que se divulgaran públicamente sus salidas del reclusorio durante los fines de semana para ir a bailar a los clubes nocturnos. Ontiveros también tenía un león de mascota por periodos cortos en el penal.

Es innegable que ni las autoridades mexicanas ni las estadunidenses han logrado, hasta la fecha, la captura de siquiera un destacado barón de la droga durante la década de los noventa —el decenio que presenció el fortalecimiento del cartel de los Carrillo Fuentes, al grado de convertirse en la organización criminal más poderosa de la frontera. Documentos de la policía y testigos confirmaron que Amado y Vicente Carrillo Fuentes iban muy seguido a El Paso. Incluso tuvieron hospitalizado a su padre en El Paso, y según Charles Bowden, autor del libro *Down the River*, el cartel llegó a tener un banco en esa ciudad.[9] Algunas fuentes refieren haber presenciado cómo Amado abofeteó a un alto funcionario judicial del estado de Chihuahua, en la administración del gobernador Francisco Barrio, durante una reunión en el Café Central. Eduardo González Quirarte, un lugarteniente del cartel que colaboró muy de cerca con el capo Juan José Esparragoza, alias el Azul, también frecuentaba a sus amistades en El Paso. González, quien asistió a la escuela Jefferson High, supuestamente había prestado una de sus residencias de la ciudad de México para que la ocupara un asistente de alta jerarquía del gabinete del entonces presidente Ernesto Zedillo.[10] A efecto de cruzar la frontera sin impedimento alguno con la frecuencia requerida, seguramente los capos gozaban de alguna especie de protección policiaca o consular. Estas sospechas fueron confirmadas cuando el FBI dio a conocer que el hermano de Amado, Vicente, tenía una credencial que lo acreditaba como miembro de la Procuraduría General de la República en México, identificación que encontraron guardada en la casa de su novia en El Paso. La acreditación traía la supuesta firma de Diego Valadés, exprocurador general de la República.[11] El documento llevaba la fotografía de Vicente y un alias en vez de su verdadero nombre. Irónicamente, un agente especial del FBI era vecino de la novia del capo. El agente se sorprendió al enterarse de esta circunstancia a través de sus compañeros agentes estadunidenses, justo el día en que llegaron a la vivienda de la mujer con una orden de cateo.[12]

El Brujo

Otros dos casos de asesinatos que escandalizaron y estuvieron vinculados con los narcotraficantes fue el de Deissy Salcido Rueda, de El Paso, así como de su primo Eli Rueda Adame, en mayo de 2002, cuyos cuerpos se encontraron en el patio trasero de una vivienda propiedad de Martín Guerrero Noriega. Éste era conocido con el mote de el Brujo, ya que realizaba rituales mágicos, de hechicería y vendía amuletos. El 13 de marzo de 2004, un juez lo sentenció a 50 años de prisión por su participación en estas muertes. La familia de Deissy fue amenazada cuando solicitó a las autoridades investigar a otros sospechosos, incluyendo al esposo de Deissy, Óscar Salcido, así como a un hombre identificado como Jorge Beltrán. Una noticia publicada en *Norte de Ciudad Juárez* mencionó que una fracasada transacción de cocaína pudo ser la causa de los asesinatos. Guerrero declaró al juez que dos personas le pagaron para poner a su disposición a Deissy y a su primo. Dijo haber atraído a sus víctimas mediante el señuelo de venderles un ritual mágico muy especial para llevarles la riqueza. El Brujo relató que dos hombres se apoderaron de ambos primos y les dieron muerte al llegar a la casa del hechicero. Agregó que los cadáveres fueron destazados diminutamente para que cupieran en una tumba muy pequeña. La policía limitó sus investigaciones al Brujo. Luego de escuchar su condena, Guerrero aseguró que prefería permanecer 50 años en la cárcel que tener algo que ver con los verdaderos asesinos. El hombre no está dispuesto a identificarlos.[13]

Un traficante soberbio

El asesinato de tres mujeres cuyos cadáveres se descubrieron durante el 2003 en tumbas clandestinas al nororiente de Juárez provocó otra ola de escándalos a lo largo de la ciudad fronteriza. Las autoridades catalogaron sus muertes como crímenes pasionales. Se acusó de orquestar los asesinatos al narcotraficante Felipe Machado Reyes, de 31 años. Una de las víctimas era su esposa, Candelaria Ramos González, de 22 años. La esposa de Machado y su prima recibieron varios tiros en la cabeza. La amiga de ambas, también acribillada, murió de asfixia.[14] El médico forense encontró arena en sus pulmones y estableció que fue sepultada viva. La policía declaró que las mujeres fueron asesinadas el 23 de julio, después de una acalorada discusión entre Machado y su cónyuge en el Autotel La Fuente, de la Avenida Tecnológico. El hotel es un sitio frecuentado por jóvenes de Juárez. También es lugar de reunión para los "puchadores". El lugar está frente a un complejo residencial propiedad de la familia Fuentes. La policía informó que el pleito de la pareja subió de tono antes de que ellos y sus acompañantes se retiraran del lugar. Dos días después, los transeúntes alertaron a la policía sobre el hallazgo de los cadáveres en un campo desértico.

Machado, quien era requerido por los crímenes, se ocultó en El Paso hasta que investigadores estadunidenses recibieron un alerta sobre su paradero y lo detuvieron. Aunque Machado era buscado en Texas por delitos relativos a las drogas, las autoridades estadunidenses lo entregaron de inmediato a México para enfrentar los cargos por homicidio.

Un año antes del asesinato de las tres mujeres, Machado había amenazado a los guardias que lo sacaron por la fuerza del centro nocturno La Changada por ocasionar desorden. Al parecer, Machado regresó en su vehículo hasta el lugar y disparó contra el exterior de La Changada en los momentos en que los asistentes salían. El tiroteo privó de la vida a una joven en forma instantánea y quien nada tenía que ver con la trifulca anterior. Pese a las declaraciones de los testigos, la policía de Juárez no arrestó a Machado por la balacera de La Changada.[15] Sin embargo, el asesinato de las tres mujeres en el 2003 era un acto tan flagrante que las autoridades ya no pudieron darse el lujo de ignorar.

Tiroteo en el Vértigo

El 7 de diciembre de 1997, Rosa Arellanes García, de 24 años, fue muerta de un tiro en el centro nocturno Vértigo de Juárez. Este salón de baile es un sitio preferido por los adolescentes estadunidenses de El Paso y el sur de Nuevo México. Al principio, las autoridades dictaminaron como homicidio la muerte de Rosa y señalaron como responsable a Víctor el Cubano Lazcano. En septiembre de 2002, mientras el caso estaba pendiente, las autoridades estadunidenses formularon cargos en contra de Lazcano y otros tres hombres por narcotráfico. Un documento de la policía de El Paso vinculó a Lazcano y a los otros acusados, quienes vivían en El Paso, al agente de la policía Luis Cortinas.[16] El abogado de Cortinas negó que su cliente hubiera cometido alguna irregularidad o ilícito. Lazcano fue juzgado y encontrado culpable por narcotráfico en Estados Unidos. Después de cumplir una corta condena, fue extraditado a México para que respondiera por el cargo de homicidio, por el incidente ocurrido en el Vértigo. Pero esta vez las autoridades del estado de Chihuahua calificaron como accidental la muerte de la joven y dejaron libre a Lazcano.

102

Sombra y sombrita

Un funcionario de Chihuahua, familiarizado con las investigaciones de homicidio en Juárez, dijo: "Hay varias muertes reportadas que nunca llegan al conocimiento de la gente porque estos casos son para el cajón, y tenemos prohibido hablar de ello".[17] Sin embargo, uno de estos casos se filtró a la opinión pública y esta circunstancia puso en serios aprietos a la fiscal especial Suly Ponce. El investigador, quien llevó al máximo este expediente, dijo de manera privada, que el asesinato de Alejandra Holguín, en el 2000, fue parte de un caso aún más relevante que en realidad incluía varios asesinatos y desapariciones. Era muy desalentador presenciar cómo los funcionarios gubernamentales podían reducir a la nada esas vidas, al hacer creer que jamás existieron.

De acuerdo con el informe, Alejandra tenía una hermana de nombre Perla, eje central de este caso. Las hermanas eran famosas por su belleza. Su madre, Martha Holguín, la editora de una revista, se había trasladado a Juárez desde su natal Hermosillo, Sonora. Ya en Juárez, Perla Holguín contrajo matrimonio con un hombre mayor de nombre "Chávez", quien autoridades estadunidenses habían señalado como un destacado narcotraficante que operaba al oriente de Juárez. Su apodo era el Sombra Grande. Había procreado a un pequeño con Perla, y tenían un conocido apodado Sombrita. Sombra Grande inundaba a Perla de costosos regalos y le daba mil dólares diarios en efectivo para el gasto. Chávez empezó a sospechar que su cónyuge lo engañaba, por lo que ordenó a sus guaruras que le avisaran si esto era verdad. Los guardaespaldas le informaron que, hasta donde a ellos les constaba, su joven esposa no se veía con ningún hombre. Sombra Grande instruyó a sus guardias para que, de cualquier manera, vigilaran a su mujer. Finalmente, los guardias regresaron con la información de que Perla no sostenía un romance con un hombre sino con una mujer identificada como Graciela. Perla se había enamorado de Graciela y acostumbraban reunirse para hacer vida social con amigos en común en algunos clubes nocturnos. Estas

103

novedades encolerizaron a Sombra Grande, quien ordenó la muerte de Graciela y la incineración de sus restos. Perla se lanzó a la búsqueda de Graciela hasta que su esposo le dijo que ya no buscara más, debido a que ella ya estaba muerta. Después, Perla vengó la muerte de Graciela al contratar a un sicario para asesinar al poderoso narcotraficante, y ordenó su entierro en el patio trasero. Los conocidos de Sombra Grande comenzaron a notar la ausencia. Cuando Sombrita le preguntó a Perla por el hombre, ella cometió el error de decirle que la policía federal se lo había llevado detenido. Sombrita conocía bien a la policía federal y pronto se dio cuenta que los policías no habían participado. Éste regresó a enfrentar a Perla y descubrió la verdad. Supuestamente, este dio órdenes de asesinar a Perla y ocultar su cadáver. Asimismo, exhumó el cuerpo de Sombra Grande de la fosa en el patio para sepultarlo en un panteón. El pequeño, procreado con Perla con Sombra Grande, estaba extraviado, pero Sombrita encontró a la criatura con la hermana de Perla, Alejandra. Se dijo que éste ordenó también la ejecución de Alejandra, embarazada de varios meses, y se llevó consigo al niño de Perla.[18]

Mauricio Zúñiga, un amigo de las hermanas asesinadas, al parecer le reclamó a Sombrita la muerte de éstas. Después, Mauricio desapareció. Mientras tanto, Sombrita trataba de localizar una fuerte cantidad de dinero de Sombra Grande y se lanzó a la búsqueda de la madre de Perla y Alejandra. Martha Holguín, quien tuvo temor de ser la siguiente, desistió de recuperar a su nieto y huyó a Estados Unidos. Un investigador de Chihuahua mencionó que "hubo otras muertes y desapariciones ligadas a este caso y permanecerán sin resolver". Alguien calificó con precisión estos incidentes como una moderna tragedia de Shakespeare. Aun cuando Martha Holguín era sumamente conocida en los círculos periodísticos de Juárez, los enterados de los pormenores del caso dijeron que sus editores les prohibieron redactar la historia completa. Sólo la muerte de Alejandra Holguín fue divulgada con detalles. Otro investigador estatal, quien me comentara sobre el hermetismo de los expedientes de asesinatos, consideró

que a menos que la comunidad se entere, algunos cadáveres son trasladados directamente a la fosa común.[19]

Heidi y el cartel

La desaparición de Heidi Slaquet Armengol, en 1995, ha per-
seguido por años a su amiga la periodista Isabel Arvide. Ésta escribió sobre la mujer desaparecida en su libro *Muerte en Juárez*, en 1996.
Fuentes de la DEA dijeron que el cartel de Juárez adquirió copias del
libro, en un esfuerzo por reducir su circulación. La gente que conocía a Heidi la describió como una encantadora y fascinante mujer
que atraía a los hombres a donde quiera que iba. Ella manejaba una
galería de arte en El Paso y vendía cuadros. Isabel mencionó que
algunos de los hombres famosos que salían con Heidi incluían al
matador español el Cordobés y el cantante de ópera Plácido Domingo. El día de su desaparición Heidi se dirigía a encontrarse con
Isabel en el Aeropuerto Internacional de Juárez. Ella abordó un taxi
pero jamás llegó a la cita con la periodista, con quien llevaba una amistad de veinte años. El chofer del carro de sitio fue encontrado muerto dentro de éste, pero no había rastros de Heidi. En retrospectiva,
expresó Isabel, ella concluyó su obra antes de enterarse de que investigadores como Francisco Minjares, un exfuncionario de Chihuahua a
cargo del grupo antisecuestros, le proporcionaron información errónea sobre el caso de Heidi.

Ana, una mujer de El Paso, dijo haber conocido a Heidi en alguna de las fiestas ofrecidas por los capos de la droga en Juárez. Ana
mencionó que Heidi llevaba a mujeres concursantes del certamen de
belleza GuyRex a estas reuniones. El exjefe de la DEA en El Paso, Phil
Jordan, mencionó que un familiar, voluntario para los concursos de
belleza, entabló amistad con Heidi en ese tiempo. Personas de gran relevancia asistía a estas reuniones, incluyendo alcaldes, jefes policiacos y dirigentes empresariales. "Cuando las concursantes de El Paso
llegaban", comentó Ana, "los narcotraficantes acostumbraban decir
'ahí viene lo mero bueno'. Estas mujeres no iban a la fuerza. Estaban

conscientes de que prácticamente eran compradas y se les pagaba desde el momento en que entraban. Heidi era una de las alcahuetas." Lino Herrera, un narcotraficante asesinado al poco tiempo, era uno de los anfitriones más populares de esas reuniones. Ana hizo notar las diferencias existentes entre las mujeres contratadas para entretener a los hombres: "Las mujeres mexicanas vestían ropa sencilla y se comportaban con timidez, pero las concursantes estadunidenses eran glamorosas. Vestían a la última moda. Y desde luego que ganaban bastante bien".

La DEA y el FBI afirmaron tener datos sobre la desaparición de Heidi. Sus teorías más fuertes eran que la organización de narcotraficantes de Tijuana, los Arellano Félix, la había ejecutado, o que la de los Carrillo Fuentes la "levantó". El exfuncionario de la DEA, Phil Jordan, comentó que Heidi era como una estafeta para el cartel de Carrillo Fuentes, y que "tal vez fue asesinada bajo sospechas de ordeñar dinero del cartel, o porque representaba un blanco para éste en su intento por invadir la 'plaza' de Juárez. Los estafetas son los primeros blancos cada vez que los narcotraficantes intentan apoderarse de algún territorio".[20]

Si Heidi fue enterrada en alguna de las propiedades de Carrillo Fuentes, lo más probable es que el cartel de Amado tuvo que ver con la desaparición. Esto explicaría el porqué ocultaron su cadáver. Si el cartel de Tijuana la asesinó, entonces los homicidas hubieran enviado un mensaje a sus rivales exhibiendo la muerte de Heidi. Era ya sabido que el cartel de Juárez acostumbraba aniquilar a gente bajo meras sospechas de dañar a la organización. Isabel Arvide contradice las teorías que presentan a Heidi bajo una luz negativa, y es admirable en su afán de proteger la reputación de su amiga. Ella considera que Heidi fue asesinada al enterarse de que los grandes capos de la droga planeaban llevar a cabo una reunión cumbre en México. "Ellos pensaron que ella iba a hablarme acerca de esta junta, y debido a mi posición de periodista, temieron que yo fuera a publicar algo de eso", dijo ella. Una de las pocas pistas con las que cuenta Isabel es la fotografía de un hombre y supuesto benefactor de Heidi. La gente se refiere a él sólo como el Compadre, término que significa padrino, amigo o patrocinador. La gente de Juárez que ha tenido la oportunidad de observar la foto, mencionó que el misterioso hombre era conocido por los apellidos de Gallardo y Borunda. En una de las fotos, el hombre aparece en medio de Mariano Ramos y el Cepillín, dos famosos matadores. Los toreros dijeron a Isabel no poder recordar el nombre del Compadre. Nadie sabe dónde encontrarlo, y hay quien afirma que el hombre ha pasado a formar parte de la larga lista de desaparecidos por el cartel de Juárez en la década de los noventa. Muchas personas de El Paso y Juárez que conocieron a Heidi temen emitir cualquier comentario acerca de ella o del desaparecido hombre. El cartel logra ese efecto en la gente.

Las amenazas contra Isabel Arvide

Isabel Arvide escribía con bastante frecuencia sobre la corrupción, el narcotráfico, y a causa de un atentado en su contra, el gobierno federal le asignó a agentes federales para su protección las 24 horas del día. La vi por vez primera en enero de 2002, cuando vino a Juárez a proseguir su investigación de la desaparición de Heidi. La acompañé al campo algodonero en donde los cadáveres de ocho mujeres fueron encontrados en noviembre de 2001, y para observar dos sitios en donde pudiera aparecer el cuerpo de Heidi algún día. Jesús Chito Solís acababa de recibir el nombramiento de procurador general de justicia del estado de Chihuahua, un hombre a quien Isabel había acusado de tener nexos con el narcotráfico, algo que el funcionario negó. Su nombramiento apresuró el refuerzo sobre las medidas de protección para Isabel por parte de funcionarios federales, durante su permanencia en Juárez.[21] Durante el viaje, el equipo de seguridad de Isabel consistió en 11 agentes federales y tres vehículos blindados. Por la noche, dos funcionarios de la Procuraduría General de la República, Cuauhtémoc Pérez y Rolando Alvarado, nos acompañaron a cenar en el restaurante Shangri-La. Pérez extrajo un grueso fajo de billetes y dejó caer el dinero para pagar el mejor tequila de la casa y

107

los costosos platillos del restaurante. "Apuesto a que pagaron del dinero de mis impuestos", recalcó Loren Magaña, una defensora de los desaparecidos y que después tendría problemas con Isabel.

Antes de concluir su visita, los guardias federales armados nos escoltaron al Club Hooligan's. Tres meses antes, el centro nocturno había sido el escenario de una disputa con un final trágico para cuatro jóvenes. Los testigos dijeron que la pelea resultó porque uno de ellos quiso invitar a bailar a una mujer. El acompañante de la mujer se sintió ofendido, por lo que comenzó la pelea. El novio de la joven fue derribado por uno de los jóvenes. El cantinero y varios vigilantes del centro nocturno se apresuraron a suspender la trifulca y les suplicaron a los muchachos que se fueran. Los empleados del club les advirtieron a éstos que ni idea tenían de con quién se habían metido.

Los hombres se marcharon, pero después fueron interceptados por la policía municipal, sin motivo aparente. Minutos después de que los agentes se retiraran, llegaron cuatro camionetas pickup con varios hombres armados. Era un escuadrón de la muerte. El grupo golpeó y secuestró a cuatro jóvenes. Se olvidaron del quinto hombre al darlo por muerto. El joven herido identificó después a uno de los atacantes como un agente de la policía judicial del estado. Los hombres plagiados fueron encontrados muertos al día siguiente; sus cuerpos mostraban señales de tortura. Uno de ellos tenía los dedos arrancados. Los desafortunados jóvenes no tenían la menor idea de que el encolerizado cliente del Hooligan's a quien se enfrentaron era nada menos que Vicente Carrillo Leyva, hijo de Amado Carrillo Fuentes.[22] La mujer quien lo acompañaba esa noche era una bailarina de un club en El Paso.

En el 2002, Isabel, quien sostuvo un largo noviazgo con un general, estaba trabajando en un nuevo libro sobre la corrupción militar en México. Ella se vio obligada a abandonar el proyecto luego de que sujetos desconocidos trataron de secuestrar a su hijo a modo de advertencia. "Me enviaron el mensaje de que si desistía de publicar el libro sobre el ejército, entonces dejarían en paz a mi hijo", dijo Isabel.

Isabel, injustamente encarcelada dos veces en la penitenciaría de Chihuahua bajo cargos por difamación, se sintió muy consternada cuando se enteró de que Vicente Carrillo Fuentes había pagado a un extranjero 100 mil dólares para llevar a cabo un ritual de sacrificio para vengarse de ella por algo que había escrito sobre el cartel.[23] Muchos traficantes son supersticiosos y le rezan a santos especiales para que los protejan, o portan amuletos y consultan a las médium.

Las chicas malas

Aun cuando son hombres quienes, en su mayoría, han asesinado a las mujeres de Juárez, algunas han surgido como maleantes en su propio beneficio. Por ejemplo, una mujer apodada Madonna es considerada la "reina de la cocaína" y sospechosa de varias muertes y desapariciones. Agentes encubiertos la describieron como una mujer mal hablada, con el cabello oxigenado y quien colabora para el cartel de los Carrillo Fuentes.[24] Sus víctimas son subalternas del cartel que han cometido errores o quienes se atraviesan en su camino. Una mujer a quien ya antes nos referimos como "Ana" dijo que la Madonna no tiene ningún parecido con la cantante con cuyo nombre fue bautizada. Ella "una vez irrumpió en un centro nocturno de su propiedad y empezó a tronarles los dedos a sus empleados, a quienes exigió aniquilar a dos hombres de quienes suponía la traicionaban".

De acuerdo con un documento sobre asuntos criminales de una corte estadunidense, otra mujer asociada al cartel, Ana Montti Almaraz le pagó a dos personas del cartel para asesinar a una mujer, al creer que su víctima sostenía relaciones con su esposo. La víctima, Mercedes Caballero, fue asesinada en su domicilio en enero de 2000. La policía comentó que uno de sus hijos estaba en la casa cuando ella fue privada de la vida.[25] Antes de su captura en México en cumplimiento de una solicitud de extradición, Montti Almaraz realizaba los preparativos para la tradicional fiesta de quince años para su hija. Una de las personas que recibió una de las invitaciones exclusivas a la festividad fue informada de que el capo de la droga Vicente Carrillo Fuentes iba a ser el padrino de la joven festejada. El barón de la droga nunca hizo acto de presencia, pero Montti Almaraz fue avistada por los investigadores que la vigilaban de cerca y fue capturada poco después. A principios de 2004, el gobierno apenas se disponía a extraditarla para enfrentar los cargos de asesinato por contrato. Un investigador judicial dijo que los operarios del cartel, infiltrados en el gobierno, pueden mantener suspendidos los procesos de extradición por tiempo indefinido para la gente adecuada.[26]

Narcocorrupción

La corrupción de la policía de Juárez, por parte del cartel, en todos sus niveles —local, estatal y federal— explica cómo ciertos crímenes pueden mantenerse en suspenso por años, incluyendo las desapariciones de hombres y mujeres, los tiroteos en público para marcar territorios y los sistemáticos asesinatos cometidos contra mujeres y conocidos como feminicidios. Los violentos ataques no podrían continuar impunes sin la influencia del cartel, la droga y el dinero para sobornar. Oficiales judiciales de Estados Unidos explicaron que la estrategia de Amado consistía en provocar el terror para deshacerse de los enemigos y mantener la disciplina hacia el interior de su organización, e infiltrar todas las instituciones de la sociedad. La DEA y agentes federales confirmaron que el cartel logró infiltrarse en el Partido Acción Nacional en el estado de Chihuahua desde el inicio de los años noventa. Otras fuentes de inteligencia comentaron que Amado comenzó a cortejar a los políticos del PAN al final de los años ochenta. Se trataba de una hábil maniobra de Amado, quien así aprovechaba el hecho de que los electores del estado de Chihuahua estaban hastiados del Partido Revolucionario Institucional y se inclinaban hacia el conservador "partido de oposición". En México, al PAN se le vincula con la cúpula empresarial y la Iglesia católica. Los nuevos barones de la droga desecharon también los antiguos códigos de honor, consistentes en respetar a los niños y a las mujeres. En el cartel de Amado, todo se vale.

Las fuentes de inteligencia dijeron que el cartel entabló acuerdos con el gobierno del estado de Chihuahua durante la administración del gobernador Francisco Barrio. Éste era miembro del PAN y su elección como gobernador fue vista como un importante símbolo de cambio y reforma en el estado de Chihuahua. Antes de convertirse en gobernador, Barrio fue el primer miembro de un partido de oposición en ser electo alcalde de Juárez. Mientras éste se desempeñaba como gobernador, Juárez fue gobernada por una serie de alcaldes del PAN, incluyendo a Francisco Villarreal, Ramón Galindo y Gustavo Elizondo.

Después de que Vicente Fox se convirtiera en el primer miembro de un partido opositor en ser electo presidente de México, en más de setenta años, el mandatario contrató a varios exfuncionarios del estado de Chihuahua para que lo ayudaran a gobernar la nación. Fox, también miembro del PAN, convirtió a Barrio en su zar anticorrupción. Sin embargo, durante el desarrollo de estos acontecimientos, ocurrió un incidente que perturbó a la nueva administración. Todo comenzó con una audiencia de extradición de un abogado de Juárez en la corte federal de Estados Unidos en El Paso. Lucio Cano, un litigante acusado de formar parte del cartel de Carrillo Fuentes, logró librar la extradición debido a que funcionarios federales no atestiguaron ni aportaron pruebas para sustentar sus alegatos. La revelación más significativa que surgió durante el proceso judicial nada tenía que ver con Cano.

Un documento explosivo

Era una verdadera bomba el documento que la Procuraduría General de la República había enviado en apoyo a la petición de extradición. En México a ese documento se le conoce como el "maxiproceso", formado por varios volúmenes. El único tomo que logró llegar hasta El Paso consistía, en papel tamaño oficio, de un pie de grosor. Fue trasladado mediante los canales diplomáticos de las embajadas de Estados Unidos y México, tenía un sello de cera roja y estaba sujeto con un lazo. El Departamento de Estado de Estados Unidos instruyó a la oficina de distrito de Estados Unidos en El Paso

111

para no separar las páginas. El documento es una acusación formal en contra de los supuestos cabecillas del cartel de Carrillo Fuentes. Un libro escrito por José Alfredo Andrade Bojorges, abogado de Amado y titulado *La historia secreta del narcotráfico*, hacía referencia al documento. Tenía yo esperanzas de publicar una reseña del libro para el diario *El Paso Times* y me comuniqué con la editorial en busca de informes de su autor. Pero una persona de la empresa editora en la ciudad de México me dijo: "¿Es que acaso no se ha dado usted cuenta?". Agregó que el autor estaba desaparecido y que su familia había pedido públicamente la entrega de los restos para sepultarlos. Aún se desconoce su paradero. Jorge Fernández Menéndez, autor de otro libro sobre el mercado de la droga, *Narcotráfico y poder,* dijo que la razón de no haber experimentado repercusiones a causa de su obra (que se publicó ese mismo año) fue que "yo no era el abogado de Amado".[27]

Durante la audiencia de extradición en El Paso, el juez federal accedió a incluir el documento como evidencia. Mencionaba los nombres de funcionarios judiciales de alto rango y políticos al parecer implicados en dar protección al cartel. Carlos Huerta y Rafael Núñez, dos reporteros de *Norte de Ciudad Juárez,* fueron los únicos periodistas interesados en el documento. Se requirió la fuerza de nosotros tres para cargar el voluminoso expediente, a efecto de obtener copias sin dañar el sello ni cortar el listón que lo mantenía sujeto. Regresé a la redacción con documentos que señalaban que dos agentes federales habían detectado a Vicente Carrillo Fuentes durante una de sus visitas a Juárez, pero no lo arrestaron, y que el exgobernador del estado de Chihuahua, Francisco Barrio —el nuevo zar anticorrupción del gobierno federal—, había recibido dinero a cambio de proteger a Amado Carrillo Fuentes.[28]

Argumentos

Uno de los documentos mencionaba que Vicente Carrillo Fuentes se detuvo en el Autotel La Fuente antes de dirigirse a una reu-

112

nión en una residencia del fraccionamiento Juárez Country Club. Un político soltó la carcajada luego de preguntarle el porqué los agentes federales evadieron la captura del barón de la droga. El político explicó: "Los agentes federales eran una especie de guardias de seguridad para su persona durante su permanencia en Juárez, y únicamente se concretaron a informar a sus superiores de las idas y venidas de Vicente".[29] Los señalamientos aparecidos en el documento contra Barrio eran muy serios, considerando que Fox estaba a punto de nombrarlo su zar anticorrupción. Un hombre llamado Tomás Colsa McGregor, joyero y contador de Amado, reveló a agentes federales que Barrio y otros gobernadores habían recibido dinero a cambio de proteger al capo de la droga.[30] Los artículos publicados en *El Paso Times* sobre las exitosas visitas a Juárez por parte de Vicente Carrillo Fuentes y los señalamientos de que Barrio había pedido y recibido "fuertes cantidades" de dinero como pago por la protección del cartel del narcotráfico, levantó ámpula en México. Para detener la mala publicidad, Vicente Fox se vio precisado a defender a Barrio, aspirante presidencial. Este episodio sirvió para comprobar que pese a la elección de un miembro de oposición a la Presidencia de la República, no habría cambios de fondo, no al menos en Juárez, y no por mucho tiempo.

Barrio, cuyo sobrino es agente especial del FBI en El Paso, jamás contestó las llamadas telefónicas para aclarar los señalamientos. En vez de ello, como se acostumbra en México, pagó desplegados a toda la página en los periódicos para refutar las acusaciones. En respuesta a ello, la Procuraduría General de la República en México dijo que el "maxiproceso" representaba una investigación abierta. Los férreos simpatizantes de Barrio lo catalogaron de incorruptible. Pero si Barrio estaba enterado o no, alguien en su administración había cobrado el dinero para la protección, a nombre de Barrio. De cualquier manera, el cartel de Carrillo Fuentes floreció durante la administración de Barrio, en tanto que su gobierno estatal fracasó en frenar la escalada de asesinatos contra mujeres en Juárez. En su libro acerca de México, *El Oso y el Puercoespín,* el exembajador de Estados

113

Unidos en México, Jeffrey Davidow, hizo señalamientos sobre el tráfico de drogas en el punto culminante de la campaña de Fox y que
estuvieron a punto de dañarlo. Agentes del servicio de Aduanas de
Estados Unidos en Texas habían descubierto narcóticos en un cargamento de verduras vinculado con una empresa exportadora de Fox
en Texas.[31] Luego de que el abogado de Fox lo contactó, consideró
como sospechosa la acusación en plena época electoral, el gobierno
estadunidense accedió a ocultar el incidente al pueblo de México.
Según Davidow, Fox salió bien librado, puesto que los investigadores de la aduana estadunidense averiguaron que el cargamento fue
rempaquetado en Estados Unidos. Ello significaba que los investigadores no podían comprobar un nexo directo entre la compañía de Fox
y los enervantes, ya que un tercero pudo haber colocado el contrabando entre la mercancía.

El cartel anota un gol

El gobernador de Chihuahua, Patricio Martínez, sobrevivió a
un intento de asesinato en enero de 2001. Los primeros reportes
señalaban que el mandatario había sufrido una rozadura en el cráneo.
Pero una fotografía distribuida por la Associated Press indicaba una
historia distinta. Martínez, miembro del PRI, yacía en el suelo del palacio de gobierno. Victoria Loya, una exagente de la policía judicial
del estado, fue acusada formalmente del atentado y encarcelada de
inmediato. Martínez jamás perdonó los comentarios, fuera de tono,
emitidos por el presidente Vicente Fox a la prensa acerca de ese ataque. Aludiendo a términos futbolísticos, Fox dijo que el cartel había
metido "un golazo".[32] La investigación en torno al atentado no concluyó en forma satisfactoria. Había sospechas de que Loya no había
actuado sola, pero fue la única acusada. Loya jamás dio una razón acep-
table para la agresión. Un agente del FBI dijo que él personalmente
había notificado a Martínez de una conspiración en su contra, idea-
da por Vicente Carrillo Fuentes.[33] El gobernador reaccionó con el
refuerzo de su seguridad personal. Sin embargo, fue tiroteado el 17

de enero en el palacio municipal de Chihuahua. Fuentes de inteligencia de Estados Unidos comentaron que el cartel trató de privar de la vida a Martínez debido a que su equipo de colaboradores había tratado de entablar negociaciones, al mismo tiempo, con el cartel de los Arellano Félix y el de los Carrillo Fuentes. Más tarde, Martínez presidió una fiesta popular para celebrar haber sobrevivido al atentado. En el exterior de las instalaciones, algunas personas protestaron por los crímenes contra mujeres. Al igual que Barrio, su antecesor, Martínez fue incapaz de frenar la escalada de asesinatos o le faltó voluntad para ello.

Poco antes de concluir su gestión en el año 2004, Martínez se sintió obligado a conceder una detallada entrevista a *El Heraldo* de Chihuahua para refutar los rumores sobre las golpizas que le propinaba a su esposa, que se había divorciado y que había sostenido un romance con Karina Yapor, excorista de Gloria Trevi y una de las demandantes de esta víctima. En forma tajante el gobernador negó la veracidad de tales versiones.

El FBI en El Paso, tampoco se salvó del cartel de las drogas. En 2003, Mario Castillo, de 36 años, fue sentenciado a cinco años por haber filtrado información clave a traficantes de drogas en México y por la clonación de teléfonos celulares. Castillo, nativo de Chihuahua, laboraba como traductor para el FBI desde 1998. También fue acusado de rastrear información de un banco de datos de la computadora del FBI para un amigo de Juárez. "No sabemos hasta qué grado llegó el daño que pudo haber causado este hombre", comentó el titular, Hardrick Crawford.[34]

Última hora

El 11 de septiembre de 2004 fue asesinado Rodolfo Carrillo Fuentes, hermano de Amado y Vicente, en el interior del estacionamiento de un centro comercial del estado de Sinaloa.[35] Después de casi cinco años en prisión en la ciudad de Chihuahua, un juez estatal declaró inocente a la cantante Gloria Trevi y fue liberada del

115

Centro de Readaptación Social para Adultos.[36] La fecha seleccionada para el asesinato, el aniversario del ataque terrorista contra Estados Unidos, es obvio que fue un claro mensaje, ¿pero dirigido a quién? Francisco Minjares, un expolicía estatal clave de Chihuahua ligado al crimen organizado y encargado de las investigaciones de los crímenes contra mujeres de Juárez, fue asesinado en forma similar a Rodolfo Carrillo en el mismo mes y día, pero del año 2003.

La muerte de Amado Carrillo en la ciudad de México, sea falsa o verdadera, ocurrió en otra fecha relevante para Estados Unidos, el 4 de julio, día de su independencia.

Debido a la influencia ejercida por los cárteles de la droga en México, reviste igual importancia estar informado de los cambios en la jerarquía de los capos dentro de las organizaciones delictivas como de las elecciones de alcaldes y gobernadores.

Se supone que Amado Carrillo Fuentes aún vive, e incluso algunos funcionarios judiciales de Estados Unidos ya han empezado a referirse abiertamente a esta posibilidad.[37] Una reconocida fuente asegura que Amado está en Malta, y que su hermano Vicente, consciente del grave riesgo de permanecer en México, se fue a radicar a Chile. El cartel continúa extendiendo sus tentáculos a través de México y otras regiones del mundo.

En cuanto a Patricia Garibay, su búsqueda para localizar a su desaparecido hermano Jorge llegó a su fin después de cinco años. "Jamás podremos enterrarlo, o encontrar algo que haya quedado de él", comentó Patricia. "Nos dijeron, y consideramos como verdaderos estos informes, que mi hermano fue llevado a un lugar en donde fue pateado y golpeado brutalmente. Después, le arrojaron ácido para deshacer su cuerpo. Ahora que ya sé lo que pasó con él, siento la necesidad de seguir adelante con mi vida."

EL CARTEL DE LOS POLICÍAS

L a muerte de Javier Felipe Lardizábal, el Negro, surge como un importante símbolo en la historia de los crímenes contra mujeres en Juárez. De acuerdo con la denuncia presentada por su hermana, el exagente de la policía local desapareció en mayo de 1993, cuando llevaba a cabo una investigación sobre la supuesta corrupción en la Policía Judicial de Chihuahua. En poco tiempo, el expolicía logró recabar detalles sobre agentes policiacos y comandantes que se suponía estaban involucrados en el narcotráfico y el robo de vehículos.

Una de las personas investigadas era Sergio Rodríguez Gavaldón, quien después fue responsabilizado del tiroteo que privara de la vida a la hija y a la pareja de la doctora Irma Rodríguez Galarza, en el 2001. Dos hermanos, conocidos como los García, al parecer fueron los gatilleros en este incidente. Rodríguez Gavaldón, un expolicía que no tiene ningún parentesco con la doctora Rodríguez, tenía pendiente una acusación por violencia doméstica en El Paso. La doctora Rodríguez, una especialista forense en la Procuraduría General de Justicia de Chihuahua, trabajó en la reconstrucción de los restos de hombres y mujeres víctimas de homicidios, a efecto de poder establecer su identidad.

A mediados de 2002, la profesionista comentó que 42 mujeres y cerca de 70 hombres permanecían sin identificar. Agregó que los restos de las mujeres desconocidas fueron recuperados entre 1995 y 1996. Durante la administración del gobernador Patricio Martínez, sus superiores le prohibieron a la médico forense divulgar cualquier

117

tipo de estadísticas en cualquiera de los libros de texto escritos por ella. Después de ser transferida a Chihuahua, la doctora Rodríguez recibió instrucciones de no utilizar los verdaderos nombres de las víctimas en los casos aparecidos en sus textos. Después de la muerte de los dos miembros de su familia, una excepción dada la falta de personal en la procuraduría estatal, la forense fue retirada del equipo de peritos. Aun cuando se le permitió impartir clases en la Academia Estatal de Policía, fue estrechamente vigilada. La doctora Rodríguez se desempeñó como agente de la policía judicial del estado antes de estudiar la carrera de leyes. Luego de concluir sus cursos universitarios en derecho, resolvió especializarse en odontología forense. Cuando fue asignada a Chihuahua, Rodríguez relató su decisión de entregar su arma reglamentaria, "para que si algo me llegara a suceder, no se especulara que yo misma atenté contra mi vida".[1]

Su muerte un parteaguas

Lardizábal, el policía que investigaba la corrupción policiaca en 1993, fue visto con vida por última vez en el hotel Montecarlo en Juárez. Javier Benavides, en ese entonces subdirector de la Policía Judicial del Estado en Chihuahua, utilizaba como oficina una de las habitaciones del hotel. Después, Benavides se convirtió en el jefe de la policía municipal en Chihuahua. Según los familiares de Lardizábal, personal del gobernador Francisco Barrio había contratado los servicios de Lardizábal para realizar la investigación encubierta, algo que los portavoces del gobernador refutaron después. El cadáver de Lardizábal fue descubierto, en noviembre de 1993, en Lote Bravo, el mismo lugar utilizado como cementerio clandestino, en 1995, para arrojar ahí a las jóvenes violadas y asesinadas. Un video tape de la autopsia de Lardizábal mostró cómo un par de esposas fue utilizado para sujetar al policía. No eran sus esposas, pero el número de serie, visto en la cinta de video, indica que estos artefactos pertenecen a la policía. Este video está en poder del FBI. En 1993, la hermana de

118

Lardizábal, Rosa, acusó a Jesús Buil Issa, un comandante de la policía judicial del estado en 1993, de estar implicado en la desaparición de su hermano.[2] Rosa fue electa después regidora del cabildo, en el 2003. Buil Issa, a quien la DEA y el FBI han vinculado con el mercado de las drogas, negó tales acusaciones. Luego del asesinato de Lardizábal, no volvió a emprenderse otra investigación a nivel local sobre la corrupción de la policía estatal o municipal. Su muerte montó el escenario de lo que sucedería en los próximos diez años, y fue como un presagio del surgimiento del llamado "cartel policiaco".

Rafael Aguilar Guajardo, el capo principal y originario de Ciudad Juárez, fue un agente federal antes de dedicarse al narcotráfico.[3] Aguilar, sin embargo, representaba la vieja guardia del crimen organizado. Por órdenes de su rival, Amado Carrillo Fuentes, Aguilar fue asesinado en abril de 1993, en Cancún. Y ese año fue cuando Amado se apoderó del control de la plaza de Juárez. Desde ese momento, el infierno se desató en la ciudad, incluyendo los crímenes y desapariciones de dos mil personas entre hombres y mujeres. Phil Jordan, un exagente de la Agencia de Lucha Antidrogas (DEA) en El Paso, señaló como principal labor de la policía de Juárez, el proteger los cargamentos de los narcotraficantes. Investigadores antinarcóticos del FBI y la DEA afirmaron tener en su poder archivos actualizados de policías clave en Juárez, y que muchos de ellos trabajan para el cartel. Debido a las increíbles cantidades de dinero que pueden ganar, algunos policías se convierten en narcotraficantes de tiempo completo. Uno de ellos, el excomandante de la policía municipal en Juárez, Roberto Corral, primo del senador federal y panista Javier Corral, fue ejecutado al estilo del crimen organizado en 2002.[4] Antes de ser asesinado, Corral había estado dando protección a un traficante acusado de abusar sexualmente de una menor de 11 años. Un policía municipal estaba a punto de detener al acusado en un rancho al sur de Juárez, cuando recibió órdenes de Roberto Corral de retirarse del lugar, ya que según él, este tipo de asuntos no era competencia de la

119

policía municipal. La prensa publicó el incidente, pero nada ocurrió con Corral, y nunca fue divulgada la identidad del narcotraficante.

Agentes federales

La profunda corrupción de su fuerza policiaca —así como la ruptura del sistema judicial— explica tan sólo en parte el porqué cientos de muertes de hombres y mujeres han permanecido impunes por años. La policía municipal, estatal y federal ha estado implicada en algunos homicidios y asaltos sexuales, la mayoría sin castigo. En 1998, dos agentes federales fueron acusados de la desaparición, ese mismo año, de Silvia Arce, de 29 años, y de Griselda Mares, de 24. Antes de ser reportadas como desaparecidas, Silvia y Griselda trabajaban en el bar Pachangas, un centro nocturno localizado en la Avenida Manuel Gómez Morín y calle del Trigal. La policía y los familiares de las desaparecidas empezaron a formular preguntas y, de la noche a la mañana, el club cambió de nombre y propietarios. La policía le notificó a la madre de Silvia, Eva Arce, la imposibilidad de recuperar evidencias debido a que el lugar había sido pintado de nuevo, y ya no estaba ahí ninguno de los anteriores empleados. Eva Arce señaló que su hija, Silvia, y su compañera de trabajo, Griselda, vendían joyería y daban mantenimiento a los servicios sanitarios en ese centro nocturno. La última vez que se supo de ella, Silvia planeaba acudir al club para cobrar su salario. Eva se topó con que los empleados manifestaban su temor de hablar sobre el asunto. También escuchó rumores sobre su hija, quien sufría agresión física por parte de su marido, y al parecer estaba saliendo con un agente federal. Sin que Eva se diera cuenta en ese momento, una bailarina del club acudió ante las autoridades estatales y rindió su declaración. Al sentirse en peligro, la bailarina se fue de la ciudad luego de informar a la policía lo que sabía sobre el caso. Su declaración fue guardada y sellada en el archivo.

Según ella, dos agentes federales —Carlos Cárdenas Cruz y Jorge García Paz— habían almacenado armas en el club y el pánico

120

se apoderó de ellos cuando ya no las encontraron. Ellos sospecharon que los empleados del club las habían robado, por lo que procedieron a interrogar a todos en un rancho. Silvia y Griselda fueron las primeras en ser cuestionadas respecto al destino del armamento. Silvia, quien aseguró desconocer lo relativo a las armas, fue torturada y asesinada. Griselda también negó tener conocimiento de ese asunto, y corrió la misma suerte. Y cuando los agentes federales interrogaron a la bailarina, ella les aclaró que nadie había hurtado las armas, sino que un empleado apodado el Jotito las había guardado en un sitio más seguro. Esta aclaración llegó demasiado tarde para Silvia y Griselda. Aun cuando las autoridades de Chihuahua trataron de localizar a los dos agentes federales para interrogarlos, la policía federal resolvió reubicarlos en el estado de Querétaro. La Procuraduría General de la República en Ciudad Juárez señaló que esta dependencia federal no da seguimiento a sus exagentes cuando éstos se van del distrito, ni tampoco hay manera de localizar a sus exsuperiores.[5] El club, conocido anteriormente como Pachangas, tuvo varias denominaciones. También se le conoció como el Caribbean Queen antes de ser demolido, a fines de 2003, para erigir un centro comercial. Nunca fueron encontrados los cadáveres de Silvia y Griselda.

La UEDO

José Santiago Vasconcelos, titular de la Subprocuraduría Especializada en la Investigación de la Delincuencia Organizada de la Procuraduría General de la República, llegó para entrevistarme, en agosto de 2002, dos meses después de que *El Paso Times* publicara la serie de reportajes sobre los crímenes llamada "La Muerte Acecha a la Frontera". Nos encontramos en el restaurante Landry's en el este de El Paso. La periodista Isabel Arvide acompañaba al funcionario. Debido a que la seguridad era motivo de preocupación, el FBI colocó, a discreción, a varios de sus agentes afuera del restaurante. Vasconcelos había colaborado en la investigación de las narcofosas entre Estados Unidos y México, en 1999, indagatorias que vincula-

121

ron al cartel de Juárez con algunas ejecuciones, y el funcionario se sentía temeroso de viajar por la frontera. Vasconcelos ni se dio cuenta que el FBI estaba a cargo de la seguridad. Le pregunté a Vasconcelos sobre una supuesta declaración emitida por Jorge Campos Murillo, subprocurador general de la República, en el sentido de que varios jóvenes —hijos de familias acaudaladas— estaban involucrados en algunos de los crímenes contra mujeres en Juárez. Campos mencionó esa versión, por vez primera, durante una conferencia de prensa en la ciudad de México a principios de 2002.[6] Luego, el funcionario viajó hacia Juárez, en donde reporteros locales le preguntaron sobre esta nueva línea de investigación. En esa ocasión, Campos comentó que también estaba solicitando la colaboración del FBI, y que había realizado una petición formal a través del consulado de México en El Paso. Dos semanas después, Campos fue retirado sorpresivamente del caso Juárez y transferido a otra área de la Procuraduría General de la República. "Ese Campos no sabe nada", comentó Vasconcelos. También le pregunté sobre los dos agentes federales acusados de torturar y asesinar a Silvia Arce y Griselda Mares, y Vasconcelos aseguró que investigaría esos informes.

Al final de la entrevista, el funcionario reiteró que el procurador general de la República, Rafael Macedo de la Concha, estaba bastante preocupado por los asesinatos contra mujeres en Juárez. Pero más mujeres habrían de perder la vida antes de que los agentes elite a las órdenes de Vasconcelos pusieran un pie en suelo juarense. En junio de 2002, cuando la serie de reportajes fue publicada, *El Paso Times* había estimado que cerca de 320 mujeres habían sido asesinadas desde 1993. En enero de 2004, el procurador De la Concha designó a María López Urbina, con 15 años dentro de la PGR, como la primera fiscal especial federal en la atención de delitos relacionados con los homicidios en el municipio de Juárez, para investigar los asesinatos de las mujeres en Juárez. En vísperas de la celebración del Día Internacional de la Mujer en marzo de 2004, Amnistía Internacional divulgó estadísticas de última hora durante una conferencia de prensa en México. La organización internacional de derechos humanos precisó que 417 mujeres, incluyendo las víctimas de Chihuahua, habían sido asesinadas desde 1993. Desde mi encuentro con Vasconcelos hasta fines de 2003, 85 mujeres más fueron asesinadas.

Narcopolicías

Con el transcurso del tiempo, la corrupción policiaca se hizo más evidente. En el 2000, dos administradores de la Procuraduría General de la República en Chihuahua, Norberto J. Suárez Gómez y José Manuel Díaz Pérez, fueron acusados de tratar de vender sus puestos por 500,000 dólares. Ambos funcionarios federales asistieron a las reuniones del Mecanismo de Enlace para Incidentes Fronterizos, con funcionarios mexicanos y estadunidenses de las agencias investigadoras en la región fronteriza, para tratar lo relativo a la seguridad. Las autoridades federales notificaron que Suárez y Díaz fueron detenidos en la ciudad de México, el 30 de diciembre de 2000, "detrás de las instalaciones de la Procuraduría General de la República, en donde (Suárez) habría de encontrarse con (Díaz) para darle 500,000 dólares, para que (Díaz) ascendiera a otro puesto".

Funcionarios indicaron que Díaz, convicto de cargos por corrupción en la ciudad de México, no gozó del estatus de testigo protegido debido a su negativa a identificar el origen de ese dinero. Oficiales de la policía señalaron luego que esos dólares provinieron del cartel de los Carrillo Fuentes. Las fuentes de inteligencia de Estados Unidos aseguraron haberse enterado de que los cabecillas del cartel habían escogido a oficiales clave de agencias policiacas de importantes corredores de la droga como Tijuana, Juárez y Matamoros. Por supuesto que algunos jefes policiacos municipales en Juárez actúan de la misma manera —ofrecen promociones de rangos como tenientes o comandantes al mejor postor. Pero esa investigación de asuntos internos en Juárez no llegó a ningún lado.

123

Capitanes desaparecidos

Otro caso de alto perfil fue la investigación relativa a la desaparición de dos capitanes de la policía municipal: Marco Portillo y Óscar Arellano. Ambos desaparecieron, con dos semanas de diferencia, en el verano de 2001. Sus familiares, quienes los vieron por última vez usando sus uniformes policiacos rumbo al trabajo, dijeron que los policías fueron desaparecidos por actos de corrupción en donde altos jefes estaban implicados. Jorge Ostos, jefe de la policía en aquella época, por toda respuesta destituyó de sus cargos a los dos capitanes al no presentarse a su turno de trabajo. Las autoridades requirieron al comandante de la policía municipal Roberto Corral Barrón para que diera una explicación al respecto. Corral renunció a su cargo en vez de enfrentarse con investigadores estatales para responder a las preguntas sobre éstos. En marzo de 2002, Corral fue acribillado, mientras manejaba cerca de su residencia en Juárez. Raúl Rodríguez Quiroz, otro exagente policiaco, fue asesinado de la misma manera el 13 de febrero de 2002. Al igual que Corral, también fue acusado de proteger a narcotraficantes. David Sánchez Hernández, alias Cristian, un notable narcotraficante y expolicía municipal que mantenía el control en la zona centro, al parecer se reportaba con Rodríguez. Además, Rodríguez estaba involucrado sentimentalmente con una hermana de Alma López, de 27 años, una mujer que se perdió 12 días después, el 25 de febrero de 2002, cuando se dirigía a recoger a un sobrino. Alma era una universitaria que apenas acababa de concluir un internado en el consulado de México en El Paso. De Alma y los dos capitanes de policía, hasta la fecha no se sabe nada; y las ejecuciones de Corral y Rodríguez continúan sin resolverse.

Encubren a un alcalde

De acuerdo con un agente federal antidrogas de Estados Unidos, la policía municipal fue requerida, durante esa década mortífera, para retirar el cadáver de alguien que había muerto en la casa de

124

un alcalde de Juárez. Las circunstancias no estaban muy claras, pero el agente dijo que la muerte fue la culminación de un acto sexual voluntario, y ese deceso no fue incluido en ningún reporte policiaco. El alcalde era un travesti apodado la Muñeca.

A fines de 2002, el procurador general de Justicia de Chihuahua, Jesús Chito Solís, viajó a la frontera desde Chihuahua para intervenir de manera personal en un caso de violación en contra de un menor de 11 años, en Praxedis G. Guerrero, un poblado al oriente de Juárez. Los encolerizados residentes en este pueblo, ubicado cerca del río Bravo, se manifestaron públicamente en las calles y marcharon hasta Juárez para exigir justicia. Las autoridades identificaron al atacante como Edgar Fernández Jurado, un narco regional a quien al parecer nadie estaba dispuesto a arrestar. Pero la intervención del procurador Solís dio como resultado la captura de Fernández y su encarcelamiento. Después, Alberto Quiñónez Alonso, comandante de la policía judicial del estado a cargo del poblado de Praxedis y supuesto protector de Fernández, pereció acribillado. Le pregunté a un detective asignado al Grupo Zeus —unidad especial para investigar ejecuciones del crimen organizado— el porqué jamás habían detenido a algún responsable de estas muertes. "Ellos saben dónde viven nuestras familias", fue su franca respuesta.[7]

Enfrentan acusaciones por narcotráfico

Francisco Minjares, exjefe del Grupo Especial Antisecuestros de la Procuraduría General de Justicia del estado de Chihuahua, y Antonio Navarrete, un exjefe de la policía judicial del estado a cargo de las investigaciones de homicidios, dirigieron, en 1996, los casos en contra de Abdel Latif Sharif Sharif y la pandilla los Rebeldes. Ambos estaban incluidos en una lista de jefes policiacos interrogados por agentes federales durante la investigación Estados Unidos-México en el caso de 1999 de las narcofosas. Enrique Cocina, uno de los investigadores federales, comentó que Minjares se presentó a los interrogatorios con una escolta de agentes estatales armados, que rodearon el inmueble mientras Minjares concluía con la entrevista. Cocina expresó luego contar con suficientes evidencias para detener a Minjares bajo cargos de extorsión, "pero estoy en espera de reunir más pruebas para formularle cargos por homicidio".[8]

Minjares renunció de pronto a su cargo estatal, en enero de 2002, luego de que agentes federales le solicitaron sus expedientes sobre docenas de desapariciones forzadas ocurridas desde 1993. La ejecución de Minjares al estilo del crimen organizado, en el 2003, levantó ámpula en los círculos de la DEA y el FBI, en donde era catalogado como un policía corrupto ligado a asesinatos y secuestros. Jefes policiacos de otro estado de la república lo acusaron públicamente de orquestar plagios que luego aseguraba haber esclarecido.[9] Según fuentes policiacas, su muerte fue fraguada por un funcionario de alto nivel de las fuerzas policiacas del estado de Chihuahua, "porque Minjares sabía demasiado y representaba un riesgo para la seguridad de la estructura del crimen organizado". Otro motivo fue que Minjares tenía que ver con varios cargamentos grandes de cocaína perdidos a raíz de ser interceptados por las autoridades de Estados Unidos en la frontera. Los decomisos representaban mermas multimillonarias en dólares.

Antonio Navarrete era un jefe de tránsito municipal cuando lo entrevisté sobre su papel en la investigación de los crímenes de 1996, en donde también colaboró Minjares. Navarrete describió esta investigación conjunta como "la más costosa y profesional que hayamos tenido en Chihuahua". Comentó estar a cargo de parte de la investigación que involucró a la banda de los Rebeldes, pero que "Minjares fue el arquitecto de la investigación en contra de Sharif". Navarrete, quien hasta 2004 jamás fue acusado de actuación indebida, tomó a broma los señalamientos emitidos por uno de sus superiores, un teniente de la policía municipal, en el sentido de que Navarrete otorgaba protección a los narcotraficantes. Testigos que supuestamente declararon en contra de Sharif y los Rebeldes afirmaron que Minjares los mantuvo detenidos en un hotel hasta que firmaron esas declaraciones. También aseguraron que Navarrete amenazó con una pistola a uno de los testigos mientras la policía filmaba la entrevista. Luego de retirarse de las fuerzas policiacas en el 2001, Navarrete se involucró en la política, y estaba entre los simpatizantes que apoyaron al alcalde Jesús Alfredo Delgado del PAN, en su campaña partidista.

Otro detective que trabajó en el caso de los Rebeldes, en 1996, dijo que ni él ni otros investigadores recibieron un justo crédito por su extensa labor encubierta en estos casos. Dijeron que altos mandos se apoderaron de la investigación y se acreditaron la captura de los supuestos miembros de la pandilla los Rebeldes. Irma Rodríguez Galarza, especialista forense, dijo que fue retirada de la investigación "porque logré establecer que la mordedura de Sharif no coincidía con las marcas dentales dejadas en algunas víctimas". Dos criminólogos de la ciudad de México —Óscar Desfassiaux y Eduardo Muriel— viajaron a Ciudad Juárez, a fines de 1998, para coadyuvar en las indagatorias. Los expertos dijeron que sus esfuerzos por ayudar fueron bloqueados en cada oportunidad, y que ello se debía que la policía estaba implicada en los crímenes. Sintiéndose rechazados y frustrados, ambos hombres dejaron la frontera y regresaron a México. Desfassiaux llegó a escribir sobre su visita a la frontera en el libro *Los chacales de Ciudad Juárez*.

Carta desde Guadalajara

Poco tiempo después de la serie de reportajes publicado por *El Paso Times*, recibí una carta enviada desde Guadalajara. El autor de la misiva me dijo que debía ahondar en el caso de los agentes federales implicados en numerosas violaciones ocurridas en México a finales de la década de los ochenta. Los oficiales formaban parte del destacamento del subprocurador general de la república, Javier Coello Trejo, e incluso dos de ellos eran sus familiares. Al principio, las autoridades estadunidenses colmaron de alabanzas a Coello Trejo, conocido como "el Hombre de Hierro", por su supuesta firmeza en contra del narcotráfico. La carta de Guadalajara estaba firmada, pero

127

carecía de dirección. Realicé algunas pesquisas y me sentí impactada con los resultados.

La revista *Proceso* publicó algunos informes sobre las múltiples acusaciones de violación en contra del cuerpo de seguridad de Coello Trejo. Según la edición del 2 de abril de 1990, el fiscal especial de la ciudad de México, René González de la Vega, comentó: "Los líderes de esta banda de policías violadores son el sobrino y otro pariente de Coello Trejo, ambos nombrados agentes federales". Más de ocho agentes federales fueron señalados como sospechosos de participar en las violaciones de la ciudad de México. La mitad de los acusados fueron hallados culpables de los cargos y el resto fue dejado en libertad. Por cierto que Isabel Arvide fue la primera periodista en cubrir este caso para una publicación que ella misma editaba. Isabel comentó que se involucró en el asunto después de que varias familias de las víctimas le pidieron ayuda. Ellos deseaban formular cargos, pero tenían miedo de enfrentarse al poderoso y temible Coello Trejo. "Todo mundo se sintió amenazado durante estos difíciles tiempos", comentó Isabel, quien fue a entrevistarse con el procurador de Justicia de la ciudad de México, Ignacio Morales Lechuga, a nombre de las familias de las víctimas. Morales accedió a encargarse del caso, lo que dio como resultado una disputa con Coello Trejo, quien aseguró que los cargos estaban influidos por motivos políticos.

Funcionarios de la ciudad de México señalaron que los policías federales tenían un modus operandi: montaban guardia en el exterior de centros nocturnos en el sur de la ciudad y esperaban la salida de las parejas asistentes. Ellos escogían a una de las parejas, y utilizando por lo menos dos vehículos, los seguían para luego atravesárseles de improviso y ordenarles que se orillaran. Luego de dirigir el vehículo de la pareja hacia un lejano sitio dentro de la ciudad, los agentes federales se turnaban para ultrajar a la mujer. Y a veces hasta obligaban al novio de la víctima a presenciar la violación. Hubo ocasiones en que los federales encerraban al novio dentro de la cajuela del automóvil, mientras los policías atacaban a la mujer. Cerca de 50 agresiones similares fueron cometidas antes de que los policías federales fueran frenados, pero sólo una quinta parte de las denuncias llegó a los tribunales. Isabel comentó que un par de testigos informaron a las autoridades que un oficial policiaco de alto rango presenció y observó uno o más ataques, pero su identidad no fue divulgada. Los oficiales que investigaron los casos comentaron que los agentes federales integrantes de la banda de violadores utilizaron vehículos asignados a Coello Trejo.

¿Pero qué pudo haber motivado a los agentes federales encargados de la protección de tan poderoso funcionario judicial el planear y ejecutar una serie de ataques organizados que escandalizaron a la capital? ¿Realmente los fiscales creyeron que Coello Trejo desconocía las actividades criminales de su equipo de seguridad? La explicación posiblemente subyace más allá del mismo hecho de las violaciones. Los sistemáticos ultrajes sexuales en la ciudad de México servían como una especie de campo de adiestramiento para las mafias policiacas que llegaron a proliferar en México durante las décadas de los ochenta y noventa.

Si las agresiones ocurrieron bajo protección oficial, como muestran las evidencias circunstanciales de estos hechos, entonces ello serviría para endurecer a los policías participantes en los ilícitos. El hecho de que varios de ellos participaran en los ataques frente a sus colegas fue suficiente para desanimarlos a denunciar estos crímenes; todos eran cómplices. Algunos expertos consideran que las violaciones en pandilla representan una especie de rito de iniciación para fraternidades de policías que colaboran con las actividades del crimen organizado, como el contrabando de drogas y armamento, así como tráfico de mujeres y niños. Un oficial ya retirado de inteligencia militar de Estados Unidos, quien analizó los reportes de asesinatos en la frontera México-Estados Unidos ha confirmado la existencia de redes de policías mexicanos que se valían de las violaciones y otras formas de violencia para la iniciación de nuevos miembros de esas fraternidades.

Es muy probable que algunos policías hayan sido adiestrados para llevar a cabo campañas terroristas para desalentar a la disidencia o infundir temor en los ciudadanos. Terroristas políticos y gru-

129

pos del crimen organizado a lo largo del mundo han utilizado esas tácticas para lograr sus objetivos. Miguel Nazar Haro, extitular de la Dirección Federal de Seguridad, estaba a cargo de la Brigada Blanca, una organización de policías locales y federales que desempeñaron un papel determinante en la represión política en México durante la década de los setenta. Sobrevivientes de las torturas de la brigada aseguraron que Nazar torturó a algunas de las víctimas. Éste ha negado estos señalamientos y logró evadir su arresto hasta 2004, al poco tiempo del fallecimiento del expresidente José López Portillo. Anteriormente, agentes policiacos estadunidenses habían arrestado a Nazar con relación al robo de automóviles. Una agencia de inteligencia de Estados Unidos intervino a su favor, bajo el argumento de que Nazar les había proporcionado valiosa información en el pasado. Nazar huyó de Estados Unidos luego de depositar una fianza.[10] Se tuvo que esperar 28 años para presenciar la captura de Nazar.

Una fuente del FBI dijo que Rafael Aguilar, el capo del narcotráfico asesinado y expolicía federal, formaba parte de la infame Brigada Blanca. José Refugio Ruvalcaba, un excomandante de la policía judicial del estado, y preferido de las agencias policiacas de Estados Unidos, también era un miembro de la brigada. En la década de los noventa, los cadáveres de Ruvalcaba y sus dos hijos fueron encontrados en la cajuela de un automóvil abandonado en medio de uno de los puentes internacionales El Paso-Ciudad Juárez. Autoridades federales de Estados Unidos acusaron formalmente al capo Vicente Carrillo Fuentes de estos asesinatos. La fuente del FBI comentó también que algunos de los policías que aprendieron a torturar y otros métodos terroristas de la Brigada Blanca, pusieron después en práctica esas mismas habilidades cuando se enrolaron en los carteles de la droga. La activista de Juárez Judith Galarza, quien sospecha que la policía está implicada en los asesinatos contra mujeres en Juárez, dijo que otros policías, además de Aguilar, también colaboraban para la brigada o recibieron órdenes de coadyuvar en sus operativos, como el excomandante policiaco Elías Ramírez; Salvador Siller, cuyo nombramiento para un alto cargo en el gobierno municipal fuera retirado después de que sus antecedentes fueron divulgados; el excomandante de la policía, Jesús Buil Issa, implicado en la desaparición del policía Lardizábal; y un exprocurador general de Justicia de Chihuahua.

Presiones internacionales

El gobierno de Estados Unidos tal vez intervino en ese entonces presionando a México para vigilar muy de cerca los movimientos comunistas; el gobierno respondió a ello con la creación de la Brigada Blanca, grupo que ejerció espionaje sobre los civiles, y secuestró y torturó a cientos de disidentes sospechosos. Muchos de ellos permanecieron detenidos en cárceles clandestinas, y otros fueron asesinados. Una joven llamada Judith tiene una hermana que fue desaparecida por la Brigada Blanca hace 25 años. Judith dijo que los gringos estuvieron presentes durante un cateo en la casa de su familia en la década de los setenta. "Se comportaron como si fueran los jefes —sólo hablaban inglés— y daban instrucciones a los policías para revisar bien en los clósets y otros sitios."

En 2004, Argentina se vio conmocionada al enterarse de que algunos de sus soldados fueron sometidos a torturas y otros actos degradantes para que pudieran entender los límites del abuso físico aplicado para facilitar el interrogatorio a los sospechosos y prisioneros. Fotografías y gráficas de estas sesiones fueron adjuntadas a estos informes. Esta clase de adiestramiento, llevado a cabo mediante el terror físico y psicológico, echa a perder a cualquier policía que supuestamente debería proteger a la comunidad. Más bien, ese adiestramiento (que pudo haber estado detrás de las violaciones policiacas) sirve para preparar a personas para involucrarse en el crimen organizado. No es sorprendente entonces que la policía entrenada de esta manera sea reclutada por los carteles de la droga y el crimen organizado. El Departamento de Estado de Estados Unidos, la Organización de las Naciones Unidas y otros grupos internacionales de derechos humanos han criticado a México por utilizar confesiones obtenidas mediante la tortura para esclarecer los homicidios y otros delitos graves. A excepción de Sharif, todos los sospechosos detenidos con relación a los crímenes en serie contra mujeres en Juárez y Chihuahua han asegurado que firmaron sus confesiones debido a la tortura a la que fueron sometidos.

Coello Trejo y su equipo de seguridad visitaron el área Juárez-El Paso en varias ocasiones, cuando él se desempeñaba como sub-procurador antinarcóticos. En 1990, *El Paso Times* publicó un artículo sobre un incidente que involucró a la esposa de Coello Trejo, interceptada por la policía de El Paso cuando andaba de compras, ya que la mujer se hacía acompañar de guardias armados. Susie Azar, la alcaldesa de El Paso en aquel entonces, se disculpó por cualquier maltrato que pudiera haber experimentado la esposa de Coello Trejo durante el incidente policiaco. Durante el juicio realizado en Estados Unidos contra el líder del cartel del Golfo, Juan García Ábrego, uno de los testigos declaró que Coello Trejo recibía 1.5 millones de dólares cada mes por parte del cartel.[11] En *La Crónica de Hoy*, María Teresa Jardí, exfuncionaria de la PGR, comentó en el año 2001 que "por Chihuahua pasaron los poderosos comandantes encabezados por Javier Coello Trejo[...] se hablaba de comandantes que llegaron a tener trescientos individuos a su servicio, sin registro ni posibilidad de identificación alguna, sin salario, pero con charola, con autos y armas oficiales, que fungían como policías".

En su libro *Huesos en el desierto*, Sergio González Rodríguez escribió acerca de las redes del crimen organizado en México, en donde la policía estaba involucrada. En el 2003, el autor llevó a cabo la presentación de su obra en Guadalajara, la ciudad de donde me enviaron la carta con relación a las bandas policiacas que cometían las violaciones. Luego de la presentación del libro, Sergio y unos amigos se dirigieron a un café. Cerca de la mesa donde ellos se encontraban, estaba un hombre que hacía esfuerzos por escuchar cada palabra de la conversación. Esa persona era nada menos que Javier Coello Trejo. En el verano de 2004, los medios locales identificaron a uno de los ejecutados como un exintegrante de la escolta de Coello Trejo. No hubo más detalles.

La policía evadió la justicia

En Chihuahua se evadió procesar judicialmente a aquellos investigadores policiacos que pasaron por alto las investigaciones de los crímenes contra mujeres. Pese a su influencia, estos hombres fueron incapaces o no tuvieron la voluntad de ejercer la fuerza de la justicia para salvar vidas. Uno de ellos era el exprocurador general de Justicia estatal Francisco Molina Ruiz, quien fue objeto de severas críticas por sus comentarios emitidos sobre las desapariciones forzadas ocurridas en Juárez durante la década de los noventa. El paseño Jaime Hervella, fundador de la Asociación de Amigos y Familiares de Personas Desaparecidas, fue uno de los críticos más acérrimos. Molina pertenecía al Partido Acción Nacional, y ejerció su cargo durante la administración del gobernador Francisco Barrio. Un residente estadunidense, experto en temas de seguridad nacional en Estados Unidos, dijo haberse horrorizado al enterarse de que la Agencia de Lucha Antidrogas en México había promovido la oferta de Molina para convertirse en el nuevo procurador general de la República bajo el gobierno de Vicente Fox. "La DEA consideró a Molina como de gran ayuda, por lo que respaldaron sus esfuerzos para llegar a ser el nuevo procurador", comentó el experto.[12] Molina era procurador general de Justicia de Chihuahua cuando la serie de crímenes contra mujeres y el cartel de Carrillo Fuentes prácticamente se apoderaron de Ciudad Juárez. Tiempo después, Molina ejerció el cargo de zar antidrogas en México —homólogo de Barry McCaffrey en Estados Unidos— bajo el gobierno del expresidente Ernesto Zedillo. El protector político de Molina era Antonio Lozano Gracia, exprocurador general de la República también miembro del PAN. Durante la época de Molina, el cartel de los Carrillo Fuentes floreció, en tanto que las cantidades de cocaína contrabandeadas hacia el interior de Estados Unidos crecieron en forma desmesurada. Luego de que Fox nombrara a Barrio como su zar anticorrupción, éste contrató a Molina como su jefe de seguridad en México. Sus otros empleados incluyeron a los exjefes policiacos de Juárez, Javier Benavides y Jorge Ostos, dos funcionarios que deliberadamente ignoraron las oportunas advertencias lanzadas por el criminólogo estatal Óscar Máynez sobre la presencia de un criminal en serie operando en Ciudad Juárez.

La policía de Ciudad Juárez

Varios jefes policiacos fueron acusados de salirse con la suya en los crímenes y asaltos sexuales en contra de mujeres. La mayoría de ellos no fue sometido a proceso judicial y fue alertado para que huyera de la región. Uno de ellos, Pedro Valles, fue acusado de haberle disparado a su novia en 1998. El cuerpo de Rocío Barraza, su novia, fue encontrado dentro de la unidad policiaca de Valles en el estacionamiento de la Academia Estatal de Policía. Valles, considerado hasta hoy un fugitivo de la justicia, había sido asignado a la fiscalía que investigaba los asesinatos contra mujeres. En 1998, una mujer que participó en el documental *Señorita extraviada*, acusó a cuatro policías municipales de asaltarla sexualmente en la cárcel preventiva del centro de la ciudad. Uno de los policías acusados era una mujer. Todos ellos refutaron los cargos. Fueron arrestados en octubre de 1999, y luego puestos en libertad por un juez que consideró como insuficientes las evidencias en su contra. A mediados de los años noventa, Melchor Baca, un policía federal, amenazó a su esposa, de quien estaba separado, luego persiguió e hirió de muerte al compañero de trabajo de ella, Rubén Vázquez, frente a testigos en los juzgados federales en donde ambos laboraban. Baca, emparentado con familias influyentes y con contactos políticos, jamás fue detenido.

Hay más casos que implican a la policía durante la década de los noventa, pero la mayoría de ellos no llegó a nada. A fines de 2003, dos mujeres acusaron a policías municipales de violarlas dentro de su unidad tipo camper, luego de que los agentes arguyeron que iban a colaborar en la búsqueda de un niño a quien su padre se había llevado en medio de un pleito por la custodia de la criatura. Poco tiempo después, otro policía municipal fue detenido, pero sólo temporalmente, luego de que una mujer lo descubrió cuando el agente coloca-

134

ba un pañuelo con una sustancia sobre el rostro de una prostituta con quien el agente iba a sostener contacto sexual.[13] Ninguno de estos policías, en los casos de 2003, fue llevado a juicio. El último jefe policiaco, Ramón Domínguez Perea, aparentemente era incapaz de controlar a sus propias fuerzas policiacas, en tanto que el alcalde Jesús Alfredo Delgado, estaba demasiado ocupado en su campaña por la candidatura para gobernador por el PAN como para preocuparse por su propia policía.

Los paseños con intereses empresariales en Juárez estaban preocupados por los crímenes contra mujeres. En una ocasión le pregunté a Susie Azar, la exalcaldesa de El Paso que operaba una planta maquiladora en Juárez, su opinión sobre las desapariciones de jovencitas sin que nadie se diera cuenta. Sin titubear un instante, Azar respondió: "La policía está involucrada. Si nadie ve u oye algo, entonces lo más seguro es que la policía esté detrás de estos hechos". Lance Levine, un miembro de Amigos de Bush, también involucrado en la industria maquiladora de exportación, comentó que el exjefe de la policía en Juárez, Javier Benavides, en una ocasión le manifestó que el caso de los asesinatos contra mujeres en Juárez era demasiado fuerte y complejo incluso para el mismo FBI. Benavides le comentó que los asesinatos eran cometidos por sindicatos opuestos al Tratado Trilateral de Libre Comercio de 1994 y deseosos de perjudicar a la industria maquiladora. En realidad, los comentarios de Benavides eran correctos en parte, con base en investigaciones de autoridades que apuntaban a supuestos vínculos entre el TLC y los crímenes contra mujeres. Pero ésta no fue la única vez en que jefes policiacos en Juárez insinuaran algo oculto en estos asesinatos. José Refugio Ruvalcaba Plascencia, un jefe de la policía municipal durante la administración del alcalde Delgado, desempeñó su cargo únicamente por dos meses durante 2003, antes de ser obligado a dimitir de su puesto. Ruvalcaba declaró a reporteros que hombres poderosos estaban involucrados. En ese entonces, uno de los hombres sospechosos señalado como tal por los investigadores supuestamente había apoyado la campaña electoral de Delgado. El sospechoso —y benefactor de políticos— en el futuro podría convertirse en uno de los jefes policiacos de Juárez. En cierta ocasión, según fuentes confidenciales, este hombre estaba a la caza de ese puesto, y contaba con el respaldo de otra figura poderosa implicada también en los homicidios. (Ruvalcaba no tiene ningún parentesco con el excomandante estatal José Refugio Rubalcava.)

La activista Judith Galarza recordó un encuentro inusual que tuvo en la década de los noventa con Arturo Chávez Chávez, quien sustituyó a Molina Ruiz como procurador general de Justicia de Chihuahua durante la administración del gobernador Barrio. Chávez se encontraba con un grupo de jefes policiacos y otras personalidades de la comunidad en Juárez. Chávez comentó en ese entonces que el crimen organizado tenía que ver con los homicidios de mujeres, y que sus hombres temían enfrentarse a los criminales. Durante ese encuentro, que Galarza confesó después que la puso muy nerviosa, una de las mujeres ahí presentes —miembro prominente de un partido político— calificó a las víctimas como putas.

Policías sicarios

Era enero de 2004, y de nuevo una alerta emitida por un informante dio como resultado el descubrimiento de una tumba clandestina en el patio trasero de una casa en Juárez. Este caso inquietó a las agencias investigadoras de Chihuahua. Con base en informes procedentes de la Oficina Ejecutora del Buró de Aduanas e Inmigración de Estados Unidos (ICE), agentes de la Procuraduría General de la República bajo el mando de José Santiago Vasconcelos, exhumaron los cadáveres de 12 personas cuyas muertes estaban relacionadas con el cartel del narcotráfico. Una de las víctimas era un hombre originario del condado de El Paso que había asistido a la Escuela Secundaria de Socorro. Las autoridades mencionaron que los hombres fueron torturados antes de ser asesinados. El caso iniciado por el Buró de Aduanas culminó con la captura de varias personas en El Paso y otras regiones de Texas bajo cargos de narcotráfico. Uno de los sospechosos detenidos se suicidó en una cárcel en la región Panhandle de Texas. Después, un agente del departamento del sheriff, quien efectuaba una inspección rutinaria de tránsito en El Paso, se comunicó con los agentes del Buró de Aduanas al percatarse de que un hombre que había interceptado por una violación al reglamento de tránsito era requerido por el servicio del marshall de Estados Unidos. El hombre era Heriberto Santillán Tabares, un lugarteniente de la organización de los Carrillo Fuentes. De acuerdo con los jefes de la oficina ejecutora, Santillán ordenó matar a las 12 víctimas sepultadas en el patio de una casa en un fraccionamiento. Pero eso representaba tan sólo una parte del escándalo. El narcotraficante había contratado a agentes de la policía judicial de Chihuahua para detener y asesinar a los hombres. La activa participación de la policía en los golpes del cartel había sido descubierta hasta ahora. Un matrimonio, el hijo de éste y 13 agentes judiciales fueron llevados a un centro de detención federal en la ciudad de México, con relación al espantoso hallazgo en las fosas clandestinas. Un comandante de la policía judicial del estado, Miguel Loya Gallegos, se convirtió en el prófugo más buscado. Otros tres agentes judiciales, acusados de complicidad, también huyeron. Algunos de los activistas dijeron haber reconocido a Loya como uno de los agentes asignados en las primeras investigaciones de los crímenes contra mujeres. El procurador de Justicia de Estados Unidos consignó a Santillán con relación a cinco de las 12 ejecuciones. Aun cuando los asesinatos fueron cometidos en México, funcionarios de Estados Unidos consideraron estar facultados para formular cargos contra Santillán y sus cómplices, en virtud de que las muertes habían ocurrido como parte de una operación criminal. El caso en Estados Unidos no estuvo exento de dificultades. Una declaración firmada por investigadores de la Oficina Ejecutora de Aduanas e Inmigración reveló que su informante había supervisado los asesinatos ordenados por Santillán, situación que originó un dilema muy serio para los agentes de Estados Unidos.[14] El informante traía consigo una grabadora adherida al cuerpo cuando ocurrieron los asesinatos, pero los agentes de Estados Unidos tardaron en darse cuenta. Durante el operativo, y por culpa del informante del ICE, dos agentes en-

137

cubiertos de la DEA estuvieron a punto de ser asesinados.

Avergonzadas por el curso que tomaban los acontecimientos, las autoridades de Chihuahua ordenaron exámenes antidrogas a muchos de sus agentes de la policía judicial del estado. Algunas pruebas resultaron positivas al consumo de marihuana y cocaína, y estos agentes fueron destituidos de las fuerzas policiacas. En un año, cerca de 250 agentes policiacos —casi una cuarta parte de la corporación— resultaron positivos al consumo de drogas. En el pasado, uno de los fiscales especiales encargado de la investigación de los asesinatos contra mujeres entregó una muestra que luego resultó positiva en cocaína, pero no pasó nada. De acuerdo con investigadores del FBI, ese funcionario recibió 100 mil dólares como cohecho por parte del cartel. Otro investigador asignado a esta fiscalía recibió el cargo de cobrador, cuya misión consistía en distribuir los sobornos del cartel en la Subprocuraduría General de Justicia Zona Norte en Juárez. Supuestamente, este funcionario encubrió a algunos de los verdaderos asesinos. Suly Ponce, una de las fiscales especiales para los homicidios de mujeres, tiene un cuñado cuya desaparición, en 1994, fue atribuida al cartel del narcotráfico, circunstancia que debió descalificarla para ocupar un cargo tan delicado.

Red de prostitución estatal

La Procuraduría General de Justicia de Chihuahua apenas se recuperaba del escándalo de la implicación de sus propios policías como gatilleros del cartel del narcotráfico, cuando fue golpeada al surgir acusaciones de que uno de sus funcionarios judiciales de alto rango estaba reclutando jovencitas para una red de prostitución. El esquema fue descubierto luego de que una adolescente les comunicó a sus padres que un hombre y una jovencita le ofrecieron dinero a cambio de sostener relaciones sexuales con importantes empresarios. Héctor Lastra Muñoz, a cargo del departamento de averiguaciones previas en Juárez, fue acusado de ser el alcahuete de un grupo de por lo menos seis adolescentes. Las autoridades se vieron obligadas a detener a Lastra, debido a que fue sorprendido justo en el acto de reclutar a una adolescente que trabajaba en un restaurante de comida rápida. Las demás chicas le informaron a las autoridades que dos hermanos, trabajando para Lastra, les tomaron fotografías para elaborar un catálogo para que los posibles clientes seleccionaran a la joven de su preferencia. Lastra negó tales acusaciones y aseguró que fue incriminado injustamente. El acusado amenazó, además, con exhibir la corrupción prevaleciente en la Subprocuraduría General de Justicia en Juárez. De acuerdo con los primeros reportes, jefes policiacos y prominentes empresarios pagaron a cambio de sostener intercambio sexual con las jovencitas, dentro de una casa rentada.[15]

A través de su abogado, Lastra declaró que nadie más estaba involucrado, y fue liberado después de pagar 30,000 pesos de fianza. Después, se perdió de vista. Las autoridades encargadas de la investigación se apresuraron a agregar que la llamada "red de prostitución" apenas iniciaba, en tanto que un juez dictaminó innecesario un cateo policiaco domiciliar para reunir más evidencias en contra de Lastra. Cuando surgieron las noticias sobre el desmantelamiento de esta red, Samira Izaguirre y sus compañeros locutores se comunicaron conmigo. Durante su programa radiofónico, ellos especularon que este caso podría conducir a una investigación aún más profunda que alcanzaría a pasados asesinatos y desapariciones de mujeres en Juárez. Pero les comenté que era más probable que los funcionarios estatales frenaran la investigación y la dieran por concluida lo más pronto posible. El tiempo me dio la razón. Esta investigación no pasaría más allá del propio Lastra y dos cómplices menores. Si prominentes personalidades estaban involucradas, entonces los funcionarios estatales —y los destacados hombres que hubieran tenido sexo con las menores— harían todo lo posible para evitar la divulgación de sus identidades. No faltó quienes se plantearon la posibilidad de que Lastra fuera amenazado para callarlo, o si la red de prostitución era en realidad un esquema para sorprender a notables hombres y funcionarios judiciales en situaciones comprometedoras para luego chantajearlos o extorsionarlos.

El 8 de marzo de 2004, Día Internacional de la Mujer, el procurador general de Justicia de Chihuahua, Jesús Chito Solís, renunció a su cargo. El gobernador Martínez salió de viaje fuera de Chihuahua el 9 de marzo, bajo el pretexto de una extensa gira comercial hacia China, justo después de que 200 agentes federales procedentes de la ciudad de México llegaran a Juárez para un operativo encubierto. El 10 de marzo, el cadáver de Rebeca Contreras Mancha, de 25 años, fue descubierto en las inmediaciones del Cristo Negro, en donde otras seis jóvenes mujeres fueron encontradas entre octubre de 2002 y febrero de 2003. Las autoridades estimaron que la víctima había fallecido desde el 9 de marzo. Fue estrangulada. Dado el caliente clima político prevaleciente, es posible que su muerte haya sido un mensaje dirigido por la mafia hacia las autoridades. Es muy probable que su cadáver haya sido descubierto el 8 de marzo, pero esa fecha era demasiado inconveniente, y alguien —posiblemente la policía— haya ocultado el cuerpo hasta la dimisión de Solís y para dar tiempo al gobernador de abandonar la ya inminente tormenta política. Ya antes las autoridades estatales han ocultado información sobre el hallazgo de otros cadáveres por varios motivos, ninguno de ellos justificado. La corrupción de la policía en Juárez, en todos sus niveles, ha sido un serio impedimento para las investigaciones de los asesinatos contra mujeres, sin mencionar las enredadas relaciones entre el crimen organizado y funcionarios gubernamentales. Jefes policiacos de muy alto nivel como Nazar y Coello Trejo[16] habían sentado ya un precedente. Está muy claro que funcionarios judiciales no podrían llevar a cabo este tipo de persistente actividad criminal, que incluía cientos de homicidios y secuestros, sin el respaldo o complicidad de altos funcionarios gubernamentales y políticos.

Sin avances

Rosa Lardizábal comenzó su gestión como regidora de Ciudad Juárez con el Partido de la Revolución Democrática (PRD), y luego se cambió al Partido Acción Nacional (PAN). Al principio de su gestión, dijo que tenía la gran esperanza de que la PGR estaría dispuesta a investigar el asesinato de su hermano Javier Felipe. Pero ella terminó su gestión en 2004, y durante todo el tiempo que fungió como gobernante nada ocurrió. Desde 1993, el caso del exagente que se atrevió a investigar al cartel de los policías sigue impune.

SOSPECHOSOS

Irene Blanco todavía se encontraba impactada cuando Judith Galarza y yo nos encontramos con ella en el Centro Médico de Especialidades en Juárez. Su hijo, Eduardo Rivas Blanco, había sufrido un atentado y era atendido en la sala de emergencias. Irene representaba legalmente a Abdel Latif Sharif Sharif, el sospechoso en los crímenes de mujeres en Juárez. El tiroteo ocurrió el 21 de mayo de 1999, cuando el hijo de Irene y un amigo, Iván Molina, se trasladaban en una camioneta por la Avenida de la Raza. Ambos hombres sostenían paletas de nieve en una de las manos cuando una camioneta pickup, con vidrios polarizados, se les emparejó. Un desconocido a bordo de la pickup bajó los cristales del vehículo y disparó en contra de Eduardo con una pistola calibre nueve milímetros. A pesar de sus heridas, Eduardo, quien iba al volante del vehículo, se las arregló para pisar el acelerador y manejar hacia la entrada de emergencia del hospital. Al instante se orquestó una campaña de difamación. Los canales de televisión 44 y 56 de Juárez reportaron que un narcotraficante conocido como Eduardo Blancas había sido acribillado y que era una víctima de la violencia relacionada con el tráfico de drogas. Aunque el nombre del narcotraficante era parecido pero no igual al nombre de su hijo, Irene consideró que la policía proporcionó a la prensa información errónea en forma intencional. (Eduardo Blancas, un narcotraficante convicto, familiar de un exjefe de la policía de Juárez.) Irene sospechó también que la policía tenía que ver en ese ataque, pero no podía comprobarlo. Poco tiempo después del tiroteo, dos policías irrumpieron en la sala de emergencias, en contra de las súplicas de los médicos, para interrogar a Pali, apelativo cariñoso con que ella llamaba a su hijo. "Los policías sólo querían comprobar si Pali había sobrevivido", comentó Irene. Fue un milagro que Eduardo saliera con vida de esta agresión. Recibió disparos en la pierna, abdomen y pecho. Fue un mensaje inequívoco hacia Irene para que se mantuviera al margen. El hecho de que las autoridades nunca investigaran el ataque a plena luz del día, lo hacía todo más sospechoso. Alguien rayó la camioneta, pero todo apuntó a que fue la misma policía en el corralón, además de que jamás se tomaron la molestia de retirar los casquillos de las balas que quedaron alojadas en el chasis. Irene, quien por lo general se mostraba serena, temblaba al hablar ese día. A principios de mayo, recibió un mensaje en su contestadora advirtiéndole que le darían en donde más le doliera. "No me importaba lo que a mí me ocurriera", comentó Irene. "Pero jamás imaginé que se atreverían a tocar a mi familia. Por su propio bien, tengo que considerar si continúo con este caso. Tengo también una hija por quien velar." Irene jamás volvió a sentirse segura, y ella y sus hijos se fueron de Juárez, después de liquidar los gastos de hospitalización de su hijo.

Señalaban a otro

Irene era muy respetada por los dirigentes del Partido Acción Nacional, por lo que no nos sorprende que el mismo exgobernador Francisco Barrio estuviera entre las personalidades que llegaron al hospital para presentar sus respetos. En ese entonces, Barrio alertó: "Existe una mafia muy poderosa aquí y con ellos no hay que meterse". El alcalde Gustavo Elizondo le ofreció a Irene una guardia especial policiaca para proteger a su familia, pero ella rechazó la oferta cuando el mismo alcalde le dijo que la estación policiaca en donde trabajaba el comandante Antonio Navarrete podría encargarse de su protección. Navarrete coadyuvó al encarcelamiento de Sharif. Irene mencionó que las amenazas en su contra comenzaron en cuanto ella empezó a cuestionar a las autoridades sobre el porqué no investigaban a un hombre conocido como Alejandro Máynez como sospechoso en los asesinatos. Dos agentes de la policía ingerían bebidas embriagantes con Máynez en el Club Safari, dijeron que éste les había revelado ser el responsable del asesinato de varias mujeres.[1] Sonia Valle, entonces una reportera para la agencia de noticias CIMAC en la ciudad de México, por casualidad estaba en Juárez cuando la policía judicial del estado atendía un reporte de homicidio. El cadáver de otra mujer había sido encontrado, y Sonia se dirigió a cubrir la noticia. Ya en el lugar de los hechos, comentó: "Un comandante, quien estaba presente en la escena del crimen, me dijo que este asesinato era obra de Máynez [...] La verdad es que no le pregunté más porque pensaba que esa información era conocida en Juárez". Fue entonces cuando le comenté a Sonia que yo daba seguimiento a información concerniente a Máynez, y que estaba muy interesada en lo que ella, Irene y los demás pudieran saber acerca de él. Este hombre, cuyo verdadero nombre, según me enteré después, es Armando Martínez, no tiene parentesco alguno con Óscar Máynez.

Después, la activista Judith Galarza, también dejó Juárez, en su caso para desempeñarse como directiva de una organización internacional de derechos humanos cuya base se localiza en América del Sur. Irene y Judith son dos mujeres valientes e íntegras; ambas figuraron en la película *Señorita extraviada*.

El egipcio

Le llamaban el Egipcio. Dados sus antecedentes en Estados Unidos, al principio Sharif daba el perfil de sospechoso de la serie de crímenes contra jóvenes de Juárez. Fue arrestado dos veces en Florida por asalto sexual, la primera vez en North Palm Beach, en 1981, y la segunda en Gainesville, en 1983. Fue sentenciado a 12 años de cárcel por asalto sexual, pero sólo cumplió dos años y seis meses de la condena.[2] Su exesposa declaró al diario *Fort Worth Star Telegram* que decidió divorciarse del hombre después de que éste la golpeó".[3] Después de este incidente, una mujer en Midland, Texas, lo acusó de agredirla sexualmente, pero los cargos fueron retirados, a condición de que Sharif abandonara el país. Las autoridades de Florida hablaron de otras mujeres que tuvieron violentos encuentros con Sharif, pero estaban demasiado temerosas para formular cargos. El patrón de conducta de Sharif parecía encajar en la cultura machista y misógina que prevalece en Ciudad Juárez. Es ya del dominio público en Chihuahua que hombres golpeadores de sus esposas han logrado convertirse en alcaldes y gobernadores. El 28 de septiembre de 1993, un juez migratorio de Estados Unidos en El Paso ordenó la deportación de Sharif hacia Egipto, pero Sharif apeló la decisión judicial. Después retiró la apelación en junio de 1994 y abandonó Estados Unidos, esta vez escogiendo a la fronteriza Ciudad Juárez como su nuevo hogar. El extranjero, descrito como guapo, bien vestido y extrovertido, pronto se convirtió en asiduo concurrente de los centros nocturnos como el Noa Noa, en la avenida Juárez y el Joe's Place en la calle Mariscal, en la zona de tolerancia. Sharif pronto se ganó la reputación de "una fiera para la diversión", e incluso en una ocasión ganó un concurso de baile en el Noa Noa. Pero la fiesta para Sharif se terminó el 3 de octubre de 1995, cuando la policía judicial de Chihuahua lo arrestó como sospechoso de violar a una mujer que trabajaba como sexoservidora. Él permanece encarcelado. Francisco Villarreal, alcalde en aquel tiempo, le comentó a su asistente, Irene Blanco, su creencia de que Sharif era un culpable fabricado. "Ahí te lo encargo", le encomendó a Irene. No ha quedado muy claro el porqué el alcalde le encargó a Irene ese deber moral de cuidar a Sharif, pero debido al profundo respeto que sentía por su jefe, ésta no dudó un instante en cumplir la encomienda.

Irene al fuego

Luego de que Sharif agotó todos sus recursos en los servicios de abogados, Irene accedió a convertirse en su representante legal. Irene era una excelente analista, y se asesoró con abogados expertos. Al principio, Sharif contaba con una serie de buenos abogados, que incluía a Maximino Salazar, Mario Chacón y Juan Fernández Ordóñez; todos ellos arriesgaron sus carreras al ponerse en contra del gobierno estatal. Chacón dijo que un juez absolvió a Sharif de la acusación de violación, en 1995, luego de que un examen médico comprobó que no había habido contacto sexual entre la mujer y el sospechoso. Sin embargo, las autoridades no tenían la menor intención de liberar a Sharif, al menos por el momento. La serie publicada por *El Paso Times*, "La Muerte Acecha a la Frontera", señaló algunas de las deficiencias en las investigaciones en contra de Sharif. Esta serie cuestionó el porqué las autoridades estaban tan resueltas en señalar a sospechosos cuya culpabilidad estaba en duda, al tiempo de ignorar a otros. Salazar dijo tener la respuesta: "En Sharif, las autoridades encontraron al perfecto chivo expiatorio". Se trataba de un extranjero que no hablaba español, carecía de una red de apoyo en Juárez, y tenía los antecedentes penales perfectos. Fernández consideró que Sharif era una víctima de la política, debido a la presión ejercida sobre las autoridades para esclarecer los crímenes.

Esparza y Sharif

En enero de 2003, Manuel Esparza Navarrete, un funcionario de la Subprocuraduría General de Justicia de Chihuahua en Juárez, señaló que el estado "tenía todavía muchas evidencias en contra de Sharif, pero que estaba imposibilitado de aportar detalles porque ello podría poner en peligro la investigación". Pero nunca se conocieron esas pruebas. Altos funcionarios con frecuencia recurrían a Esparza, quien habla perfectamente el inglés, para que los auxiliara en la interminable crisis con los medios de información. Se desempeñó como traductor de Robert Ressler, cuando el afamado perfilador dictó una conferencia de psicología en Juárez, además de haber tratado con la mayoría de la prensa de habla inglesa que requería entrevistas sobre los asesinatos. Por lo menos dos investigadores de homicidios de Juárez aceptaron, de mala gana, ignorar qué hacía Es-

147

parza en la subprocuraduría, aun cuando el funcionario llevaba más de cinco años en el cargo. Se sabe que Esparza consulta la ouija en línea en las computadoras de la policía judicial del estado; un pasatiempo favorito de varios investigadores. Incluso le han preguntado a la ouija quién está asesinando a las mujeres. Ressler, quien ha entrevistado a Sharif en la prisión del Cereso, comentó que éste tiene el perfil de una persona implicada en los asesinatos. Le pregunté a Ressler si los judiciales le habían permitido examinar las pruebas en contra de Sharif, pero Ressler respondió que "nunca tuvimos acceso a evidencia alguna o algo que se le pareciera".

Los funcionarios han acusado a Sharif, en dos ocasiones, de ser el autor intelectual de los asesinatos de poco más de 24 jovencitas. Fue acusado en 1996 de pagar a una supuesta pandilla, los Rebeldes, hasta 1,200 dólares por mes a cambio de asesinar a 17 mujeres para exculparse de los crímenes contra otras jovencitas. En México, es usual que las autoridades presenten a los sospechosos detenidos ante la prensa. Cuando fue convocada una conferencia de prensa, en 1996, para presentar a Sharif, el hombre se veía aturdido al sentarse en una sala llena de reporteros, fotógrafos y camarógrafos de televisión. Un reportero de Juárez, quien hablaba inglés, le preguntó si sabía el porqué estaba ahí. "¿Acaso no sabes?", le dijo el reportero, "que estás acusado de ser un multihomicida?" El abogado de Juárez, Gustavo de la Rosa Hickerson, era el director del Cereso en 1995 y 1996. Debido a la naturaleza de los cargos formulados contra Sharif y los Rebeldes, el funcionario dijo que Sharif y sus presuntos cómplices eran monitoreados muy de cerca todo el tiempo. "Yo nunca vi prueba alguna que indicara que cualquiera de ellos se hubiera confabulado para matar a nadie", comentó.[4] El excomandante de la policía judicial del estado, Antonio Navarrete, estaba a cargo de la investigación referente a la participación de los Rebeldes en los homicidios, a la que calificó como la más costosa y profesional jamás antes realizada en Chihuahua. Agregó que Francisco Minjares, un exfuncionario judicial, fue el "arquitecto" del caso en contra de Sharif. Investigadores antinarcóticos de Estados Unidos en El Paso señala-

148

ron que Minjares, quien supervisó el grupo especial para estas investigaciones, era un policía de lo más corrupto, que protegía a narcotraficantes. Según la revista *Semanario* de Juárez, Navarrete fue acusado por el teniente Martín de Arce Botello.[5] Navarrete, en ese entonces jefe del Departamento de Vialidad, se mostró imperturbable y lo tomó a broma cuando le inquirí sobre las acusaciones en su contra. Sólo dijo que no era cierto.[6]

Un caso controvertido

El caso en contra de Sharif comenzó a desenredarse. Durante el proceso, sus abogados lograron convencer al juez de que Navarrete apuntaba con una pistola a un testigo mientras éste daba su testimonio, frente a una cámara de video, en contra de Sharif. En la cinta el testigo habla con toda normalidad. El juez desechó el video tape como prueba incriminatoria, luego de que los defensores le mostraron en dónde había sido editado. Luis Hernández, primer visitador de la Comisión Estatal de los Derechos Humanos en Juárez, intercedió después de que los supuestos testigos se quejaron de estar retenidos en un hotel, en contra de su voluntad, a manos de agentes policiacos, incluyendo Minjares, hasta no firmar declaraciones en donde incriminaban a Sharif. La policía judicial del estado trató de desprestigiar al funcionario de derechos humanos, y sin prueba alguna, lo acusó de recibir 20,000 dólares como cohecho a cambio de ayudar a Sharif. Hernández renunció bajo coacción.

Algunas de las jóvenes, cuyos asesinatos le fueron atribuidos a Sharif, tenían marcas de mordeduras, y los funcionarios estatales ordenaron efectuar pruebas para establecer si la dentadura de Sharif coincidía con éstas. Esta labor recayó en la doctora Irma Rodríguez Galarza, una especialista en odontología forense de Chihuahua, asignada al caso. "Me retiraron del caso luego de que les dije que la dentadura de Sharif no coincidía con las mordidas", expuso ella. (El 19 de enero de 2002, unos transeúntes encontraron el cadáver de Lourdes Lucero Campos, de 26 años, en un canal cerca del ejido El Millón, una fortaleza del narcotráfico en Juárez. Al igual que las víctimas anteriores, su cuerpo tenía huellas de mordedura. Para la policía, su esposo y un antiguo novio de ella eran los principales sospechosos. La joven asesinada trabajaba como nutrióloga en una planta maquiladora. La familia de la víctima, quien se llevó los restos para sepultarlos en Chihuahua, dijo que las autoridades no lograron establecer coincidencia entre las mordidas y la dentadura del esposo o del novio. También se comentó que las autoridades les pidieron no hablar del caso con nadie más.)

Otra vez Sharif

En 1999, un juez exoneró a Sharif de los crímenes de 18 mujeres por falta de pruebas suficientes. Sin embargo, no fue puesto en libertad debido a que las autoridades estatales imprimieron otro giro al caso y lo acusaron de la muerte de Elizabeth Castro, en 1995, una de las víctimas que presentaba la figura de un triángulo dibujada en su espalda. Suly Ponce era la nueva fiscal especial para investigar los homicidios de mujeres, en 1999. Durante su gestión, Sharif fue sentenciado a 30 años de cárcel por la muerte de Elizabeth Castro. Sharif apeló y la sentencia fue revocada, pero no fue liberado porque el estado apeló a su vez la revocación. Sharif fue sentenciado por el deceso de Elizabeth, esta vez a 20 años de prisión. Y recientemente fue acusado por el asesinato de la estudiante, de 15 años, Silvia Rivera Morales.

Las autoridades acusaron a Sharif, en 1999, de pagar a cinco choferes de rutera y a un hombre de El Paso, para que asesinaran a siete mujeres. Los funcionarios judiciales adujeron que Sharif pagaba 1,200 dólares por cada víctima y exigía ver las pantaletas de las víctimas como prueba de que sus órdenes habían sido cumplidas. De nuevo, los funcionarios consideraron que el motivo de estos crímenes fue para desviar la atención de la policía. La fiscalía especial jamás aportó pruebas de tales transacciones financieras, y algunas de las supuestas víctimas de los choferes conservaban su ropa interior. El

150

principal sospechoso ha estado en la cárcel por nueve años, pero los crímenes en Juárez han continuado y los funcionarios enfrentan presiones para esclarecerlos. Hay varias similitudes en la manera en que los funcionarios gubernamentales manejaron los casos de 1996 y 1999 en contra de Sharif, y el de las supuestas bandas de cómplices. En ambas ocasiones, los presuntos cómplices acusaron a la policía judicial del estado de torturarlos para que firmaran sus confesiones. En los dos casos, los funcionarios fueron obligados a renunciar a sus puestos después de que se negaron a cooperar con altos funcionarios para incriminar a los sospechosos.

En 1999, fue el director de la prisión, Abelardo González, quien tuvo que dimitir a su cargo. El expediente en contra de Sharif contenía también otras anomalías. Por ejemplo, fueron formulados cargos en contra de Sharif por la muerte de Elizabeth Ontiveros, una mujer que se presentó ante las autoridades judiciales de Chihuahua para demostrarles que estaba más viva que nunca. El cadáver identificado como el de Ontiveros fue exhumado y se descubrió que, en realidad, se trataba de Silvia Rivera Salas, de 17 años, una víctima de 1996, sin relación alguna con el caso de Sharif. Y en otra "evidencia", el jefe policiaco Minjares presentó una declaración bajo el argumento de que Sharif había sido visto con la adolescente Adriana Torres el 7 de mayo de 1995, la noche antes de su desaparición. Pero la familia de la joven aclaró que eso era imposible, ya que la muchacha estuvo con ellos en la casa toda la noche del domingo.[7] Adriana fue vista por última vez el lunes 8 de mayo, frente a la zapatería Tres Hermanos, cerca de la catedral en la zona centro. Según la escritora Guadalupe de la Mora, al principio la familia dudó de que las autoridades hubieran encontrado el cadáver de Adriana.[8]

La fiscal especial Suly Ponce, a cargo de las investigaciones de los asesinatos durante la detención, en 1999, de los seis hombres a quienes Sharif al parecer contrató para asesinar a más mujeres, declaró en una entrevista que Sharif era un psicópata que debería ser encerrado de por vida. Dijo también que su cultura egipcia contribuyó a su conducta agresiva en contra de las mujeres. Sin embargo,

151

tras un examen psicológico, ordenado por los funcionarios de Chihuahua, se mostró todo lo contrario, que Sharif gozaba de excelente salud mental. Ponce también arguyó, al igual que sus antecesoras, que Sharif obtuvo el dinero del pago para los choferes gracias a las patentes desarrolladas para empresas en Estados Unidos. Asimismo, mencionó que el hombre tenía depósitos bancarios secretos en Estados Unidos, y que ello dificultaba las investigaciones. Pero el FBI, que había colaborado con algunas indagatorias a solicitud de los investigadores no encontró evidencia alguna de la existencia de tales cuentas bancarias. Sharif había desarrollado 17 patentes, y sus expatrones de Estados Unidos señalaron que tales patentes pertenecían a las empresas y que Sharif no había recibido ninguna regalía o ingreso por ese concepto.

No hay cuentas secretas

David Harry, un ejecutivo con la empresa Benchmark Research and Technology, dijo en una entrevista: "Ninguno de los inventores recibe pago [a cambio de las patentes]. Ellos, incluso Sharif, desarrollaron estas patentes para nosotros como parte de su trabajo". Harry dijo lamentar lo ocurrido a Sharif en México. "Sharif era un químico brillante [...] lo considero un amigo." Otro exjefe de Sharif en Estados Unidos señaló que el FBI había entrevistado a la compañía sobre Sharif y los inventos. En 1999 el diario *Forth Worth Star Telegram* publicó una larga serie de reportajes sobre Sharif, en donde se insinuaba la posibilidad de otras víctimas femeninas en Estados Unidos. La serie contenía por lo menos un intrigante detalle al que valía la pena seguirle la pista; señalaba que Sharif era un sospechoso en el asesinato, en 1977, de una aeromoza llamada Sandra Miller en New Jersey. Dos interesantes coincidencias atrajeron la atención de un detective de New Jersey que investigaba el asesinato. Sharif trabajaba en esa región en aquella época, y Miller y él habían sido vistos en los mismos clubes y hoteles, aunque no juntos. Chris Andreychack, el detective de New Jersey citado en las publicaciones, me comentó en dos ocasiones que él no consideraba a Sharif el sospechoso principal en el misterioso asesinato de Sandra Miller: "Por desgracia, la persona a quien enfocamos nuestras sospechosas falleció. Para esta zona, se trata de un caso aislado. Lo único que convertía a Sharif en un posible sospechoso fue que estaba en la misma zona al mismo tiempo que Sandra Miller. Traté de contactarlo, pero me dijeron que no hablaría conmigo sin la presencia de su abogado. En realidad, no lo considero un sospechoso".[9]

Un judicial de Chihuahua reveló, de manera confidencial, un hecho bastante perturbador que demostraba cómo andaban las cosas en la Subprocuraduría General de Justicia en Juárez. La defensa de Sharif había contratado a un especialista para dictaminar si el cadáver de Elizabeth Castro había sido identificado con toda seguridad. La defensa había argumentado que el cuerpo no podía ser de ella debido a que la estatura, rasgos faciales y otras características físicas no coincidían, y que los resultados del especialista confirmaban sus alegatos de defensa. Después, las autoridades de Chihuahua contrataron los servicios del mismo especialista, como un empleado de tiempo completo, pero a condición de que revirtiera su dictamen previo del caso de Elizabeth. Su nuevo reporte para el estado señalaba que la subprocuraduría tenía el cadáver de la joven. Por motivos no muy claros, la familia de la joven se negó a exhumar el cadáver para terminar, de una vez por todas, con el asunto de la identidad.

Los Rebeldes, 1996

En un principio, la policía capturó a una red de más de 300 personas de bares que catearon en 1996. Pero, durante uno de los operativos, dejaron atrás a su principal sospechoso de la banda de los Rebeldes, un hombre apodado el Diablo, y tuvieron que regresar a uno de los antros para arrestarlo. La mayoría de los presuntos miembros de la pandilla los Rebeldes fue liberado, lo que generó dudas y preguntas sobre el porqué la policía habría puesto en libertad a gente que ellos mismos consideraban parte de una pandilla

153

que participaba en el narcotráfico, la corrupción de menores y otros actos delictivos. En ese entonces, las autoridades consignaron a varios hombres y mujeres bajo cargos de secuestro y asesinato de mujeres por encargo de Sharif, a cambio de dinero. La policía dijo que entre las víctimas de la pandilla se encontraban varias mujeres no identificadas, circunstancia criticada por expertos internacionales en el año 2003. Los acusados de la pandilla los Rebeldes, en 1996, fueron Sergio el Diablo Armendáriz Díaz, José Juárez Reyes Rosales, Luis Andrade, Juan Contreras Jurado, Héctor Olivares Olivares, Carlos Barrientos Vidales, Romel Ceniceros García, Fernando Güemes Aguirre, Carlos Hernández Molina Mariscal y Érika Fierro. José Juárez Reyes Rosales, quien obtuvo su libertad, se fue a vivir a Dallas, pero fue vuelto a capturar en Estados Unidos y extraditado a México a solicitud de las autoridades de Chihuahua, quienes arguyeron tener pruebas suficientes en su contra. Hernández, Olivares, Fierro (acusada de atraer a las mujeres hacia la pandilla), Güemes y Ceniceros fueron puestos en libertad poco a poco.

Los cinco hombres detenidos, quienes no habían sido sentenciados desde sus capturas en 1996, negaron los cargos en su contra y aseguraron que los comandantes Navarrete, Tovar y Vidal los torturaron. Fierro aseguró que uno de ellos le metió la cabeza dentro de un excusado con orines para convencerla de firmar declaraciones ya elaboradas. Funcionarios de la policía judicial del estado refutaron la existencia de prácticas de tortura contra los acusados, e hicieron énfasis en que las detenciones eran el resultado de una investigación profesional. Francisco Barrio ofreció una conferencia de prensa para anunciar los espectaculares resultados de la "más costosa y profesional investigación en la historia del estado".

Banda de choferes, 1999

Las autoridades siguieron con un esquema similar en 1999, cuando anunciaron las detenciones de cinco hombres, incluyendo a cuatro choferes, en relación con los asesinatos de cinco jóvenes. Esta vez, los sospechosos eran Jesús Manuel el Tolteca Guardado (también apodado Drácula), José Cevallos Chávez, Agustín Toribio Castillo y Bernardo Hernández Fernández. El quinto era Víctor Moreno Rivera un hombre de El Paso con antecedentes penales menores por robo y posesión de droga. Moreno, quien había ido a la secundaria Jefferson en El Paso, residía en Juárez en ese entonces. Yo estuve presente en la conferencia de prensa, en 1999, en el penal del Cereso, cuando los hombres se quitaron la camisa para mostrar a los reporteros los golpes y las quemaduras que ellos aseguraban se las había infligido la policía durante la sesión de torturas. Afirmaron haber sido torturados hasta que firmaron sus confesiones, y solicitaron entrevistarse con los reporteros para que quedara grabado que se retractaban de sus declaraciones escritas. Ellos expusieron que no conocían a Sharif y que nunca cometieron un asesinato. El sujeto apodado el Tolteca tenía antecedentes similares a los de Sharif. La esposa de éste lo entregó a la policía del estado de Durango, ya que al parecer él la había golpeado. Ya antes había purgado una corta condena por violación y admitió haber asaltado sexualmente a la adolescente de 14 años a quien dio por muerta en 1999. (Por su parte, Sharif se puso a la defensiva cuando le pregunté sobre su pasado criminal en Estados Unidos.)

Pese a las objeciones expuestas por funcionarios estatales, Abelardo González, el director de la prisión, autorizó la conferencia de prensa, en 1999, a solicitud de los cuatro choferes. El director también preparaba la lista de visitantes para que la revisaran los investigadores del estado. Un funcionario de Chihuahua le pidió informes sobre esa lista de visitas de la prisión, y González le notificó que en esa lista no había nada que relacionara a Sharif con los cinco detenidos. El funcionario insinuó que tal vez el récord de visitantes podría "modificarse", pero González se negó a tal petición. Casi de inmediato, funcionarios gubernamentales emprendieron una campaña para expulsar a González de la dirección del reclusorio, por lo que éste se vio obligado a dimitir ante las fuertes presiones.

155

A Chihuahua todos

Esa misma primavera, las autoridades transfirieron a Sharif, los Rebeldes y a los choferes hacia la penitenciaría de Chihuahua. Esta transferencia fue del todo irregular, y su ubicación, a 380 kilómetros al sur de Juárez, dificultaba la visita de sus abogados o familiares. Durante su encarcelamiento en México, Sharif se convirtió al catolicismo romano, y posee la imagen de la Virgen de Guadalupe en su celda. Sólo lo visitaban su madrina (una anciana que me comentó haber reducido sus vistas debido a su precaria salud), un sacerdote y sus abogados. Luego de los atentados terroristas del 11 de septiembre en Estados Unidos, Sharif me llamó para pedirme el número telefónico del FBI. "Deseo trabajar para el FBI o la CIA. Me ofrezco como voluntario. Conozco la lengua farsi y puedo colaborar como intérprete en Afganistán o a donde quieran enviarme. Puedo ayudarlos a encontrar a los terroristas." Sharif estaba desesperado por salir de la cárcel y comentó que aceptaría cualquier misión peligrosa si tuviera la oportunidad. La embajada de Egipto en México auxilió a Sharif para su defensa, pero se retiró luego de que el acusado perdió su última pelea contra el sistema judicial del estado de Chihuahua. La última vez que un juez falló en su contra, Sharif estalló en sollozos.

Acusan a dos choferes, 2001

Dos choferes de rutera, Gustavo González Meza y Víctor Javier García Uribe, fueron acusados del nuevo capítulo que conformaron los crímenes en serie. Les formularon cargos por secuestro, violación y asesinato de ocho jovencitas cuyos cuerpos fueron encontrados en noviembre de 2001. Los cadáveres fueron localizados un martes y miércoles, y para el viernes, la policía había arrestado a los dos hombres. De acuerdo con una fuente policiaca, la orden provino de la oficina del gobernador en Chihuahua: "Resuelvan este caso para el lunes, sin excusa ni pretexto". El domingo, un día antes de la fecha límite del plazo fijado por el ejecutivo, el procurador Arturo González Rascón dirigió una conferencia de prensa para anunciar los arrestos. Durante la sesión de preguntas y respuestas, el procurador dijo que era posible que Sharif estuviera ligado a los ocho asesinatos. Algunos reporteros presentes emitieron expresiones de incredulidad ante tales afirmaciones. El procurador también dijo que los dos sospechosos podían haber matado hasta a 11 mujeres y leyó una lista con los nombres de las víctimas. Los abogados dijeron que los dos choferes de autobuses fueron capturados por oficiales de la policía que usaban máscaras de Halloween. Después, fueron llevados a una casa de seguridad, en donde fueron torturados para que confesaran el asesinato de ocho mujeres. En auxilio de esta misión, oficiales de Chihuahua, en la capital, enviaron a varios jefes policiacos de esa ciudad. Ambos choferes fueron vendados y no podían ver dónde estaban o quién les aplicaba los cables eléctricos. Dijeron que en una ocasión, una mujer que se ostentó como representante de la Comisión Estatal de Derechos Humanos, les preguntó cómo los trataban. Después de que se quejaron con ella, las sesiones de tortura se reanudaron. Pero uno de ellos reconoció la voz de la mujer de una entrevista realizada en televisión: era la exfiscal especial Suly Ponce. Ella negó haber tenido algo que ver con la detención de los dos hombres y Zulema Bolívar, la nueva fiscal especial, se lavó las manos haciendo notar que los funcionarios de Chihuahua se habían encargado del caso.

Ambos fueron reubicados en la prisión de Chihuahua, en donde se encontraba el resto de los sospechosos de estos crímenes. Alguien dentro de las oficinas policiacas en Juárez divulgó fotografías tomadas a los dos hombres después de las sesiones de tortura. Tenían moretones y quemaduras en diferentes partes del cuerpo. Sus abogados señalaron que casi los asfixiaron. (Los otros choferes acusados en 1999, dijeron que a ellos también les habían puesto bolsas de plástico en la cabeza.) Al enfrentarse ante la evidencia de las fotografías que mostraban señales de las últimas torturas, las autoridades respondieron diciendo que ambos choferes se habían torturado ellos mismos para ganarse la simpatía general. Pero antes de que fue-

157

ran llevados a Chihuahua, ambos hombres fueron trasladados al Cereso en Juárez, en donde estuvieron sujetos a un examen médico para certificar su estado de salud en la época de su encarcelamiento.

Sexo, mentiras y otro video

El director de la prisión, Carlos Gutiérrez Casas, entregó copias a los abogados defensores de los certificados médicos practicados a los sospechosos y que indicaban que ambos hombres habían llegado a la prisión con heridas.[10] El nuevo director del reclusorio, quien se había casado con una interna, fue obligado a renunciar luego de proporcionar estos documentos. Recibió amenazas y dimitió a su cargo. Las autoridades del estado habían dicho que ambos choferes habían inhalado cocaína y fumado marihuana antes de lanzarse a la caza de mujeres para secuestrarlas, violarlas y asesinarlas. Pero eran choferes comerciales, y para conservar su licencia estatal, tenían que someterse a exámenes antidrogas periódicamente. El resultado de las pruebas se encontraba en los expedientes del Departamento de Transporte Público en Juárez, y resultaron negativos en cuanto al consumo de drogas.[11] Los archivos del estado contradijeron el frágil caso armado por las autoridades. La camioneta van que la policía dijo que había sido utilizada por los dos choferes para secuestrar a las mujeres, no funcionaba. Además, los oficiales no tenían pruebas físicas, tales como cabello, fibras, sangre o semen para relacionarlos con las víctimas. Con tales descubrimientos condenatorios, las autoridades estatales se enfrentaban una seria crisis de relaciones públicas. No había transcurrido mucho tiempo antes de que produjeran un video tape que, según ellos, comprobaba que ninguno de los sospechosos había sido torturado.

Los funcionarios de Chihuahua exhibieron el video en las estaciones de televisión en el territorio nacional y entregaron una copia a la Comisión de Derechos Humanos. Pero las esposas de los reos y sus abogados señalaron que los torsos de los hombres en el video tape elaborado por el estado —que no mostraban señales de quemaduras o golpes– no eran de los choferes. Fue aparente que se utilizaron modelos para esa parte del video, porque los rostros de los hombres con los torsos sin huellas no fueron mostrados. Después de que la gente se diera cuenta de sus trampas al estilo de Hollywood, las autoridades de Chihuahua retiraron el video. La cinta escaseó tanto que un camarógrafo de Juárez ofreció vender una copia a Lorena Méndez, una periodista de California, por 500 dólares. En febrero de 2003, a los dos meses del arresto de los acusados, la policía judicial del estado asesinó a Mario Escobedo Anaya, el abogado de uno de los choferes. Un año después, el chofer Gustavo la Foca González Meza, cliente de Mario, murió en la prisión de Chihuahua, después de una simple operación de hernia. El abogado Sergio Dante Almaraz dijo que ambas muertes fueron "crímenes de Estado".

Federales: tráfico de órganos

Las cosas empezaban a tomar su rumbo cuando la Procuraduría General de la República accedió investigar, por lo menos, los más recientes asesinatos. Sin embargo, los investigadores federales asignados a la Unidad de Delincuencia Organizada provocaron el asombro de la comunidad al anunciar, en el 2003, que había la posibilidad que por lo menos 14 jovencitas hubieran sido asesinadas para despojarlas de sus órganos. Rolando Alvarado, un fiscal que formó parte del comité de investigación México-Estados Unidos, en 1999, del caso de las narcofosas, encabezaba las indagatorias. La investigación inició cuando un vendedor de playeras, conocido como Juan Vázquez Villegas, acusó a dos hombres de Juárez, Javier García y Hernando Valles, de plagiar mujeres para robarse sus órganos. Formuló estos señalamientos cuando la policía le preguntó por qué tenía un teléfono celular propiedad de Mayra Nájera Larragoiti, una joven reportada como desaparecida. El FBI y otros oficiales de la policía de Estados Unidos se burlaron de la hipótesis del tráfico de órganos, pero aportaron su mayor esfuerzo para ayudar a los federales a localizar a un sospechoso en el lado estadunidense de la fron-

159

tera, a quien el testigo identificó como el William. Vázquez alegaba que García y Valles asesinaban a las víctimas y les extraían los órganos. Después, dio marcha atrás y dijo que lo había inventado por miedo a que lo acusaran de haber asesinado a Mayra. Los oficiales de Chihuahua no estaban todavía seguros de que Mayra estuviera muerta porque una prueba de ADN inicial no corroboró su identidad. Cinco meses después, Vasconcelos admitió que no había pruebas para sustentar la teoría del tráfico de órganos y puso en libertad a los sospechosos. Vasconcelos fue muy claro y dijo que no quería fabricar culpables para resolver los asesinatos.

Un investigador privado de El Paso, Texas, comentó después que había información de que asesinaban a algunas de las víctimas para vender pedazos de sus cuerpos, y no para traficar con sus órganos. Según expertos, la industria de "body parts" no requiere equipo muy elaborado.

Más teorías

A través de los años, los crímenes han generado otras teorías sobre quién pudiera ser responsable de los asesinatos, lo que implica desde elaboración de películas pornográficas, drogadicción, hasta rituales satánicos. Funcionarios del FBI no descartaron la posibilidad de que las mujeres fueron asesinadas para producir videos snuff; sin embargo, en veinte años de investigación, miembros del cuartel general de la agencia federal en Washington, comentaron que habría que encontrar un auténtico video snuff para probar esa teoría. Es muy probable que los asesinos con tendencias psicópatas hayan filmado una violación o asesinato para conservar esas cintas en su colección privada y verlas más tarde con el propósito de revivir el momento. El riesgo inherente de filmar actos violentos es que la cinta pudiera servir como prueba contra los culpables. Andrew Luster, heredero del imperio Max Factor, acusado de drogar y violar mujeres en California, hizo videos de actos sexuales con sus víctimas. Aunque Luster huyó hacia México, en 2003, para evadir un juicio, fue capturado y extraditado a Estados Unidos, donde purga una larga sentencia car-celaria.[12] En una ocasión conocí a unas personas de Juárez, durante una conferencia de psicología, quienes manifestaron haber reunido información a través de los años sobre los rituales de los homicidios de mujeres que mostraba una conexión con el satanismo. Desde mi punto de vista, tal vez dos o tres de los casos hayan podido ser asesina-tos rituales ocultos, pero en su mayoría eran casos aislados. Diseñaron un mapa de los lugares en donde las víctimas habían sido encontra-das en el pasado, tanto en Juárez como en El Paso, y dijeron que los adoradores del diablo estaban usando cada nuevo sitio para tratar de completar una especie de pentagrama sobre la comunidad fron-teriza entera. En esta entrevista, volvió a surgir el nombre de Ale-jandro Máynez, a quien relacionaban con un grupo de personas en Juárez que incluía un narcotraficante, una mujer encarcelada que anteriormente fungía como sacerdotisa del grupo, y un sacerdote de la Iglesia católica que fue asesinado en 2004. Otro sacerdote católico que trató de investigar el asesinato del clérigo fue amenazado de muerte.[13] Lo que me intrigó fue que las personas habían reunido la información a petición de oficiales del ejército en otra parte de la republica mexicana.[14]

Un reporte devastador

En el 2003, expertos en derechos humanos a nivel interna-cional empezaron a dirigir su atención a gente acusada falsamente en los crímenes en serie de esta ciudad. Los sospechosos estatales como Sharif y sus supuestos cómplices, así como los dos choferes de transporte público arrestados en el 2001, permanecían en la cárcel, inmersos en una especie de limbo judicial. Sharif fue encontrado culpable de tan sólo un asesinato y el caso en su contra era bastante endeble. Hasta enero de 2005, ninguno de los demás había sido sen-tenciado, por lo que no pueden recurrir a la apelación para acelerar sus procesos. Aun con base en las leyes estatales de Chihuahua, el proceso judicial por el que los acusados permanecen detenidos era

161

irregular, por no decir inconstitucional. En su reporte de 2003, Amnistía Internacional criticó los métodos del estado de Chihuahua para esclarecer los crímenes mediante la obtención de confesiones mediante la tortura.[15] En su dictamen más reciente de 2003 (Informe de la Oficina de las Naciones Unidas contra la Droga y el Delito sobre la Misión en Ciudad Juárez), la Organización de las Naciones Unidas envió una fuerza especial a México a efecto de llevar a cabo análisis técnicos de las investigaciones estatales.[16] El gobierno federal había invitado a un equipo de expertos que incluía a Stanley Pimentel, un exjefe del FBI asignado a México; Carlos Castresana, un fiscal anticorrupción en la Suprema Corte de España; Carlos Franco, un funcionario judicial de la policía de España; Stéfano Fumarulo, asesor italiano, experto en el crimen organizado; César Prieto, consultor en las Naciones Unidas; y Edgardo Buscaglia, jefe de la misión de las Naciones Unidas. Esta delegación se reunió con judiciales del estado de Chihuahua en Juárez, con otros funcionarios y con el FBI de El Paso. "Le comenté a nuestro enlace del FBI, Sam Camargo, que les dijera la pura verdad", expresó Hardrick Crawford Jr., jefe del FBI en El Paso en ese entonces. Los expertos tuvieron acceso a los expedientes y se mostraron alarmados por lo que ahí descubrieron. La fuerza especial redactó sus conclusiones y recomendaciones en un reporte de 80 páginas que el gobierno divulgó ante las intensas presiones de organismos internacionales, familiares de víctimas y las participantes de la conferencia "Asesinatos de Maquiladoras" en el 2003, en la UCLA.[17] El reporte fue devastador para las autoridades. Ponía en duda las investigaciones efectuadas por el estado, y que siempre giraba en torno a Sharif. Y ya no sólo periodistas y activistas afirmaban tal cosa; esta vez, las conclusiones provinieron de expertos con incuestionables credenciales, quienes se mostraban imparciales en el manejo del tema. Los expertos examinaron los casos en contra de Sharif, los Rebeldes, los choferes de rutera en 1999 y los de rutera en 2001.

Entre otras cosas, los expertos señalaron que la tortura es un delito de acuerdo al código penal del estado de Chihuahua. Los expertos notaron que ninguno de los jueces estatales u otros funcionarios judiciales habían investigado las denuncias por tortura. El reporte cuestionó la decisión del estado de trasladar los casos desde Juárez hacia los tribunales de Chihuahua, y criticaron la carencia de evidencia científica, como exámenes de ADN, para corroborar las supuestas "confesiones". Los expertos reportaron que los jueces no eran imparciales, y que los acusados no deberían ser juzgados por homicidios de víctimas no identificadas. "A pesar de la gran cantidad de investigaciones anteriores y juicios, se obtuvieron muy pocas sentencias condenatorias [...] es probable que la presencia del crimen organizado frene la investigación apropiada y los procesos judiciales de estos casos." Expusieron también que la clase de errores sistemáticos y problemas presentes en los casos dejaban entrever prácticas de corruptelas. Este análisis no podía ser más directo. Dos de estos expertos regresaron a la región unos cuantos meses después, y se mostraron sorprendidos de que los funcionarios estatales no hubieran progresado en las recomendaciones emitidas para corregir los errores. Le pregunté a Vicky Caraveo, la polémica directora del Instituto Chihuahuense de la Mujer, qué pasaría con este asunto, y ella expresó: "Empezar desde cero".

Desfile de sospechosos

Las autoridades de Chihuahua se habían enfocado en Sharif y otros ocho hombres para explicar la presencia de crímenes seriales, al tiempo que ignoraban a otros sospechosos potenciales que la policía, expertos y otros interesados habían mencionado. Estos sospechosos incluían a Ángel Maturino (alias Rafael Reséndiz Ramírez), conocido como "el Asesino del Ferrocarril"); Pedro Padilla Flores, un asesino en serie prófugo de la justicia; y Armando Martínez (alias Alejandro Máynez), el hijo adoptivo de la familia Máynez, propietaria de varios bares en Juárez. El experfilador del FBI, Robert Ressler y la criminóloga Candice Skrapec, mencionaron que Maturino, un condenado a muerte en Texas, debería ser investigado en torno a algunos de los asesinatos en Juárez. En el pasado, las autoridades

163

estatales de Chihuahua habían consultado con Ressler y Skrapec sobre los asesinatos. Algunos de los activistas tenían la creencia de que las autoridades recurrieron a ellos y a otros expertos para aparentar que sí trabajaban en la resolución de estas muertes, pero sin tener la menor intención de acatar sus conclusiones y recomendaciones. Maturino, quien se entregara a las autoridades estadunidenses en El Paso, en julio de 1999, había asesinado a varios hombres y mujeres en Estados Unidos antes de convertirse en el principal objetivo de una caza a nivel nacional.

Pese a que las autoridades estadunidenses en la frontera poseían registros de Maturino cruzando la frontera en El Paso-Juárez y en los alrededores de Sunland Park, Nuevo México, las autoridades de Chihuahua lo eliminaron como sospechoso, ya que habían escuchado que "el Asesino del Ferrocarril" asesinaba sólo a anglosajones. Juan Carmona, vocero de la policía judicial del estado de Chihuahua, aseguró que Maturino no era un asesino en serie porque "no atentaba contra un mismo tipo de víctimas, mujeres en este caso, y del mismo modo cada vez". Sin embargo, Ressler explicó que los asesinos en serie carecen de un método en particular para privar de la vida a alguien, y matan hasta que alguien se los impide. Dijo también que los asesinos en serie acostumbran matar a personas de ambos sexos, como en el caso de Maturino. Cuando el "Asesino del Ferrocarril" fue arrestado, Ressler consideró que las autoridades deberían investigar una posible relación entre el sospechoso y algunos de los crímenes cometidos con anterioridad. Maturino era requerido por el FBI con relación a 12 personas asesinadas cuyos cadáveres fueron encontrados cerca de las vías.

Maturino recorría grandes distancias por las vías ferroviarias y con frecuencia cruzaba la frontera. Skrapec había revisado copias de los resultados de la autopsia practicada a víctimas de Maturino. La madre de Maturino vivía en Juárez y un oficial de la Interpol en México dijo haberse enterado de que Maturino, en ocasiones, vivía en una choza en Anapra, donde anteriormente habían sido localizadas otras víctimas. Maturino ha negado los asesinatos en México, negativa cuestionada por Ressler al señalar que "los asesinos seriales por lo general no arrancan su carrera de asesinatos durante su mediana edad. Empiezan por fantasear sobre los asesinatos durante su adolescencia, y, con frecuencia, ya han cobrado su primera víctima al inicio de su vida adulta". Maturino, quien tenía 39 años cuando fue detenido, violó y asesinó a una mujer en Texas, pero también mató hombres y mujeres sin llegar a atacarlos sexualmente. Había apuñalado, disparado o golpeado con un hacha a sus víctimas hasta privarlas de la vida. Las autoridades de Chihuahua no tenían el menor deseo de investigar a Maturino, porque ello afectaría los casos ya formados en contra de hombres señalados como responsables de estos delitos. Debido al poderío del cartel de la droga en Juárez, los supuestos vínculos familiares de Maturino significaban un impedimento para que investigaran las autoridades mexicanas.

La sombra del cartel

Luis Gutiérrez, reo del centro de detención migratoria en El Paso, en el área deportaciones en proceso, contactó con el FBI porque ya conocía a Maturino y deseaba aportar informes sobre el acusado. Gutiérrez calificó a Maturino como un hombre astuto y agresivo, además de consumir drogas. También era un alto miembro de la pandilla Rentería en Durango, que utilizaba trenes y vehículos rentados para transportar el contrabando de materiales de construcción robados, armamento y drogas.[18] Algunos de los pandilleros eran parientes de Maturino y estaban vinculados a las familias de narcotraficantes en Durango. Aunque el territorio de la pandilla se ubicaba en Laredo y San Antonio, Maturino trabajaba para un líder del cartel de Juárez que operaba en San Antonio. Los operarios principales de droga son intocables en Chihuahua.

165

Asesino que escapó

Felipe Pando, un exjefe del departamento de homicidios en la policía judicial del estado de Chihuahua, dijo no comprender el porqué las autoridades no han tratado de localizar a un hombre conocido como Pedro Padilla Flores. Dijo: "Padilla era un asesino en serie. Deberían andar tras él como uno de los principales sospechosos". Pando expuso que Padilla consumía drogas y, por lo general, abandonaba a sus víctimas en el río Bravo. "Las autoridades de Estados Unidos nos ayudaron a capturarlo."[19] De acuerdo con las noticias del archivo de *El Paso Times*, Padilla fue arrestado en Juárez, en 1986, después de que fuera consignado bajo cargos de violación y asesinato de varias mujeres. Aun cuando el hombre confesó haber matado a más mujeres, fue condenado sólo por los crímenes de dos mujeres y una niña de 13 años.

Cuando fue arrestado, Padilla vivía en un departamento descuidado en la zona roja de la calle Mariscal en el centro de Juárez. Pando explicó que Padilla se convirtió en un fugitivo luego de escapar de un centro de rehabilitación en 1991. Funcionarios judiciales de Chihuahua, a cargo de la investigación de los asesinatos de mujeres, dijeron no haber oído hablar de Padilla, aun cuando su caso fue divulgado por la prensa en ambos lados de la frontera. En 1998, el nombre Flores apareció en el registro de huéspedes del Hotel Plaza, en la calle Segunda de Ugarte, en donde Hester Suzanne van Nierop fue asesinada. La mujer holandesa, de 28 años, fue estrangulada y encontrada desnuda debajo de una cama de hotel. El hombre que se registró con Hester firmó como Roberto Flores, y los empleados del hotel lo describieron como de aspecto estadunidense. Quien haya sido, el hombre fue visto con Hester en el Club Norma's, antes de registrarse en el hotel. Hester podría haber creído erróneamente que Juárez era una ciudad como Amsterdam, donde mujeres solas pueden caminar por las zonas de tolerancia, durante la noche, sin ser molestadas, mucho menos asesinadas.

Hester y el retrato hablado

La zona roja está cercana a la avenida Juárez y a otras calles del centro de la ciudad, transitadas por muchas de las víctimas. El Hotel Plaza, en donde la estudiante y turista de Holanda Hester Suzanne van Nierop, fue hallada muerta en 1998, está ubicado justamente en ese sector. Los padres de Hester vinieron a esta ciudad fronteriza en septiembre de 2004. Durante una entrevista en el restaurante Denny's en El Paso, Roland y Arsene van Nierop exteriorizaron sus deseos de conocer el sitio en donde su hija vivió sus últimas horas. La pareja se reunió con funcionarios mexicanos, quienes aseguraron haber contactado a la Interpol para la ubicación del sospechoso mencionado en el expediente de Hester, un hombre registrado en ese hotel bajo el nombre de Roberto Flores. Las autoridades del estado de Chihuahua difundieron el retrato hablado del sospechoso después de encontrarse con los progenitores de Hester, quienes también se entrevistaron con el FBI en El Paso. De acuerdo con documentos mexicanos, las autoridades jamás investigaron el caso de Hest, durante seis años, hasta que sus padres viajaron a la frontera. Al parecer, el sospechoso residió en Estados Unidos, e incluso le reveló a otra mujer que era requerido judicialmente para responder por la muerte accidental de un pariente. Según la policía mexicana, este hombre tiene preferencia por las habitaciones marcadas con la terminación 21 cuando se hospeda en los hoteles; el número de la habitación en donde Hester fue hallada sin vida era el 121. Luego del asesinato de Hester, las autoridades reportaron la muerte de Perla Patricia Hernández en el Motel Fronterizo. Dijeron que el cuerpo de la mujer fue hallado en la misma posición en que fuera localizado el cadáver de Hester. Todos se preguntan el porqué las autoridades mexicanas tardaron seis años en difundir el retrato del sospechoso. El padre de Hester comentó: "Creemos que un criminal en serie asesinó a nuestra hija", una teoría que las autoridades insisten en refutar.

Cerca de la fecha del asesinato de Hester, otras dos mujeres fueron encontradas muertas en otros hoteles, también debajo de la

167

cama. Más de media docena de mujeres han sido asesinadas en hoteles de Juárez en los últimos diez años, pero las autoridades siempre dicen que no hay relación entre estos crímenes. La muerte de Hester está en la lista de los asesinatos no resueltos en la ciudad.

Un hombre elusivo

Alejandro Máynez es un nombre que sale a la luz continuamente con relación a los homicidios de mujeres. Es un hombre escurridizo quien huyó del área y se supone que se oculta en un lugar clandestino. Sus familiares adoptivos dicen que su nombre real es Armando Martínez y que Máynez es sólo uno de los varios alias que utiliza.[20] Los oficiales de Chihuahua emitieron una orden de arresto en su contra, con relación a la muerte de una joven en 1992. El excomandante de la policía estatal, Refugio Ruvalcaba lo arrestó ese mismo año. Según Irene Blanco, Felipe Pando, otro jefe policiaco, ordenó su libertad. Francisco Peña, un abogado de Juárez, dijo que el nombre de Máynez también resurgió en el caso de Ana Benavides, una mujer que purga una sentencia en el Cereso por la supuesta muerte y desmembramiento de una pareja de Juárez y su niño, en 1998. Peña representaba a Benavides, una mujer de baja estatura quien conocía a Máynez y a alguno de sus amigos. "Mi cliente declaró a las autoridades que Alejandro Máynez fue el autor intelectual de estas muertes. Ella se convirtió en un chivo expiatorio, pero Máynez y los demás implicados continúan en libertad."[21] La fiscal especial Zulema Bolívar dijo que después arrestaron a otro de los supuestos cómplices en el caso, pero no era Máynez.

Liliana Herrera, quien se desempeñó como fiscal especial por sólo cuatro meses, expresó que su oficina recibió un pitazo sobre Máynez, pero no localizó información sobre él en los archivos de la policía. "A pesar de su arresto anterior, no pude encontrar una simple mención sobre esta persona en nuestros archivos, ni siquiera una copia del amparo que logró obtener." Antes de su retiro en el 2001, el sargento de la policía de El Paso, Pete Ocegueda, dijo que la policía de Juárez le había pedido colaboración al Departamento de Policía de El Paso para encontrar a Alejandro Máynez, quien era buscado con relación al asesinato de la bailarina Lorenza González Alamillo. del Club Norma's, cuyo cadáver fue encontrado a un lado de la carretera Panamericana, en el sur de Juárez. Ella fue estrangulada y mutilada. "Ellos pensaron que [Máynez] podía ser un ciudadano de Estados Unidos porque iba y venía por el puente internacional todo el tiempo, pero no tenemos nada en su contra, por lo menos bajo esa identidad", dijo Ocegueda, quien desconocía el verdadero nombre del sospechoso.[22] Las autoridades creían que Máynez había huido de México. Sus parientes adoptivos dijeron que se había casado con una estadunidense y vivía en El Paso o en el sur de Nuevo México bajo el alias de Villanueva. Uno de sus familiares, quien solicitó la omisión de su nombre, manifestó, "no sé por qué se hizo llamar Alejandro. Siempre ha sido Armando —ése es su nombre legal".

Varios periodistas me acompañaron en algunos intentos para localizar y pedirle una entrevista a este hombre. Fuimos a todos los bares de Juárez propiedad de la familia Máynez, incluyendo el Club Safari, Papillón, Club 16, La Rueda y el Club Monterrey. Los bares muestran a mujeres atractivas con vestidos escotados. En uno de los clubes, uno de los parientes adoptivos dijo: "Hay algunas cosas de las que no se debe hablar". Guillermo Máynez grande, su padre adoptivo y a quien encontramos en el bar Papillón, dijo: "No quiero volver a verlo nunca, ni siquiera hablar o saber de él". El progenitor creyó que el niño que había crecido en su hogar tenía problemas y lo llevó con un terapeuta en alguna ocasión. Según autoridades, una banda de Sinaloa que había secuestrado a Valentín Fuentes Téllez en 1995, también secuestró al hermano adoptivo de Alejandro Máynez, Guillermo Máynez. Ambos fueron liberados después de que sus familias pagaron sus rescates; se cree que la familia Fuentes pagó varios millones de dólares. El fallecido Francisco Minjares, a cargo del Grupo Especial Antisecuestros, manejó ambos casos. Un expolicía dijo que Minjares era socio en los negocios de Alejandro Máynez.

169

Agente federal lo denuncia

En 1997, Ramiro Romero, un agente federal de la policía, y Víctor Valenzuela, un auxiliar de la policía judicial del estado, se dirigieron a las autoridades de Chihuahua para informarles que Alejandro Máynez podría haber matado a varias mujeres en Juárez. Valenzuela, quien era convicto del penal en Juárez cuando yo lo entrevisté, argumentaba también que la policía estatal le formuló cargos falsos por narcotráfico después de aportarle información a la fiscal Suly Ponce. Carlos Camacho y Alma Vucovich, dos diputados federales del congreso en México, estuvieron presentes durante la entrevista junto con el periodista de *Reforma*, Sergio González Rodríguez. Según Valenzuela: "Estábamos en el Club Safari cuando Alejandro nos dijo que él [y un primo] violaron y mataron a mujeres. En una ocasión, nos invitó a acompañarlo para violar mujeres, pero nos rehusamos. Dijo que nada le pasaría porque su padre era muy importante". Valenzuela mencionó también que Máynez le dijo a Romero y a él que cruzaría el puente internacional y recogería uno de los automóviles de la familia en Juárez para buscar víctimas en las primeras horas del amanecer. "Agregó que, algunas veces, él y su primo asesinaban juntos, y competían a ver quién asesinaba a más mujeres". Valenzuela expresó que Romero y él al principio trataron de dar la información al entonces procurador estatal Francisco Molina Ruiz, pero los canalizaron con Minjares. "Cuando nos dimos cuenta de que no pasaba nada, fuimos a ver a Sharif por si le podíamos ayudar en su caso." Sharif se valió de esta información para entablar una denuncia en contra de Alejandro Máynez, pero las autoridades estatales se negaron a investigar.

El agente Romero fue ejecutado en medio de la guerra del narcotráfico en 1998, en tanto que Valenzuela se fue de Chihuahua por una temporada. Valenzuela dijo haber regresado a Juárez para ver si bajo la administración del Patricio Martínez las cosas habían cambiado. Después de nuestra entrevista de ese día, el congresista Camacho dijo: "Estaba yo tan asqueado por lo que escuché, que casi quise vomitar". En una ocasión, la oficina del FBI en El Paso recibió información en el sentido de que Alejandro Máynez ya no transitaba en esa zona porque había sido asesinado en el interior de México. Otra versión que escuchamos fue que estaba en una prisión de alguna región de California. Pero los habitantes de Juárez lo vieron en el 2001 durante el funeral del exgobernador de Chihuahua, Teófilo Borunda. Le pregunté a su hermano de crianza, Guillermo Máynez chico, si creía que el hombre con quien había crecido era capaz de asesinar a mujeres, como él mismo había descrito. Luego de una larga pausa, contestó: "No lo sé, es para que las autoridades investiguen". Valenzuela, quien sobrevivió a tres motines carcelarios, fue liberado del penal en el 2003 y me dejó dicho en el periódico que ya abandonaba el estado para siempre. A finales de 2004, me llamó otra fuente para decirme que Alejandro Máynez se encontraba en la región de Denver, Colorado.

Y en El Paso

El exasistente del jefe del Departamento de Policía de El Paso, J. R. Grijalva, mencionó que los oficiales de la corporación en El Paso y Robert Ressler presentaron los nombres de dos sujetos que eran vistos como sospechosos, en 1998. Eran hispanos con antecedentes criminales. Ressler manifestó que eran catalogados así porque tenían el perfil con base en su conducta pasada, susceptibles de cometer ese tipo de crímenes.[23] Ressler sustentaba la teoría de que el o los posibles asesinos eran hombres hispanos y que con facilidad cruzan la frontera. El o los sujetos podían pasar inadvertidos sin despertar sospechas debido a la cultura hispana en la frontera. Grijalva explicó que la policía monitoreó a uno de los exconvictos pero no encontró nada incriminatorio. Perdieron todo rastro del segundo sujeto, quien había abandonado el sector. No es aventurado pensar que las mujeres en Juárez eran asesinadas por alguien procedente de lado estadunidense de la frontera. Muchos ciudadanos, incluyendo a la policía y traficantes de droga, viven en El Paso y trabajan en

171

Juárez, o poseen negocios ahí. El Paso ha producido dos asesinos en serie en los tiempos modernos: David Wood, convicto por el asesinato de varias jóvenes en la década de los ochenta, y Richard Ramírez, alias el Night Stalker, quien permanece en una prisión de California por crímenes cometidos en esa entidad.

El Richy

En el 2003, un hombre conocido como Richy surgió en El Paso, y hubo quienes creyeron que pudiera ser la misma persona que escribió cartas en clave sobre los crímenes contra mujeres en Juárez en la década de los noventa. El montón de cartas, conocidas como "El Diario de Richy", apareció en un periódico de Juárez y motivó a las autoridades a emprender una sigilosa investigación sobre el autor. El hombre, quien despertó el interés en El Paso en el 2003, era un inmigrante indocumentado arrestado por narcotráfico. El FBI fue informado sobre este sujeto. Luego de posteriores investigaciones, la policía descubrió que había abusado sexualmente de sus hijos menores.[24] El detenido carecía de educación formal y tenía dificultades para redactar una frase congruente, por ello, se convirtió en un candidato para las misivas de Richy, plagadas de errores gramaticales. Tengo la copia de una de las cartas de Richy, fechada en julio de 1997 y dirigida a una joven llamada Berenice. La epístola dice que tiene un departamento en El Paso y le pide a Berenice que le ayude a drogar a dos jovencitas de 13 y 14 años, para después violarlas. La carta también alude a una pareja de conocidos suyos del estado de Sinaloa, quienes estaban a punto de llegar a la ciudad y aficionados a ultrajar mujeres también. Al parecer, la joven que recibió esta carta se suicidó. Nadie sabe con certeza si Richy existe o si tales escritos forman parte de una broma. A través de los años, las autoridades han perdido pruebas o no las recaban, que pudieran vincular a varios individuos con los crímenes. Por esto, el tener en custodia a un sospechoso potencial en El Paso, no significa mucho si no puede ser ligado a uno de estos crímenes.

Caos judicial

El 6 de enero de 2005, día de los Reyes Magos, dos jueces estatales de Chihuahua dictaron sentencias condenatorias en contra de los hombres acusados, en 1999, del asesinato de varias jóvenes en Juárez.[25] El juez Víctor Talamantes emitió sentencias de cuarenta años de prisión en contra de Jesús Manuel Guardado, el Tolteca, José Gaspar Chávez, Agustín Toribio Castillo y Víctor Moreno Rivera, este último exresidente de El Paso, Texas, por las muertes de Brenda Patricia Méndez Vázquez, Irma A. Rosales Lozano, Elena García Alvarado y dos víctimas no identificadas.

La oficina del cónsul general estadunidense en Juárez no tenía información sobre la ciudadanía de Víctor Moreno, porque la policía de Chihuahua no había avisado sobre su detención en 1999. Guardado también fue declarado culpable de la brutal violación de Nancy Villalva González, quien lo identificó como su atacante. Guardado recibió una sentencia carcelaria aparte por la violación. El juez absolvió a Bernardo Hernández, uno de los acusados. Todos ellos insisten en proclamarse inocentes. Ese mismo día, el juez Javier Pineda Arzola declaró culpables de los cargos a los miembros de la supuesta pandilla los Rebeldes por los crímenes contra otras mujeres. Los Rebeldes permanecen en la cárcel desde 1996. El juez dictó sentencias de cuarenta años de prisión en contra de Sergio Armendáriz Díaz, el Diablo, Carlos Barrientos Vidales, Juan Contreras, Romel Ceniceros García y Gerardo Fernández Molina.

El juez declaró culpable a Armendáriz de los asesinatos de G. Verónica Castro Pando, Rosario García Leal y dos víctimas identificadas sólo como Tanya y Lucy. José L. Rosales, otro supuesto Rebelde, fue sentenciado a 24 años por el crimen de Rosario García Leal. Ceniceros García fue sentenciado por las muertes de Tanya, Rosario García Leal y Raquel Lechuga Macías. Fernández Molina y Contreras fueron sentenciados por los asesinatos de Lucy y de Rosario García Leal. A Barrientos lo declararon culpable de las muertes de Verónica Castro Pando, Raquel Lechuga Macías y Lucy. Los sospechosos fue-

173

ron condenados sólo con base en su confesión, que ellos afirman emitieron al ser torturados. Antes del dictamen, Guardado, finalmente, habló por primera vez desde su captura en 1999, al asegurar que había atestiguado en falso contra Moreno y los cuatro choferes de rutera, y que ni siquiera conocía a Sharif.

Los acusados de 1999 culparon a la exfiscal Suly Ponce de su difícil situación. En la actualidad, la misma Ponce tiene que defenderse de las acusaciones federales por negligencia en la investigación de los feminicidios. El gobierno del estado de Chihuahua la hizo blanco de los señalamientos del gobierno federal, e incluso solicitó una orden de aprehensión en contra de la exfuncionaria y otros exinvestigadores. Ponce y sus colegas lograron librarse de una acción penal en su contra al argüir que sólo obedecieron órdenes superiores. Además, sorprendió a todo mundo al afirmar que los verdaderos asesinos todavía andaban sueltos.

Zulema Bolívar, la exfiscal después de Ponce, estaba en la lista de los funcionarios negligentes. Ella declaró ante la PGR que sólo obedeció ordenes superiores, y que funcionarios de la ciudad de Chihuahua le habían arrebatado el caso de los ochos cuerpos que fueron arrojados en el campo algodonero en el año 2001, algo que todo mundo sabía. Óscar Máynez también apareció en la lista, y él comentó que no temía nada.

"En la subprocuraduría trabajas bajo un sistema vertical. No te puedes tomar un paso a la derecha o la izquierda sin que te autoricen los mandos altos", dijo Máynez. "Todos obedecen órdenes." A pesar de la declaración de Bolívar, la actual procuradora estatal de Chihuahua, Patricia González, decidió no darle seguimiento, y Máynez y Bolívar quedaron exentos de las consignaciones del estado.

Protocolo de Estambul

En otro orden de cosas, el gobierno federal mexicano por fin accedió, a fines de 2004, a investigar las quejas por tortura emitidas por Javier García Uribe, quien asegura haber sido obligado a confe-

174

sarse autor de los asesinatos de las ocho mujeres cuyos cadáveres fueron encontrados, el año 2001, en un campo algodonero. Para llevar a cabo las indagatorias en el caso de García Uribe, las autoridades aplicaron el Protocolo de Estambul de las Naciones Unidas, un manual utilizado para documentar casos de tortura y abusos contra los derechos humanos. Pero antes de concluir siquiera el protocolo, el gobierno federal desistió de continuar la indagatoria y, de manera inexplicable, devolvió el caso a las autoridades judiciales del estado de Chihuahua. Dos agentes policiacos se presentaron ante García en su celda de la prisión y le pidieron que retirara los cargos por tortura; él se negó. Todo parecía indicar que la política desempeñó un papel preponderante en las sentencias condenatorias, como resultado de negociaciones a puertas cerradas. Los intereses políticos, no así la justicia, estaban a la orden del día.

Justicia poética

Pudo ser mera justicia poética, o quizá sólo el destino. En 2003, gracias al sistema político plural en México, Irene fue electa diputada federal bajo las siglas del Partido Acción Nacional, representando un distrito en el estado de Quintana Roo. También fue designada para la Comisión Federal Legislativa encabezada por Marcela Lagarde, en donde se le da seguimiento a los avances en la investigación de los asesinatos de mujeres en Ciudad Juárez. Irene visitó a Sharif en el año 2004, junto con un visitador de derechos humanos. Pero esta vez, el personal de la ciudad de Chihuahua, que acostumbraba ponerle trabas, prácticamente le abrió las puertas. En su calidad de diputada, Irene ya no tenía obstáculos para entrevistarse con Sharif. La mujer que resistió las amenazas de muerte y un tiroteo en contra de su hijo en 1999, y fue obligada a dejar su hogar en la frontera, había regresado. Sharif se quejó con Irene de que personal carcelario lo forzaban a ingerir pastillas que, al parecer, le ocasionaban malestares. Irene logró comprobar, con el personal de la prisión, que a Sharif se le administraba medicamento para controlar la epilepsia,

175

aun cuando Sharif no padecía de esa enfermedad. Durante una plática con ella, llevada a cabo en el Aeropuerto Internacional de la ciudad de México, la digna y tímida Irene aseguró no imaginar siquiera que algún día llegara a ser legisladora, mucho menos intervenir en las investigaciones por corrupción gubernamental en el sureste mexicano o ser miembro de una comisión legislativa. Luego de la entrevista, ella tomó su portafolios y se dirigió a abordar su vuelo. Irene volvía a ser la misma luchadora.

El FBI

L a oficina del FBI en El Paso ha apoyado al gobierno en importantes investigaciones referentes a, por lo menos, tres categorías de crímenes masivos y desapariciones. En el primer caso, dio sustento a los únicos cargos por homicidio formulados contra el líder del cartel de los Carrillo Fuentes, Vicente Carrillo Fuentes, quien fue acusado de ordenar numerosas ejecuciones y detenciones en la década de los noventa. El FBI también aportó a México información sobre la participación del ejército en la guerra sucia, lo que ocasionó que varios generales del ejército fueran sometidos a juicio por su papel en esa oscura época. Asimismo, el FBI entregó pistas sobre los crímenes contra mujeres. Es muy sospechoso que ni las autoridades federales o estatales hayan actuado con base en estas pistas, además de mostrarse reacias a la directa participación del FBI en las investigaciones de los homicidios de mujeres. Sin duda, las semillas plantadas en México que dieron lugar a los feminicidios no fueron sembradas en los años noventa; fueron cultivadas décadas atrás durante la violenta represión gubernamental en contra de movimientos sociales y políticos.

Operación Plaza Sweep

Residentes en Estados Unidos pudieron observar dentro del cartel a través de la Operación Plaza Sweep (Limpieza de Plaza), efectuada por el FBI en 1999. Esta investigación binacional, sin precedente, trazó nuevas rutas en esta materia. David Alba, en ese tiempo agente especial a cargo de la agencia federal estadunidense en El Paso, entabló comunicación con altos funcionarios federales de México después de recibir información creíble, procedente de testigos que aseguraban que el cartel había sepultado los cadáveres de hombres y mujeres desaparecidas en varios inmuebles de su propiedad en Juárez. La mayoría de la gente recuerda estos operativos a raíz de que los primeros reportes señalaban que quizá más de cien cuerpos podrían ser exhumados en esos sitios. El FBI tenía especial interés en el destino de ciudadanos de Estados Unidos que fueron vistos por última vez en Ciudad Juárez antes de desaparecer. Como resultado de este esfuerzo, fueron recuperados los restos de cuatro paseños.

Informante clave

El FBI aseguró contar con un informante que aportó datos precisos sobre la ubicación de las tumbas clandestinas. Al principio, éste acudió ante la DEA en El Paso, "pero se le tomó a burla", según un alto oficial. Pero este sujeto, decidido a relatar su historia, se encaminó a la oficina del FBI. Aun cuando los investigadores del FBI se mostraron escépticos, éste insistió hasta que se le escuchó y pudo entablar comunicación con el agente federal del FBI Héctor Camarillo, quien era residente experto en el cartel del narcotráfico y se percató de que realmente la historia de esta persona revestía credibilidad, así que consultó con sus superiores. Por lo menos treinta ciudadanos de Estados Unidos, incluyendo a Saúl Sánchez Jr. y su esposa Abigail Sánchez, continuaban desaparecidos en Juárez. (Casi nueve años después, una fuente de la PGR relató que elementos de la propia procuraduría y algunos sicarios, estuvieron involucrados en el secuestro de los Sánchez.) Los colaboradores de Alba, sin embargo, se enfrentaron a cierta resistencia por parte de la oficina de enlace del FBI en la embajada de Estados Unidos en el Distrito Federal. Alba requería tener la total certeza del interés del gobierno federal en llevar en conjunto este caso. Las opiniones estaban divididas dentro del FBI en El Paso, en el sentido de la conveniencia de proceder a una investigación en la frontera. Alba se quedó aún más desconcertado cuando Edmundo Guevara, un oficial del FBI asignado a la embajada de Estados Unidos en México, dio a entender al FBI de El Paso que sus homólogos mexicanos no tenían ningún interés en ese operativo. Tiempo después, Guevara sustituyó a Alba como jefe de la oficina en El Paso.[1]

Alba resolvió no perder más tiempo por las vías diplomáticas y se dirigió al procurador, Jorge Madrazo. El caso traía complicaciones innegables, incluyendo la posibilidad de que agentes federales de Estados Unidos tuvieran que colaborar conjuntamente con policías que pudieran tener algunos compromisos con los cárteles. Alba se entrevistó con Madrazo, quien después de verificar los informes, aceptó participar. Madrazo pretendía iniciar los operativos en septiembre de 1999, pero el FBI argumentó que requería más tiempo para coordinar la logística en estos operativos. El FBI, quien recibió luz verde desde su cuartel general en Washington, convocó a numerosos agentes y expertos forenses para colaborar en estas acciones. Alba designó a Frank Evans, su asistente especial, para encabezar los operativos. Evans estaba preparado para este tipo de trabajo debido a su experiencia en estas investigaciones. También había investigado a la mafia italiana en Estados Unidos. "No podíamos trabajar con la policía local de Juárez debido al *omertá* [pacto de silencio] que guardaban", dijo Evans. "Por eso nos fuimos con la gente de confianza de Madrazo." Para los operativos de campo, el FBI montó un anfiteatro temporal en El Paso, e instaló un sistema de comunicación satelital a efecto de que los altos funcionarios pudieran observar el curso de las excavaciones desde sus oficinas. (El ejército estadunidense empleó el mismo sistema de comunicaciones que utilizara durante la guerra contra Iraq en 2003.) México, por su parte, tuvo la encomienda de proveer seguridad extraordinaria al personal del FBI que trabajaría en Juárez. Madrazo desplegó a cientos de soldados y agentes federales, enviados desde la ciudad de México, para resguardar esta investigación sin precedentes.

Justo al ser lanzado este operativo, mi encomienda para el

179

periódico de El Paso consistió en reportar las actividades del rancho en el sur de Juárez conocido como Rancho de la Campana, donde habían desenterrado cinco cuerpos. El primer día de nuestra cobertura, escribí cinco historias para el periódico y aparecí en el programa *Nightline* de Ted Koppel, de la cadena de televisión ABC, programa diseñado para responder a las preguntas sobre las desapariciones en Juárez. Para los estadunidenses que no viven en la frontera, era difícil imaginar cómo, literalmente, cientos de personas podían desaparecer sin dejar huella. Yo dije en *Nightline* que según nuestra información el modus operandi era el mismo en la mayoría de los casos: grupos de comandos armados portando uniformes de policía y blandiendo rifles de asalto, aparecían y huían con sus víctimas. Mientras es motivo de polémica que algunos de los hombres armados sean falsos agentes policiacos, numerosos testigos declararon que las unidades de la policía municipal en Juárez con frecuencia escoltaron o rodeaban el área durante las violentas detenciones. Para la mayoría de la gente, las redadas parecían arrestos verdaderos. Sin embargo, familiares que después preguntaban a los agentes federales y policías municipales sobre el paradero de sus familiares desaparecidos, eran informados por la policía que no sabían nada de estas víctimas.[2]

Estaban enterados

Jaime Hervella, fundador de la Asociación de Familiares y Amigos de Desaparecidos, en El Paso, comentó que Arturo Chávez Chávez le dio una respuesta alarmante cuando le preguntó sobre uno de los desaparecidos. Chávez era el procurador general de Justicia estatal durante la administración de Francisco Barrio. Chávez nos dijo: "Debo admitir que [el procurador Antonio Lozano Gracia] no me notificó de las detenciones". Asimismo, Hervella comentó que entre los desaparecidos se encontraban empresarios, abogados, mujeres, militares y comandantes de policía. Supuestamente, algunas víctimas eran arrojadas desde aviones sobrevolando las montañas de la sierra de Chihuahua. Las autoridades de Juárez se lavaron las manos

180

en este asunto al culpar de estos misteriosos secuestros al cartel. Cuando se trataba de estos casos, oficiales federales y estatales se echaban la pelota unos y otros. Los oficiales de Chihuahua consideraban que funcionarios federales eran quienes debían investigar, mientras que los oficiales federales respondían que estos casos eran de la competencia de la policía estatal.

Las autoridades abordaron de la misma manera las ejecuciones del narcotráfico. A principios de 2004, Loren Magaña, codirectora, en Juárez, de la asociación, comentó que este grupo había documentado hasta 700 desapariciones (hombres en su mayoría) desde 1993.[3] Como resultado de la etiqueta de narcotraficante que oficialmente le eran impuestas a las víctimas, muy poca gente de la comunidad estaba dispuesta a abogar por ellos. Era más fácil protestar por los asesinatos de mujeres. Pero no todos los desaparecidos estaban vinculados con el cartel. Algunos de ellos sólo estuvieron en el lugar equivocado, a la hora equivocada, o fueron desaparecidos por venganza o por motivos no relacionados con el tráfico de drogas. Por ejemplo, la paseña Claudia M. Rincón, de 27 años, desapareció el 14 de julio de 2000, cuando se dirigía a reunirse con Fernando Flores, el hijo de un alto funcionario policial de Juárez. El FBI revisó el caso, pero estaba limitado en la realización de su trabajo al lado estadunidense de la frontera, mientras el sospechoso principal se encontrara en territorio mexicano. Resulta que el sospechoso no pasó la prueba del detector de mentiras que le administró el FBI.

Judith Galarza, una antigua activista en Juárez, criticó el Operativo Plaza Sweep porque no estaba encaminado a la investigación de mujeres desaparecidas y asesinadas. Ella y otros activistas notaron que los cuerpos de varias mujeres habían sido encontrados en áreas cercanas a dos de las fosas clandestinas del operativo del FBI. Al inicio de mi investigación, no estuve de acuerdo con algunos activistas y académicos sobre el cartel en los asesinatos de mujeres. Ellos consideraron que los traficantes nada tuvieron que ver con los asesinatos. Pero siempre sospeché que el cartel y la corrupción policiaca eran las razones por las que las investigaciones de los asesinatos no progresaban. Lo que es más, el cartel proporcionaba el escaparate perfecto para encubrir asesinos en serie, imitadores, pandillas, traficantes y hombres de poder que tenían como blanco a mujeres jóvenes.

Silencio oficial

Hasta Plaza Sweep, la única respuesta que las familias de los desaparecidos recibieron del gobierno fue el silencio absoluto. Amenazas y hostigamientos también desalentaron a muchos de los familiares de las víctimas para presentar denuncias por desaparición de personas. Un detective de homicidios en Chihuahua había contabilizado a 1,100 homicidios de hombres en Juárez entre 1993 y 1999. Pero cientos de estos asesinatos se registraron después. La suma es espeluznante cuando le sumamos la cifra de hombres y mujeres asesinadas y de los desaparecidos. Teniendo en cuenta el contexto de violencia en Juárez, es lógico considerar que muchos de los hombres (y algunas mujeres) desaparecidos ya estén muertos. Mucho se desconoce de las demás mujeres desaparecidas como para concluir si están vivas o muertas. Juárez es un importante escenario para el tráfico humano, pero los funcionarios tienen que investigar si las mujeres fueron llevadas a otros lugares de México o hacia Estados Unidos. Por ejemplo, poco después del levantamiento de los zapatistas en Chiapas, en 1994, salió a relucir que el ejército reclutaba mujeres como sexoservidoras para los soldados que vigilaban esa zona.[4] ¿De dónde las traían? En 2004, una fuente del CISEN dijo que se sospechaba que el cartel de Ciudad Juárez había infiltrado y financiaba uno de los movimientos de rebelión en ese estado.[5] En otro de los casos, funcionarios de la PGR habían declarado que el cartel de Tijuana tenía nexos con un grupo guerrillero en Colombia para intercambiar drogas y armas.[6] Chiapas es un estado de tránsito importante para el tráfico de drogas, robo de autos, armas y personas. A Patricia Garibay, hermana de uno de los desaparecidos en los años noventa, le comentaron personas relacionadas con el narco que a algunos de los desaparecidos los mantenían laborando en plantíos en Chiapas, "y que a algunos afortunados los dejaban regresar a sus casas después de cierto tiempo".

Nueve ejecutados

Plaza Sweep también enfrentó críticas severas por parte de varios políticos, quienes la calificaron como una invasión a la soberanía de su país, a pesar de que los mismos funcionarios habían invitado al FBI a investigar. Uno de los críticos fue el senador Francisco Molina Ruiz, excomisionado del Instituto Nacional contra las Drogas y exprocurador de Chihuahua. Jaime Hervella y otros integrantes de su asociación dijeron que cuando Molina Ruiz era procurador, éste comentó públicamente que los desaparecidos tenían que ser "o adictos o homosexuales". Los investigadores de Estados Unidos y México se toparon con las críticas principalmente porque fracasaron en localizar todos los cadáveres que la gente se inclinaba a creer que serían recuperados mediante ese operativo. El FBI exhumó los restos de nueve hombres, quienes fueron severamente torturados antes de ser acribillados y sepultados, según los expertos. Los oficiales de Estados Unidos mencionaron que Vicente Carrillo Fuentes, acusado por las autoridades estadunidenses por la muerte de siete de estas víctimas, presenció algunos de estas ejecuciones. Además de los cinco cuerpos encontrados en el sur de Juárez, en un lugar conocido como Rancho de la Campana, otros dos fueron localizados en una finca a cinco kilómetros hacia el sur. Y otros dos se rescataron en un rancho en Santa Rosalía, controlado anteriormente por el líder del cartel de Juárez, Eduardo González Quirarte. (Este último es lugarteniente de Juan José Moreno Esparragoza, el Azul, un narcotraficante cuya hija, Nadia, al parecer mantuvo un romance con el gobernador panista de Morelos, Sergio Estrada Cajigal.[7] El Azul fue elemento de la Dirección Federal de Seguridad antes de convertirse en traficante del cartel de Juárez.) El rancho de Santa Rosalía está cercano al Rancho de la Campana. Aun cuando los oficiales del FBI fueron notificados de que la mayoría de las víctimas —tal vez docenas— estaban sepultadas en el rancho de Santa Rosalía, ellos tenían información específica solamente para dos de las víctimas. Sin dar mayor detalle, Frank Evans comentó: "Era un terreno demasiado grande para estos operativos".

Federales a prueba

Para la investigación, el FBI sometió a pruebas de polígrafo a los principales oficiales federales asignados para trabajar con ellos. Los oficiales accedieron a someterse a cualquier prueba y a la investigación de sus antecedentes. Trini Larieta y el doctor Miguel Aragón fueron de los funcionarios de la Procuraduría General de la República que solicitaron y pasaron la prueba del polígrafo. Los agentes del FBI que habían cruzado la frontera el 29 de noviembre de 1999 en busca de víctimas, suspendieron las excavaciones y regresaron a El Paso a mediados de diciembre. En ambos lados de la frontera, la investigación, al final, se desvaneció. Antes de que terminara, Alba fue ascendido y transferido a Washington. Dejó en su lugar a Frank Evans para que continuara con los trabajos. La operación concluyó poco después de que Edmundo Guevara asumiera el cargo como agente especial del FBI en El Paso. Los oficiales del FBI comentaron que Guevara había insultado al doctor Aragón, a quien se le había dado espacio para trabajar en las oficinas de la agencia durante el operativo. Al sentirse persona non grata, Aragón se retiró después de su desagradable encuentro con el nuevo jefe del FBI. Los agentes mencionaron que Guevara cerró la investigación por la parte estadunidense y destinó a los agentes a otros casos. En México, Madrazo y sus colaboradores pagaron también un alto precio por su actuación en estos operativos. Larieta estuvo a punto de formar parte de una controversia, y al igual que el doctor Aragón, salió de la PGR. Después de que Fox asumiera la presidencia, Madrazo fue nombrado cónsul en Oregon, en tanto que el funcionario que fuera el cerebro del famoso maxiproceso, fue enviado a un consulado en Europa.

Siguen ajustes del cartel

El cartel Carrillo Fuentes continuó con su reinado en Juárez y un mayor número de mujeres fueron asesinadas. En 2001, el cuerpo de Jesús Sotelo, un narcotraficante, fue hallado a un lado del Rancho de la Campana, y dos años después, Daniel Sotelo, un familiar y también narcotraficante, fue asesinado en Chihuahua. Pero la aportación del FBI no concluyó con los nueve cuerpos encontrados o con la acusación formal del capo. La operación también dirigió al FBI hacia territorio no explorado, así como a significativas pistas respecto a las desapariciones de hombres y mujeres en México durante las décadas de los setenta y ochenta. Los oficiales dicen que la revelación de estos detalles hubiera ocasionado un terremoto político en México. Esta parte de la Operación Plaza Sweep se menciona por primera vez aquí.

El FBI y la guerra sucia

Rosario Ibarra de Piedra estuvo en Juárez, en 2002, para expresar su solidaridad a las madres de las víctimas asesinadas o desaparecidas. Me reuní brevemente con ella en un domicilio del centro de Juárez, en el cual se encontraban Marisela Ortiz, cofundadora de Nuestras Hijas de Regreso a Casa, la profesora Julia Monárrez, del Colegio de la Frontera Norte y el criminólogo Óscar Máynez. Ibarra, una mujer de 70 años y exlegisladora, activista ampliamente respetada por su labor pro los derechos humanos que ha luchado contra el gobierno durante décadas en su peregrinar para averiguar qué ocurrió con su hijo desaparecido Jesús Piedra, un estudiante de medicina señalado como líder de movimientos comunistas en México. Los fiscales mexicanos quienes acusan a Miguel Nazar Haro de la desaparición de éste, en 1975, en Monterrey, dijeron que el estudiante universitario fue detenido por la policía estatal y visto por última vez en 1976, en el Campo Militar Número Uno, en la ciudad de México. Aun cuando Nazar insiste en negar su intervención en las tor-

185

turas, admitió haber fundado la Brigada Blanca, un grupo paramilitar que detectaba a los sospechosos de disidencia en varios estados de la república, incluyendo Chihuahua. La Brigada Blanca estaba vinculada a la desaparecida Dirección Federal de Seguridad, encabezada por Nazar y Luis de la Barreda Moreno, y era integrada por policías y soldados que actuaban bajo las órdenes de esta agencia. Por más de treinta años, el gobierno negó la existencia de la brigada secreta. Las medidas represivas aplicadas contra los disidentes se registraron durante las administraciones de los expresidentes Gustavo Díaz Ordaz, Luis Echeverría y José López Portillo.

Los sobrevivientes de la guerra sucia en México sostuvieron que víctimas de torturas a manos de la policía y detenidos de manera ilegal fueron llevados a cárceles clandestinas y cuarteles militares. En vista de las reiteradas negativas oficiales, el mayor obstáculo que estas personas encontraron fue el que alguien les creyera. Rosario Ibarra estuvo ese día entre las mujeres de Juárez, a quienes alentó para que persistieran en su búsqueda de la verdad. A ella le había tomado toda una vida obtener algunas verdades, pero la justicia tan anhelada aún la evadía. Vicente Fox, el primer candidato de un partido de oposición electo presidente, no fue el primer funcionario federal de alto nivel en escuchar sus demandas. Ibarra no tenía la menor idea (ni nosotros tampoco) de que el FBI en El Paso contaba con la clave de los secretos más celosamente guardados en México sobre el destino de cientos de sus hijos e hijas.

El FBI culpa al ejército

Sin quererlo, la fuerza de elite estadunidense se ha convertido en el centro de convergencia para el candente tema de los derechos humanos. La Operación Plaza Sweep, llevada a cabo por la agencia en 1999, condujo al FBI hacia un nuevo territorio surgido del arranque de la investigación de las fosas clandestinas. El gobierno de Estados Unidos mantuvo oculto este operativo, pero el FBI proporcionó el resultado de las investigaciones al gobierno federal.

Jorge Madrazo era procurador cuando su oficina y la agencia estadunidense iniciaron la Plaza Sweep. Madrazo, quien continuó en el gobierno como cónsul en Estados Unidos, no ha mencionado palabra alguna de este explosivo y voluminoso expediente del FBI. Obtuve la primera pista al recibir un mensaje que decía: "Pregunte sobre los generales". Pero habrían de transcurrir dos años antes de recibir una respuesta. Escribí sobre la detención de los generales Mario Acosta Chaparro y Francisco Quiroz Hermosillo en agosto de 2001, después de que la oficina de Madrazo anunciara que estaban acusados de proteger al cartel de los Carrillo Fuentes.[8] En Estados Unidos, las autoridades federales consignaron a Vicente Carrillo Fuentes al haber ordenado supuestamente el asesinato de diez hombres en Juárez, incluyendo algunos cuyos cuerpos fueron descubiertos durante la excavación de fosas clandestinas en varios ranchos del cartel. Pero ni Madrazo ni su asistente Trini Larieta mencionaron, en esa ocasión, los cargos restantes que habrían de enfrentar los generales como resultado de una investigación del FBI. Ibarra y organismos internacionales como Human Rights Watch habían acusado al poder militar de México de serias violaciones a los derechos humanos, pero el gobierno respondía con silencio o negativas. Asimismo, los militares insistieron en refutar cualquier participación en la guerra sucia del país. Revelar lo que el FBI tenía hubiera provocado un escándalo político.

Para llevar a cabo esta minuciosa investigación sin precedente, esta agencia federal tenía a su disposición importantes herramientas, desde informantes hasta un arsenal de archivos de inteligencia. "No hay un investigador en México que sepa con lo que cuenta el FBI [...] las capacidades de éste van más allá de lo que la PGR siquiera imagina", mencionó la fuente de la agencia federal. Para esta parte de la investigación, el FBI estaba autorizado a hurgar en los bancos de inteligencia de Estados Unidos para desarrollar un archivo detallado del polémico papel desempeñado por el ejército en las décadas de los setenta y ochenta. "Como resultado de ello, fuimos capaces de documentar las muertes de 600 personas en México, en donde el ejército estaba involucrado", dijo la fuente del FBI.[9] La agencia contaba con testigos de estos hechos, así como otros informes fidedignos. También proporcionó al procurador general de la República los nombres de los principales militares implicados y de los testigos presentes durante los secuestros militares, encarcelamientos y ejecuciones. El resto ya dependía del gobierno. "Entregamos a los funcionarios mexicanos suficiente información para que la utilizaran como base de su propia investigación", expresó la fuente de la agencia. El problema ahora era ubicar a los implicados en los expedientes y que también tenían conocimiento de los hechos. De cualquier modo, el FBI había resuelto uno de los más grandes misterios en México.

Conscientes de que el vecino país del norte estaba enterado de todo, el gobierno ya no pudo darse el lujo de hacer a un lado lo inevitable —juzgar a sus elites militares consideradas intocables. El reporte del FBI mencionó que los militares Acosta y Quiroz eran reclutas cuando ellos y otros miembros de las fuerzas castrenses participaron en esta crisis política. Otros elementos se han retirado del servicio. Pero aparentemente, la Procuraduría General de la República tardó en emprender acciones respecto a los informes emitidos por el FBI. Una fuente del FBI dio esta explicación: "Fue tan vergonzoso que Edmundo Guevara concluyera la Operación Plaza Sweep, que fue necesario demorar cualquier aspecto del caso que pudiera tener un fuerte impacto para el gobierno".

Posteriormente, México nombró a un civil como fiscal, quien fue presionado para investigar el papel del ejército en la desaparición política de hombres y mujeres. Según un reporte de derechos humanos referente a México y elaborado por el Departamento de Estado de Estados Unidos, Quiroz y Acosta "estaban implicados en las muertes y desapariciones de 143 personas durante la década de los setenta".[10] Sin embargo, un tribunal militar decidió que los acusados podrían ser juzgados sólo por 22 muertes (los juicios militares están cerrados al público). En noviembre de 2003, una persona cuyo nombre era Horacio Zacarías Barrientos Peralta fue asesinado a tiros en el estado de Guerrero.[11] El hombre, de 55 años, mencionado en el expediente del FBI entregado anteriormente a México, había sido citado a declarar en contra de los principales implicados en la guerra sucia. Ignacio Carrillo Prieto, el fiscal asignado para dar seguimiento a los alegatos en contra de la milicia, sostuvo que el asesinato de Barrientos no perjudicaría este caso gubernamental al tener más pruebas a la mano. Una cuestión delicada con activistas de derechos humanos fue que el general Acosta era graduado de la Escuela de las Américas de Estados Unidos, en donde, según sus detractores, lo adiestraron en la técnica de las torturas aplicadas a las víctimas de México.[12] Amnistía Internacional y otras organizaciones cuestionaron si Rafael Macedo de la Concha, siendo militar, estaba dispuesto a impulsar la investigación hasta sus últimas consecuencias.

El ejército y el narco

En agosto de 2002, funcionarios judiciales dieron a conocer que un informante clave en el caso presentado en contra de los generales era el excapitán del ejército Gustavo Tarín. Según *La Jornada*, las autoridades lo entrevistaron exhaustivamente en El Paso.[13] Tarín sostuvo que Quiroz había autorizado el uso de aviones militares en la década de los setenta para el transporte de presos políticos y drogas. Tarín, uno de los informantes del FBI en El Paso con relación a la Operación Plaza Sweep, dijo también que durante algunos de esos viajes, los disidentes políticos al parecer fueron lanzados desde helicópteros. En los años noventa, al parecer el cartel también se deshizo de gente al arrojarla desde aviones o helicópteros del gobierno, justo durante el vuelo. Oficiales militares como Acosta, Quiroz y otros colegas habían utilizado lo practicado durante la guerra sucia, como apoyo al cartel. Kate Doyle, una analista experimentada para el Archivo de Seguridad Nacional (instituto de investigación privada en Washington), declaró a *The Washington Post* que documentos desclasificados demuestran que funcionarios de Estados Unidos estaban al tanto de cómo el gobierno mexicano "se había librado de sus opositores", pero resolvieron concentrarse en temas de "mayor interés por parte

189

de Washington, como el comercio y el petróleo".[14] El tiempo y las circunstancias dejaron entrever que las cosas no han cambiado cuando se trata de los crímenes contra mujeres. Por sus declaraciones a los medios de información en 2004, José Santiago Vasconcelos, brazo derecho de Macedo de la Concha, dejó en claro que no iba a haber nada, por parte del gobierno, en relación con gente importante que estuviera implicada en cualquiera de los dos asuntos —la guerra sucia o los asesinatos de las mujeres. "Qué decepción. Antes contábamos con Vasconcelos. En verdad, ya no hay nadie con quien trabajar", expresó un oficial estadunidense.[15]

Durante la gestión del presidente Miguel de la Madrid, la CIA adiestró a un equipo elite de militares que formaron parte de una unidad de inteligencia, según Laurie Freeman y José Luis Sierra.[16] El equipo recibió instrucciones de rastrear y localizar a los barones de la droga y diseñar estrategias para desmantelar los cárteles. Después, en 1996, el ejército estadunidense creó un programa para adiestrar y equipar "tropas de choque antinarcóticos" denominada Grupos Aeromóviles de Fuerzas Especiales (GAFES). Los nuevos comandos elite fueron comisionados en todo el territorio nacional para dar con su paradero y detener a los narcotraficantes, particularmente en el estado de Jalisco y en la frontera México-Estados Unidos, según Freeman y Sierra.[17] El escritor Rafael Loret de Mola ha entrevistado al general Jesús Gutiérrez Rebollo en el penal de Almoloya de Juárez sobre los "rambos", como les dice él, y Gutiérrez dijo que "tienen carta blanca para realizar todo tipo de actividades secretas y por toda la geografía nacional [...] yo firmaba sus cheques y nunca les vi la cara".[18]

Al igual que ha ocurrido con otros programas, algunos de los GAFES elite desertaron de las filas militares para unirse al narcotráfico, además de que oficiales federales estadunidenses han confirmado que los desertores (los Zetas) han prestado sus servicios como sicarios. ¿Cómo es que estos equipos nunca dieron con los Carrillo Fuentes, el Azul Esparragoza o Eduardo González Quirarte, los barones del cartel de Juárez? En estos lugares de México, adonde despachaban los equipos antidrogas casi desde el Pentágono, también

190

se ensayaba otra cosa. Una guerra contra el narco al estilo "Rambo". Las mafias tenían que responder con una contraguerra. Los lugares en disputa representaban plazas del contrabando, y los futuros sitios de una gran ola de feminicidios. En el año 2004 se llevó a cabo una táctica distinta, utilizando a bandas de comandos armados financiados al parecer por los sectores privados de México y Estados Unidos. Se les podía llamar paramilitares. La tarea de la Operación Dropkick de una banda era infiltrar y tumbar el cartel de drogas de los Arellano Félix. Según el equipo antidrogas privado, los carteles gastaron millones de dólares para rastrearlos. Así los narcotraficantes lograron asesinar a algunos de ellos, pero los "rambos" se infiltraron de tal manera que casi fue imposible identificarlos. Podían ser los grandes héroes del día, pero sin saber a quienes responden estos grupos encubiertos, también es difícil determinar si son respaldados por los gobiernos, por gente de un auténtico espíritu cívico, o por otros mafiosos que desean eliminar a sus rivales. Por casualidad, una de estas bandas privadas se topó con uno de los asesinos de las mujeres de Ciudad Juárez, y adquirió evidencia de este hombre por otros crímenes. No hay que olvidar que en los asesinatos de Digna Ochoa y Norma Corona, abogadas que se dedicaban a luchar por los derechos humanos, está implicado el ejército o los elementos antidrogas que trabajan con el ejército. La CIA debe saber muy bien quiénes fueron los autores intelectuales de sus muertes. He sospechado por mucho tiempo que la CIA también sabe la historia entera de los feminicidios de México, pero es un asunto que siguen tratando como secreto de Estado. Debemos preguntar aquí: ¿para el beneficio de quién? Durante una época, según la revista *La Crisis*, las agencias de inteligencia de Estados Unidos utilizaron un rancho del capo Rafael Caro Quintero para entrenar a los contras de Nicaragua, y al parecer, Manuel Bartlett estaba informado de esto.[19] La periodista Dolia Estevez reveló esto en una de sus columnas, citando a Ralph McGehee, un supuesto desertor de la Agencia Central de Inteligencia.[20] No por nada le advirtió un barón de las drogas a Ana que "nada se podía hacer en relación con los feminicidios".

Mujeres de la guerra sucia

Leticia Galarza, hermana de la activista de Juárez, Judith Galarza, fue una víctima de la Brigada Blanca. Judith explicó que su hermana era sospechosa de pertenecer a la Liga Comunista 23 de Septiembre, y fue desaparecida, en 1978, a manos de fuerzas de seguridad en la ciudad de México. Desde entonces, no se ha vuelto a saber nada de su paradero. Durante la búsqueda de Leticia, la familia de la desaparecida se dio cuenta de que había dado a luz, probablemente dentro de la prisión. La familia logró localizar y recuperar al infante, pero nada de Leticia.[21] Julián Mata, un activista miembro de la Federación Latinoamericana de Asociaciones de Familiares de Detenidos-Desaparecidos (AFADEM), viajó a Ciudad Juárez en el 2001 para reunirse con miembros de la Asociación de Familiares y Amigos de Personas Desaparecidas de Juárez y El Paso, Texas. El propósito de la visita fue lograr que canales internacionales pudieran presionar a las autoridades para saber qué les ocurrió a las personas que desaparecieron en la década de los noventa, y cuyas desapariciones son atribuidas al cartel por los funcionarios de México y Estados Unidos. Asistí a la reunión con Mata, la cual se llevó a cabo en el domicilio de Loren Magaña, cuñada del desaparecido comandante Alfonso Magaña.

Mata comentó después que algunas de las mujeres, encarceladas durante el combate contra los disidentes en México, fueron violadas como una forma de tortura. Algunas resultaron embarazadas, y sus verdugos acentuaron su tortura al amenazarlas con quitarles a sus criaturas. Mencionó que algunas mujeres fueron recluidas en la cárcel después de ser acusadas falsamente de ejercer la prostitución, e incluso que los niños a quienes dieron a luz dentro de la prisión eran "robados". Uno de los casos más sonados es el de Alicia de los Ríos Merino, quien fue detenida el 5 de enero de 1978, por elementos de la DFS y el ejército en México. Según el Centro de Derechos Humanos Miguel Agustín Pro Juárez, ella fue vista con otros en el Campo Militar Número Uno. Alicia fue acusada de ser integrante de la Liga Comunista 23 de Septiembre pero hasta hoy sigue desaparecida.[22] La Brigada Blanca también llevó a cabo redadas en Juárez, y varias personas de Chihuahua siguen desaparecidas. Algunos como Minerva Armendáriz Ponce lograron su libertad. Según la Agencia Reforma de noticias, ella tenía 16 años cuando fue secuestrada en 1973, y la llevaron a la Quinta Zona Militar de Chihuahua, de donde fue trasladada por elementos de la DFS a la ciudad de México y llevada a una cárcel clandestina para ser torturada.[23] El hermano de Minerva, Carlos Armendáriz Ponce, miembro del Movimiento Armado Revolucionario (MAR), fue asesinado en la sierra tarahumara junto con otros estudiantes. En julio de 2004, la exintegrante del MAR, declaró a la prensa que "los caídos, los desaparecidos, todas esas familias destrozadas merecen justicia [...] se trata de crímenes de lesa humanidad".[24] En caso de que el gobierno dé seguimiento a los informes otorgados por el FBI, Judith Galarza probablemente viva lo suficiente para presenciar una conclusión en el caso de su hermana.

La complicidad de funcionarios con el narcotráfico en ese tiempo, además de la tolerancia hacia toda clase de abusos, se combinaron para alimentar la corrupción oficial, sin precedente, que alcanzó su punto culminante con los crímenes contra mujeres. Los enlaces de complicidad se fueron tejiendo antes de la década de los noventa, y sirvieron después para sembrar el terror e inestabilidad en estados de ensayo, como Chihuahua, México y Morelos, donde se ha producido la industria del secuestro, la extensión del narcomenudeo y la violencia extrema. Esto se llama la "colombianización" de México, una aparente estrategia de los Carrillo Fuentes, que a su vez ha producido en ciertos lugares un gobierno *amafiado*.

Qué irónico. Una tabla de madera que habitantes de Juárez hallaron hace años en Lomas de Poleo, con sus esvásticas nazis, toscos dibujos de soldados, plantas de marihuana y mujeres desnudas, representó una radiografía muy concisa de las condiciones prevalecientes en la ciudad fronteriza.

David Alba, jefe del FBI, siempre consideró que una política binacional de cooperación representaba la clave para resolver los crímenes más arduos de la década de los noventa en la frontera —las desapariciones forzosas de personas en Juárez, incluyendo un creciente número de ciudadanos de Estados Unidos, así como mujeres asesinadas. Antes de establecerse en El Paso, como jefe de la agencia federal, Alba había llevado a cabo investigaciones de narcotráfico a lo largo de la frontera México-Estados Unidos. Alba no quería que hubiera trabas jurisdiccionales que frenaran las investigaciones. Consideró al operativo, sin precedente, Operación Plaza Sweep (Limpieza de Plaza) como el principio de una nueva colaboración transfronteriza entre las agencias judiciales de Estados Unidos y México. "Las estrellas estaban presentes justo en la época precisa para esta colaboración", expresó Alba.[25] Algunos crímenes ya son tradicionales en la frontera: narcotráfico, tráfico de personas, robo de vehículos, tráfico de armas y homicidios. En teoría, gente del lado estadunidense en la frontera podría planear la comisión de crímenes en el lado mexicano, factor suficiente para que, en algunos casos, las autoridades estadunidenses pudieran formular cargos por asociación delictuosa para asesinar a una o más personas en suelo mexicano. Luego de demostrar el éxito de Plaza Sweep, Alba dijo que tenía intenciones de llevar a cabo otra investigación binacional sobre los homicidios de mujeres. Algunas mujeres asesinadas en Juárez, en diversas circunstancias, eran ciudadanas de Estados Unidos. Sin la intervención de Estados Unidos, sus muertes permanecerían sin resolver. A raíz de la operación binacional, el cartel de Carrillo Fuentes ofreció una recompensa de 250,000 dólares a cambio de las cabezas del FBI que desempeñaron papeles clave en ese operativo, incluyendo a Alba y Frank Evans, el segundo de a bordo en el FBI de El Paso.

Al principio, la oficina del FBI en El Paso trató de trabajar conjuntamente con las autoridades de Chihuahua. "Por ello se nos ocurrió solicitar al FBI la colaboración de perfiladores para coadyuvar en las investigaciones", comentó Alba. El cuartel general de la agencia accedió y envió a varios perfiladores de la Academia del FBI en Quantico, Virginia, hacia la frontera. El agente especial del FBI, Al Cruz, mencionó que los perfiladores dudaban en venir a la frontera, ya que temían no tener el control sobre su propia labor. De hecho, esos temores se materializaron y lo que ocurrió frenó la participación de las autoridades de Estados Unidos por mucho tiempo. En 1999, Arturo González Rascón se desempeñaba como procurador general de Justicia en Chihuahua, mientras que Suly Ponce ostentaba el cargo de fiscal especial para asumir las investigaciones. Frank Evans, el brazo derecho de Alba en El Paso, dijo que el FBI tenía una larga lista de recomendaciones de investigación para las autoridades de Chihuahua, incluyendo "estrategias para capturar a los asesinos".[26]

El oficial retirado del FBI, Robert Ressler, quien fuera el iniciador de perfiles criminales en el FBI, fue el primer experto en asesorar a la policía judicial del estado sobre los casos. Durante su visita de 1998, Ressler se reunió igualmente con la policía de El Paso, y efectuó algunas visitas a solicitud de las autoridades estatales de Chihuahua, sobre todo cuando la opinión pública los presionaba para actuar y hacer algo al respecto. Ressler comentó que uno o más asesinos en serie estaban en actividad, y que esta o estas personas al parecer eran hispanos o mexico-estadunidenses, "alguien que puede mezclarse fácilmente entre la gente y pasar desapercibido —tal vez alguien que aprovecha las ventajas de cruzar la frontera para cometer los crímenes". Los perfiladores del FBI viajaron a Juárez, en marzo y abril de 1999. Sus viajes coincidieron con los arrestos, en 1999, de varios choferes que fueron acusados de asesinar a mujeres por órdenes de Abdel Latif Sharif Sharif a cambio de dinero. Yo estaba en la sala de redacción de *El Paso Times* cuando me enviaron por fax un boletín de prensa de la Procuraduría General de Justicia del Estado de Chihuahua, con relación al trabajo de los perfiladores. Las autoridades estatales enviaron una declaración escrita a los medios de información. De acuerdo con el comunicado, los expertos del FBI al parecer coincidieron con las autoridades estatales de Chihuahua en señalar a Sharif como responsable de los homicidios. Conocedora de cómo se maneja el FBI, me sentía reacia a redactar una nota periodística basada únicamente en el boletín de prensa, no sin antes verificar con el FBI. Le llamé al agente Al Cruz, vocero encargado de contestar las preguntas de la prensa, y me pidió que le enviara copia del comunicado. Dos horas más tarde, me llamó y me pidió que no publicara las declaraciones atribuidas al FBI en el boletín. Dijo que éste no deseaba generar un incidente internacional, y declaró que los expertos del FBI no dijeron eso. Las autoridades estatales de Chihuahua seleccionaron varios expedientes para que el FBI los revisara; y de esos archivos, los expertos se llevaron copias de aquellos expedientes que pretendían analizar más adelante. En su segundo viaje de regreso a Juárez, en abril de 1999, los expertos se reunieron con funcionarios estatales de Chihuahua, incluyendo Suly Ponce, y emitieron un reporte verbal sobre sus conclusiones iniciales. Al Cruz, quien acompañó a los agentes de Estados Unidos, dijo que los perfiladores esperaban regresar a la frontera para proseguir con su labor. Pero los funcionarios estatales de Chihuahua les comunicaron que ya tenían detenidos a los sospechosos y les agradecieron su apoyo. Al Cruz comentó que los funcionarios de Chihuahua también les preguntaron a los perfiladores su opinión sobre el caso formulado en contra de Sharif, y ellos se limitaron a responder que se trataba de una novedosa teoría. Casi ninguno de los reporteros mexicanos se tomó la molestia de verificar ese boletín con el FBI, y emitieron notas en todo México, con base en el boletín de prensa emitido por el gobierno del estado de Chihuahua. Antes de redactar mi nota, le comenté al vocero, Juan Manuel Carmona, que el FBI negó haber emitido tales comentarios; él contestó que lo sentía mucho, y salió del paso con la explicación de que tal vez se trató de un error en la traducción. Era evidente que las autoridades de Chihuahua no tenían interés en lo que podían ofrecer los perfiladores.

"Me sentí desilusionado", dijo Alba, quien estaba entusiasmado con vislumbrar algún progreso en los homicidios que empezaban a atraer la atención mundial. Luego de esta experiencia, los agentes del FBI resolvieron colaborar únicamente con funcionarios judiciales de la Procuraduría General de la República. Tres años después, los del FBI comentaron que los perfiladores verificaron los expedientes de 78 homicidios, y fotocopiaron de 25 a 30 de éstos para un escrutinio más a fondo. Su punto de vista preliminar consistió en señalar que uno o más asesinos en serie estaban involucrados en, por lo menos, treinta de los crímenes, pero planeaban un viaje de regreso para obtener sus conclusiones. Robert Ressler expresó que se sentiría muy sorprendido si los perfiladores salieran con alguna conclusión diferente a la expuesta por él en 1998. "Probablemente fueron alumnos míos en la Academia del FBI", expresó.[27]

FBI: crímenes contra la humanidad

Hardrick Crawford Jr., el nuevo jefe del FBI después de Edmundo Guevara, tenía unos meses en El Paso cuando se asomó por la ventana de su oficina del FBI y observó a varios manifestantes que llevaban a cabo una protesta frente al edificio federal. Se trataba de miembros de la Asociación de Familiares y Amigos de Personas Desaparecidas, quienes demandaban saber por qué el FBI no continuó con la investigación de Plaza Sweep. Era noviembre de 2001, el segundo aniversario de las primeras excavaciones, y se mostraban desesperados por conocer el paradero de sus familiares desaparecidos. Crawford, quien tuvo conocimiento de las tumbas clandestinas antes de establecerse en El Paso, se reunió después con ellos. Los miembros de la agrupación se sintieron complacidos con la personalidad de Crawford, a quien describieron como una persona abierta, amistosa y simpática. Antes de llegar a El Paso, durante el verano de 2001, Crawford había trabajado en varios casos de muy alto perfil, como los ataques terroristas en la embajada de Estados Unidos en Kenia, en 1998, y la captura de James C. Kopp, un fugitivo federal de gran envergadura, en 2001. Richard Schwein, un oficial retirado del FBI en El Paso, catalogó así a Crawford, "es un excelente investigador". A inicios de su

197

gestión, Crawford dijo que "probablemente ya no podamos hacer nada por los asesinatos [de mujeres] que ya fueron cometidos, pero por lo menos podemos tratar de prevenir otros. Tenemos que saber lo que ocurre con todas esas damas desaparecidas".[28]

Poco tiempo después del descubrimiento de ocho cadáveres de mujeres en Juárez, en noviembre de 2001, el FBI empezó a recibir llamadas y visitas por parte de escritores, periodistas y organismos de derecho humanos, deseosos de conocer la participación del FBI sobre la investigación de los crímenes contra mujeres al otro lado del río Bravo. Una y otra vez, el FBI se vio precisado a explicar que esta agencia federal no está facultada para operar en México sin una invitación expresa por parte del gobierno para colaborar. Crawford sorprendió a muchos al aparecer en un reportaje del programa *20/20 Downtown* de la ABC sobre los crímenes contra mujeres, el 31 de enero de 2002. Después, en julio de 2002, el FBI recibió una carta vía fax para solicitar la presencia de Crawford, o de algún representante, en una reunión en Juárez para buscar resolver los homicidios. El diputado federal David Rodríguez Torres, quien formó parte de la comisión legislativa con relación a estos crímenes, encabezó esta junta llevada a cabo en el Hotel Lucerna. "Nos avisaron con muy poco tiempo de anticipación, la invitación nos llegó por fax apenas la noche anterior a la reunión, y cuando llegué, me di cuenta que nadie esperaba mi presencia. Se mostraron muy sorprendidos cuando aparecí por la puerta", dijo Crawford.

La junta, de dos horas de duración, se llenó de tensión cuando Lorenzo Aquino, funcionario federal en cuanto a la procuración de justicia en Juárez, comenzó a justificarse sobre el porqué el gobierno federal no podía involucrarse en las investigaciones estatales. Cuando se le pidió su opinión, Crawford le comentó a los integrantes de la comisión su postura de recomendar una fuerza de tarea binacional para investigar los asesinatos; había reflejado exactamente el sentir de David Alba. Crawford añadió que "lo que ocurre en Juárez es un crimen contra la humanidad".[29] Sus palabras fueron destacadas a ocho columnas en los medios de información. Y después de que el presidente Vicente Fox exteriorizara su pretensión de solicitar la colaboración del FBI, Crawford se comunicó a Quantico para saber si los perfiladores estaban dispuestos a regresar a Juárez, e incluso seleccionó, en la oficina del FBI en El Paso, a los investigadores que integrarían esa fuerza binacional. A pesar del fiasco ocurrido en 1999, los perfiladores se mostraron dispuestos a regresar a la frontera para ayudar.

Hotline telefónica

En la misma semana en que se llevara a cabo la reunión con los diputados mexicanos, Crawford fue a cenar con su esposa a El Paso Club. Algunos de los meseros se le acercaron y le preguntaron si podían tomarse una fotografía con él. Mostraron un ejemplar del periódico *Norte* con un encabezado sobre sus declaraciones. Los meseros se habían apresurado a comprar una cámara desechable, y después de tomarse las fotografías, le dieron las gracias a Crawford por su interés hacia las mujeres de Juárez. Este incidente le conmovió. Algunos de sus empleados en el FBI que tenían parientes en México le expresaron a Crawford su agradecimiento por su interés en esclarecer los crímenes. En ambos lados de la frontera, activistas de derechos humanos también buscaban la manera de poner su granito de arena. Uno de los grupos me invitó a una exitosa sesión, en donde sugerí preguntar si la organización Crime Stoppers estaría dispuesta a recibir llamadas sobre los asesinatos, e incluso ofrecer una recompensa a cambio de información. Había gente en los dos lados de la línea divisoria dispuesta a aportar pistas a las agencias judiciales de Estados Unidos, de naturaleza confidencial. La idea fue presentada, y Carlos Martínez, padre de Carly Martínez, una joven asesinada en Las Cruces, Nuevo México, le comunicó al activista de derechos humanos, Víctor Muñoz, su voluntad de apoyar la propuesta. Aunque Carlos Martínez fue integrante del consejo directivo de Crime Stopers, esta medida fue desechada después de que un miembro del consejo opuso resistencia a la propuesta. Muñoz, representante de la propuesta, dijo que "ese consejero temía ofender con ello a la policía

199

en Juárez". Posteriormente, el FBI y el Departamento de Policía de El Paso, en un convenio con las autoridades estatales de Chihuahua, instalaron una línea telefónica gratuita para recibir avisos o informes sobre los asesinatos en Juárez. El FBI y la policía de El Paso monitorearían y analizarían los telefonemas, y luego transmitirían a las autoridades la información que ellos consideraran valiosa. En pocos meses, recibieron más de sesenta llamadas.

Divulgan reporte del FBI

Lilia Alejandra García Andrade tenía 17 años cuando fue asesinada, en febrero de 2001. Nueve meses después, la Procuraduría General de la República en Juárez dejó filtrar un reporte que el FBI había entregado a México respecto al asesinato de la joven. De acuerdo a reportes de inteligencia de la agencia estadunidense, varios sicarios al servicio de narcotraficantes secuestraron a la joven obrera de maquiladora y la mantuvieron prisionera por varios días. La divulgación de este informe puso en riesgo a testigos confidenciales que habían proporcionado información al FBI. Al principio, los informantes se dirigieron a la fiscal especial Suly Ponce, pero resolvieron acudir a la agencia estadunidense después de que la fiscal Ponce se deshiciera de ellos bruscamente. Ponce trató de culpar de este crimen a unos trabajadores de un circo establecido en un centro comercial frente al sitio en donde fue hallado el cadáver de la adolescente. La funcionaria se retractó, sin embargo, cuando los empleados circenses la acusaron de tratar de cohecharlos a cambio de implicar a un compañero de trabajo.

Después de que el reporte del FBI fue filtrado a la prensa mexicana, personas que se ostentaron como agentes del mismo trataron de localizar a algunos de los testigos en Ciudad Juárez. Una pareja dijo haber recibido amenazas y tuvo que abandonar la ciudad. Nadie supo quiénes eran los falsos agentes del FBI, pero este episodio sirvió para hacer énfasis en los peligros que podrían correr los ciudadanos al otorgar pistas a las autoridades.

El departamento de inteligencia del FBI expresó que uno de los atacantes de Lilia Alejandra García era conocido como Raúl, un narcotraficante que tiene parentesco con el propietario del taller y donde los sospechosos habían estacionado su automóvil. Aquí reproducimos parte del reporte del FBI:

> Hay una mujer que tiene una amiga, casada con un hombre que trabaja para Raúl en el empaquetado de droga y la elaboración de compartimientos ocultos para vehículos. En una ocasión, cuando la primera mujer visitó a su amiga, Raúl estaba presente y le ofreció trabajo en la industria del narcotráfico. Le dijeron que para poder colaborar con ellos, debería asesinar a un miembro de su familia. La gente asesinada a manos del grupo de Raúl, supuestamente sufre mutilaciones.

Algunos testigos que se encontraban cerca del auto, en la calle Rancho Becerra, el 19 de febrero de 2001, cinco días después del secuestro, dijeron haber visto a una mujer dentro del automóvil, la cual sería identificada, poco tiempo después, como Lilia Alejandra, y que ésta forcejeaba con uno de los hombres. Los testigos manifestaron que un hombre que hacía las veces de vigilante se dirigió al interior del taller de reparación de aparatos eléctricos.[30]

Una mujer les pidió a los vecinos que llamaran a la policía "porque algo terrible le está pasando a una joven en ese automóvil". Otra testigo, a quien conocí posteriormente, tuvo que llamar dos veces a la policía antes de que una patrulla acudiera al lugar. Esta última testigo se dijo víctima de profundos sentimientos de culpa, "porque yo siento que pude haber hecho más para salvar la vida de la joven. Estoy en tratamiento con un terapeuta". Jorge Domínguez, propietario del taller de reparación y extécnico de la maquiladora Phillips, negó enfáticamente estar implicado en el ataque. "Me sometieron a exámenes de ADN y salí negativo", sostuvo.

Norma Andrade, la madre de Lilia Alejandra, admitió que aunque Domínguez estaba en lo cierto, la policía judicial del estado no trató de obtener un perfil genético de Raúl, el pariente de Domín-

201

guez mencionado en el reporte del FBI y quien maneja un negocio a dos calles de distancia del taller de televisión. Ponce dijo haber investigado estas versiones, pero luego las desechó al considerarlas sin fundamento. La nueva fiscal Zulema Bolívar, quien sustituyó a Ponce, dijo estar enterada de que residentes de Juárez habían acudido en años pasados ante el FBI para proporcionar información sobre los asesinatos. "Como usted sabe, no contamos con un programa de protección a testigos como en Estados Unidos", explicó Bolívar. Y cuando finalmente una radiopatrulla llegó al sitio esa noche, el Thunderbird con la joven adentro ya se había retirado. Los radioperadores de emergencia señalaron haber creído que la primera llamada se trataba de una broma, por lo que no enviaron a ninguna unidad.

Un altar personal

La muerte de Lilia Alejandra se convirtió para mí en un importante símbolo de la naturaleza de estos irrefrenables crímenes y de la aparente falta de voluntad de las autoridades para marcar un alto. Un día fui a buscar el lugar en donde su cadáver había sido arrojado y tropecé con la elevada cruz de madera que tenía su nombre inscrito y que había sido colocada en su memoria. Esa cruz se erigía en medio de un predio en forma triangular frente a la calle del centro comercial Plaza Juárez. Otra parte del terreno colindaba con la maquiladora en donde ella trabajaba, así como una zona residencial. Ella fue vista por última vez cuando salió de la planta al terminar su turno. El exgobernador Teófilo Borunda era el dueño del predio utilizado para abandonar el cuerpo de la joven. La víctima, de 17 años, había contraído matrimonio a los 15 años y tenía dos hijos; ya estaba separada de su marido al desaparecer y vivía con sus padres. Norma Andrade, su madre, era maestra, y en 2003, fue candidata a diputada por el Partido del Trabajo. En el momento en que observaba la cruz, escuché a lo lejos el llanto de un bebé proveniente de una casa vecina y, sin darme cuenta, todo ello me impactó. En un instante, imaginé a las hijas, madres y hermanas que un día faltaron

202

a sus hogares debido a que alguien las había convertido en sus víctimas. Rompí en llanto. Hasta ese momento no me había dado cuenta de la carga emotiva que había acumulado en mi interior desde el comienzo de mis pesquisas sobre los crímenes. La gente que pasó por el lugar debe haberme confundido con una familiar de la joven asesinada. Después de ese día, la cruz de Lilia Alejandra se convirtió en mi altar personal.

Siempre he creído que su caso posee la clave para esclarecer algunos de los brutales crímenes. El criminólogo Óscar Máynez, el exjefe de servicios periciales del estado, quien presenció la autopsia de Lilia Alejandra, me dijo. "En realidad, su muerte y la de tres de las ocho jóvenes cuyos cadáveres fueron descubiertos en noviembre de 2001, mostraban las mismas características de los crímenes en serie que presenciamos a inicios de la década de los noventa". De acuerdo a la necropsia practicada al cuerpo de la joven, llevaba sin vida sólo unas pocas horas antes de ser descubierta por transeúntes el 20 de febrero. Fue violada tumultuariamente antes de ser estrangulada. Después, conocí a la madre de la joven, quien le reclamó al propietario del predio por haber enviado maquinaria para emparejar el terreno, destruyendo así cualquier prueba o evidencia que pudiera haber existido.[31] La joven fue secuestrada el 14 de febrero, día de San Valentín. Observé que el vehículo en donde la joven había sido vista, estuvo estacionado enseguida del centro comercial San Valentín, en tanto que el predio en donde estaba la cruz colinda con la avenida San Valentín. Un rumor no confirmado señala que Lilia Alejandra fue utilizada como una especie de regalo del Día de San Valentín.

En enero de 2002, me entrevisté con el abogado Heliodoro Juárez, expresidente de la Comisión Estatal de Derechos Humanos de Chihuahua. También ejercía como catedrático en leyes y estaba muy interesado en la investigación de los crímenes, debido a un sentimiento de frustración de ciudadano criado en esta ciudad fronteriza. Planeaba conformar un equipo de estudiantes de derecho para colaborar en estos esfuerzos. Era muy motivado y audaz. Luego de nuestro encuentro inicial, acordamos platicar nuevamente en unos meses más para verificar los avances de todas nuestras indagaciones. Cuando al fin pudimos vernos ese verano, era ya otro hombre. Me aclaró que ya no deseaba involucrarse en la investigación de los asesinatos. Trazó un mapa del sitio en donde Lilia Alejandra fue encontrada sin vida y de otros lugares de relevancia para el caso, pero repentinamente cambio de opinión y destruyó el dibujo. "Estoy enterado del caso de la joven", me advirtió. "Retírese del caso. Es muy peligroso. Se trata de gatilleros a sueldo que mutilan los senos de las mujeres y que trabajan para los narcotraficantes de la banda de los Domínguez." Heliodoro nunca aclaró a cuáles Domínguez se refería, aunque investigadores mexicanos y estadunidenses señalaron que hay Domínguez —un apellido muy común en la frontera— diversos dedicados al tráfico de drogas. Heliodoro abandonó la ciudad fronteriza. No faltó quienes se acercaran después para hablar de riesgos mucho más serios que el peligro advertido por el bien intencionado abogado.

Crawford se va del FBI

A mediados de 2003, el jefe del FBI en El Paso, Hardrick Crawford Jr., quedó atrapado en una especie de tormenta política que truncó su carrera. Justo antes de este fuego cruzado, altos funcionarios federales viajaron a Juárez para hablar con Crawford y funcionarios del estado de Chihuahua sobre los crímenes. "Fue un avance enorme", comentó Crawford. "Los funcionarios nos pidieron nuestra colaboración en la investigación de los crímenes contra mujeres y el cartel." Entre los que asistieron a la junta estaba José Santiago Vasconcelos, subprocurador especial en la Investigación de la Delincuencia Organizada, y los subprocuradores generales de la República, Carlos Vega Memije y José Murillo Campos. Este último fue el primero en declarar públicamente que los juniors podrían estar implicados en los asesinatos.[32] La tormenta para Crawford se disparó al poco tiempo, cuando el exprocurador general de la República, Jorge Carpizo acusó a José María Guardia, concesionario del Hipódromo y Galgódromo

204

de Ciudad Juárez, y al arzobispo de Guadalajara, cardenal Juan Sandoval Íñiguez, de lavar dinero procedente del cartel. Crawford entabló amistad con Guardia y el cardenal, y escritores como Isabel Arvide criticaron las amistades del jefe del FBI, al calificarlas como "relaciones peligrosas". Aun cuando Carpizo dijo haber sustentado sus acusaciones en una carta "anónima", que fue considerada prueba suficiente para que el procurador Rafael Macedo de la Concha iniciara una averiguación previa.

Guardia atribuyó los señalamientos de Carpizo a una venganza del exfuncionario en contra de Guardia y el cardenal, después de que ambos acusaran a Carpizo de llevar a cabo una deficiente indagatoria sobre la muerte del cardenal Juan Jesús Posadas, en 1993. La prensa publicó notas sobre Crawford y sus polémicos amigos. Antes de ello, el FBI en El Paso detalló cómo había confiscado una credencial de la policía federal en donde aparecía la foto del capo Vicente Carrillo Fuentes. La identificación portaba la supuesta firma de Diego Valadés, exprocurador general de la República y amigo cercano de Carpizo. Crawford consideró necesario defender a sus amigos durante una conferencia de prensa en mayo de 2003, en el Hipódromo y Galgódromo de Ciudad Juárez, para declarar públicamente su apoyo hacia ambos personajes. Y ello significó su ruina. Antes del acto, el empresario Valentín Fuentes trato de convencer a Sandoval de que no asistiera a la rueda de prensa. Según Fuentes, Guardia iba a caer y Sandoval no debía de dejarse arrastrar con él. Guardia, quien estaba en contacto con el cardenal por teléfono, se percató de esto y mandó "a la chingada" a Sandoval por rajarse. Le comentó que Crawford estaba dispuesto a defenderlo, lo que entonces convenció a Sandoval de ir al hipódromo. Dignatarios eclesiásticos habían mencionado al cardenal Sandoval, exobispo de Juárez, como un posible candidato a convertirse en el futuro papa.

Mientras tanto, Crawford le pidió al FBI investigar a Guardia. Y luego trascendió que, después de la dimisión de Crawford a su cargo, su esposa trabajaba para Guardia como asesora en mercadotecnia y él compartía los beneficios de su membresía en el Country

205

Club de Coronado en El Paso, Texas, y ello orilló al Departamento de Justicia de Estados Unidos a efectuar una investigación sobre el jefe del FBI en El Paso. Éste dio a conocer la fuente de ingresos de su esposa, de acuerdo a la política establecida en el FBI. Luego de que la situación subió de tono, verifiqué con mis contactos de México, y me respondieron que "Guardia es una persona muy importante para la inteligencia de Estados Unidos, la señora Crawford está libre de toda sospecha y la mafia quiere deshacerse de Crawford".

José de Maria y Campos, subsecretario de Relaciones Exteriores y amigo de Carpizo y Valadés, se quejó formalmente por escrito ante la embajada de Estados Unidos sobre la intervención de Crawford en los asuntos internos de México.[33] La misiva dio lugar a una inmediata intervención del embajador de Estados Unidos en México, Tony Garza, quien prohibió a Crawford ingresar a México como representante del FBI. Sólo podría cruzar la frontera con fines sociales o en calidad de turista. El cardenal Sandoval acudió ante el presidente Vicente Fox para hablar sobre la investigación de lavado de dinero, y junto con Guardia, esperó los resultados. Dos meses después, el subprocurador José Santiago Vasconcelos dijo que la investigación efectuada por la dependencia judicial no encontró ningún tipo de anomalías o irregularidades en Guardia o el cardenal. El gobierno federal había cancelado a Guardia el permiso para operar juegos, pero luego se lo renovó al concluir la investigación. Sin embargo, Crawford optó por retirarse de su puesto. "Yo no hubiera querido que mi carrera policiaca terminara así", confesó Crawford.

Representantes de varios organismos de derechos humanos se quedaron atónitos ante el desarrollo de los acontecimientos, y consideraron haber perdido a un valioso aliado ante la salida de Crawford. El funcionario del FBI había profundizado su amistad con Guardia, quien cuenta con Fidel Castro entre sus amistades, por consejo de Art Werge, un agente especial del FBI. Werge creía firmemente que a la agencia le convenía mantener un contacto cercano con una persona como Guardia, alguien que supiera desenvolverse en los círculos de la alta política y los negocios. A través de Guardia, logré entrevistar

206

al cardenal Sandoval durante una de sus visitas a Juárez. Le pedí su opinión sobre los crímenes contra mujeres en Juárez, que empezaron a cometerse el mismo año del asesinato del cardenal Posadas. Sandoval coincidió que gente muy poderosa podía estar implicada, a fin de que continuara la serie de asesinatos. Guardia, quien tenía amistades en México, también se enfrentaba a influyentes detractores. Comentó que una de las razones "de exigir la cancelación de mi licencia obedecía a que los patrocinadores de Jorge Hank Rhon pretendían que obtuviera la concesión de un casino en Juárez. A efecto de lograr ese permiso, primero tenían que quitarme del camino", dijo Guardia.

Jorge Hank Rhon es hijo del profesor Carlos Hank González, integrante de una familia poseedora de empresas en Tijuana, Estado de México y Costa Rica. Miembros de la familia Hank sostienen vínculos en Chihuahua. El exgobernador de Chihuahua, Fernando Baeza, antecesor de Francisco Barrio, trabajó para los Hank en Costa Rica y es tío del gobernador José Reyes Baeza Terrazas. Por coincidencia, uno de los Hank Rhon era vecino de Pedro Zaragoza en San Diego, California.[34] A inicios de 2004, Jorge Hank Rhon se convirtió en el candidato del PRI a la alcaldía de Tijuana, el mismo año en que fuentes de inteligencia comentaron que un millón de dólares ingresaron a las arcas del PRI, quien necesitaba dinero fresco para aliviar su crisis financiera. Según la prensa, el polémico candidato fue obligado en junio de 2004 "a disculparse públicamente después de que declaró que su animal preferido es la mujer".[35]

Renuncia otro jefe policiaco

Al otro lado de la frontera, el jefe de la policía municipal de Juárez, Refugio Ruvalcaba Plascencia, renunció ese mismo año bajo fuertes presiones. El alcalde Jesús Alfredo Delgado lo contrató, pero el extravagante policía, a quien le gustaba usar un uniforme tipo militar, ejerció el cargo únicamente por 45 días antes de renunciar en marzo de 2003. La gente lo apreciaba porque, a diferencia de otros

207

jefes policiacos, solía tener acercamientos personales con la comunidad. Recomendó un toque de queda para los adolescentes, pero tal idea no fue bien acogida; también llevó a cabo la difícil tarea de desalojar con la fuerza pública a cientos de invasores del Lote Bravo. Los reporteros frecuentemente lo hostigaban con temas tales como el nuevo vehículo Suv en donde se transportaba, su creciente número de guardias de seguridad y su reloj Rolex. Incluso en una ocasión montó en cólera y les dijo a los reporteros: "¿Hubieran preferido a un jodido jefe policiaco, en vez de uno capaz de demostrar toda su experiencia de un férreo trabajo durante años?".

Al día siguiente de haberse retirado de la corporación policiaca, Ruvalcaba afirmó haber recibido amenazas y emitió sorprendentes declaraciones sobre los crímenes contra mujeres: "Hay alguien en Juárez que no quiere que esclarezcan los asesinatos de mujeres y que los policías municipales no sigan investigando", expresó. "Algo está pasando. Aquí hay alguien con mucho odio contra Juárez, con mucho poder económico. Es un grupito que disfruta con el dolor de las mujeres, que disfruta viendo el asesinato de niñas en videos, y cuando uno estorba, cuando uno agrede a ese grupo poderoso, esto pasa."[36] La policía municipal de México, considerada una corporación preventiva del delito, carece de la facultad para investigar homicidios. Pero a raíz del hallazgo de los cadáveres de las víctimas del Cristo Negro, Ruvalcaba dejó en claro que la policía municipal a su cargo investigaría los hechos. Ninguno de los investigadores de Juárez se molestó siquiera en entrevistarlo acerca de sus afirmaciones.

Durante una conferencia de prensa efectuada en El Paso, para anunciar la nueva línea telefónica del FBI y recibir información sobre los asesinatos, le pregunté al alcalde Delgado si se llevaban a cabo investigaciones con base en las aseveraciones de Ruvalcaba. "Damos seguimiento a cualquier línea de investigación", expresó Delgado. El procurador general de Justicia de Chihuahua, Jesús Chito Solís, la fiscal especial Ángela Talavera, el jefe del Departamento de Policía en El Paso, Carlos León; el alcalde de El Paso, Ray Caballero; y el jefe del FBI, Crawford, asistieron a la conferencia de prensa. Le pregunté a Talavera sobre las afirmaciones de Ruvalcaba, y ella comentó que éste debería formular una denuncia de hechos en caso de tener cualquier información sobre los asesinatos. La fiscal admitió no haber hecho el menor intento para comunicarse con Ruvalcaba. Le hice notar que él "no era cualquier persona sino justamente el jefe de la policía".

Es gente protegida

Hace seis años me reuní con Sonia del Valle en un café de la colonia Condesa en México. Por esa época ella trabajaba para la agencia de noticias CIMAC y andaba tras las mismas pistas prometedoras que algunos seguíamos. Por esa misma razón quería hablar con ella. Sonia comentó que después de contactar a sus fuentes, un funcionario de la Procuraduría General de la República le advirtió que los homicidios de mujeres involucraban a "gente protegida", y que si ella insistía, no habría nadie en México que pudiera protegerla. No supe más de Sonia por mucho tiempo. En 1999, Sergio González Rodríguez, periodista de *Reforma*, fue golpeado tan salvajemente que tuvo que ser hospitalizado. Sus agresores le informaron que el ataque en su contra era un encargo de "el comandante", referente al asunto en Juárez, pues Sergio se acercaba de manera peligrosa. La agresión ocurrió en el D.F. Después, un funcionario ostentando una acreditación de la Secretaría de Gobernación abordó a Sergio en el estado de Veracruz y le recordó que ya había sido advertido. Un exfuncionario de Chihuahua, al ostentar todavía su cargo, ordenó "levantar" a Sergio "en cuanto ponga un pie en suelo chihuahuense, para así enterarnos de quién le llena la cabeza con esa sarta de mentiras".

¿Por qué funcionarios gubernamentales intentaban desalentar a la gente que trataba de averiguar quién estaba detrás de los crímenes en Juárez? ¿A quiénes protegían? Una de las cosas más significativas sobre la serie periodística "La Muerte Acecha en la Frontera" es que influyó para romper el silencio sobre los asesinatos de mujeres. Las personas comenzaron a demostrar interés, y tras asegurárseles el anonimato, aportaron testimonios personales sobre su presencia en orgías, o bien relataron que habían sido víctimas de violaciones a manos de grupos de hombres influyentes, además de los hombres importantes que reconocieron en esos encuentros. Una joven estudiante reveló estar sometida a terapia psicológica a raíz de su experiencia, aun cuando ella se consideraba afortunada por el hecho de estar viva. Hubo dos personas que le comentaron a un funcionario de migración de Estados Unidos que Sharif no asesinó a las mujeres, "ya que en realidad fueron los juniors". El oficial les preguntó el porqué no reportaron a estos hombres ante la policía, y ellos respondieron que no lo hicieron porque "nos matarían".[37]

Los nombres que esas personas mencionaron coincidieron con los revelados por los investigadores. Incluso un ministro de la Iglesia se sintió obligado a relatar un sueño que tuvo sobre los crímenes: "Vi a los asesinos en mis sueños. Proceden de conocidas e importantes familias". Un médico enterado de los asesinatos comentó, "tiene usted razón cuando afirma que ya se conoce a los asesinos [...] pero están tan bien protegidos que la policía y el gobierno temen desenmascararlos". Un funcionario de la Secretaría de Relaciones Exteriores mencionó que Patricio Martínez supuestamente estaba informado. "Ya tiene en su escritorio el expediente. Y dijo: '¿Y por dónde empezamos?'". Estos informes aparentemente ya eran de conocimiento de su antecesor. Un familiar de Francisco Barrio dijo: "Pancho quiso hacer algo. Él quiso traer los mejores investigadores, pero al darse cuenta que estaban involucrados ricos y poderosos, ya no se pudo hacer nada". Es cierto que trató de hacer algo al respecto. Su administración contrató a Robert Ressler, un oficial retirado del FBI y reconocido perfilador. El equipo de éste contrató al investigador de origen español, Antonio Parra. Otros dos criminólogos de la ciudad de México también fueron invitados, aun cuando no llegaron hasta el inicio de la administración del gobernador Patricio Martínez y de la fiscal especial Suly Ponce.

FBI: la última palabra

Hay una coincidencia entre el arribo de Vicente Fox a la Presidencia de la República y la elección de Barrio para gobernador de Chihuahua. Ambos hombres pertenecen al Partido Acción Nacional, y quienes votaron por ellos tenían grandes expectativas en los candidatos. Pero después, los resultados fueron los mismos —un desastroso aumento en el índice de inseguridad para el estado y la nación. Las jovencitas comenzaron a desaparecer o fueron asesinadas durante la administración de Barrio. Y con Fox como presidente, los crímenes se han extendido a otros lugares de México. Estas muertes pueden ser el sello del crimen organizado, un mensaje de rivales políticos o tal vez una mera casualidad. Será el pueblo quien habrá de juzgar si Barrio en verdad no pudo hacer nada. En el 2003, el mismo año en que Amnistía Internacional emitió un duro reporte de los homicidios, el FBI emitió una evaluación confidencial sobre los feminicidios. "¿Quiénes están detrás de los asesinatos? Por lo menos uno o más asesinos en serie, unos narcotraficantes, dos pandillas sádicas y violentas, y un grupo de hombres muy poderosos", manifestó la fuente del FBI.[38]

MODUS OPERANDI

En marzo de 2003, un funcionario del gobierno me proporcionó copia de un reporte que contenía información del FBI acerca de los secuestros y asesinatos de jóvenes adolescentes en Juárez. La fuente reveló que la Procuraduría General de la República había aportado los mismos informes. Esta cruda información sin procesar, tal y como la describiera el comunicado del FBI, detallaba la manera en que varios sujetos podrían ser capaces de atraer y desaparecer a las muchachas sin despertar la menor sospecha. Este esquema involucraba a un negocio musical, unos bares y un restaurante en el centro de Juárez. Esto se tornó muy alarmante debido a que la información señalaba que la gente implicada planeaba asesinar a otras cuatro jóvenes durante las próximas semanas.[1] Apenas unas semanas antes, los cuatro cadáveres de jóvenes habían sido encontrados en el área del Cristo Negro. ¿Pero qué podría hacerse en caso de que todo esto fuera verdad? Sentí como si me ahogara en el fondo de un mar de impotencia, y que el destino de las jóvenes de Juárez dependía de mí. Si esto era cierto, había vidas que corrían un gran riesgo. Apenas empezaba una nueva época de colaboración entre el FBI y las autoridades de Chihuahua, y los agentes federales comenzaban a participar en la investigación de los crímenes. No había más remedio que dar oportunidad a las autoridades de ir tras esas pistas.

Los principales de México

Logré entrevistarme con Rolando Alvarado, encargado de las investigaciones federales, por medio de Isabel Arvide. Por motivos de seguridad, la unidad a cargo de Alvarado, procedente de la ciudad de México, se mantuvo en un bajo perfil; sin embargo, el fiscal accedió a dialogar conmigo el 6 de marzo de 2004. Kent Paterson, reportero de la estación de radio KUNM en Albuquerque, Nuevo México, asistió también a la cena con el funcionario. Teniendo en cuenta la forma acostumbrada en que la información tendía a extraviarse, me cercioré de que los superiores de Alvarado le hubieran provisto con el reporte de inteligencia del FBI. En años anteriores la delicada información de esta agencia rara vez llegaba a las personas indicadas en México, era filtrada en el momento más inoportuno, o "se perdía" en la transmisión. Alvarado explicó que su presencia en Juárez, por tiempo indefinido, obedecía a una investigación sobre los crímenes de mujeres.[2] Nos presentó a dos agentes federales que también estaban colaborando en los casos. Alvarado se enfrentaba así a una difícil labor. Pese a que la prensa mexicana publicaba que todos los niveles policiacos estaban trabajando en conjunto, la realidad era muy distinta; las corporaciones no estaban trabajando en forma coordinada, ni siquiera por el bien de la comunidad. Los agentes federales del interior del país también estaban conscientes de que muchos de los agentes policiacos —municipales, estatales y federales— trabajaban, de hecho, para el cartel de los Carrillo Fuentes.

El informe

Según el reporte de inteligencia del FBI, dos sujetos apoyados por la policía y otros cómplices podían estar implicados en los crímenes de las jóvenes. Éste es sólo un extracto del relato aparecido del reporte original en español:

En Juárez hay un club conocido como Club 16 —después se

determinó que el informante se refería al Club 15– en la Avenida Juárez [...] [Un licenciado] Urbina sabe quiénes son los responsables de los homicidios de jóvenes que son abandonadas en algunas áreas de Juárez. [Nombre borrado], junto con su ayudante, un joven de bigote, delgado y engreído, se encargan de conseguir a nuevas muchachitas. Primero contactan a jóvenes que van a la tienda Paraíso Musical en la Avenida 16 de Septiembre, frente a la catedral. Luego de que las muchachas entraban a la tienda, eran halladas solas. De inmediato eran seguidas sin darse cuenta, por otros jóvenes que las abordaban y les pedían informes personales para una escuela de computación conocida como ECCO. De alguna forma, las muchachas eran contactadas y llevadas al restaurante La Sevillana [...] ya dentro del restaurante, las muchachas son atadas y sus boquitas son amordazadas con cinta adhesiva y eran llevadas hasta una zona frecuentada por prostitutas. El encargado de llevarlas era un tipo apodado el Güero, dueño del Club Marlboro, cerca del Club 15. El Güero pertenece al cartel de Juárez y opera en otros clubes como el Safari y el Nereidas. Junto con Ritchie, si es ése su verdadero nombre, se encargaba de pagar a la policía para que se deshiciera de los cadáveres. Le advierto que el jefe de la policía [el nombre borrado], es primo hermano de Ritchie [y] planean asesinar a otras cuatro muchachitas dentro de las próximas dos semanas [*sic*].

La inteligencia aseveraba que el ático del Club 15 de la avenida Juárez era utilizado para almacenar souvenirs de las víctimas, tales como cabellos, y que incluso uno de los sospechosos "los mostraba como si fueran trofeos" a los clientes. El Club 15 es un viejo bar enclavado en un distrito turístico, a media cuadra del Instituto Glamour, en donde Juanita Sandoval, de 17 años, trabajaba y estudiaba. Ella fue una de las tres víctimas cuyos cadáveres fueron encontrados el 17 de febrero de 2003, en el área conocida como Cristo Negro, junto con Esmeralda Juárez, de 16, y Violeta Alvídrez, de 18 años respectivamente. Todos los sitios mencionados en el reporte del FBI, se

215

localizaban a unos cuantos pasos uno del otro, en el centro de Juárez, la misma zona en donde, durante los últimos años, jóvenes adolescentes se esfumaron o fueron vistas con vida por última vez. Mientras, el tiempo siguió su marcha y se me ocurrió verificar con funcionarios estadunidenses si México estaba cooperando en las investigaciones.

Un oficial del FBI mencionó que los agentes estadunidenses dudaban de la seriedad de las autoridades de Chihuahua para llevar a cabo una labor conjunta.[3] La fuente del FBI reveló, de manera confidencial, que "los funcionarios de Chihuahua nos informaron de la recuperación de una muestra de semen del cadáver de Violeta Alvídrez, y les pedimos que la trajeran para someterla a una prueba de ADN y así establecer un perfil genético de su o sus atacantes. Así, cada vez que apareciera un sospechoso, podría cotejar el perfil de ADN con la evidencia, para ver si coincidían". La fuente del FBI explicó que Manuel Esparza, de la fiscalía especial en la Investigación de Homicidios de Mujeres, les trajo malas noticias. "Pues dijo que la evidencia fue contaminada o extraviada, y que iban a rodar cabezas. Entonces, notamos que carecían de toda seriedad", sostuvo la fuente del FBI.

A lo largo de los años, las autoridades de Chihuahua han perdido o echado a perder otras pruebas, incluyendo expedientes completos. Los familiares de las víctimas han puesto en duda las identidades de algunos de los cuerpos sepultados en los cementerios de Juárez y Chihuahua. En todos los casos, la Procuraduría General de Justicia del estado de Chihuahua detenta la principal responsabilidad de conservar los archivos y proteger las evidencias. Otra de las quejas constantes, es que la policía no agotaba todas líneas de investigación que se presentaban. Según la Comisión Nacional de Derechos Humanos, así sucedió en el caso de Esmeralda Alarcón y otras mujeres. El informe de la comisión, de 2004, menciona el relato de una testigo:

> Un señor que trabaja en la zapatería Tres Hermanos (en el centro), decía que se quería casar con ella [...] él tiene como 40 años [...] y siempre me dice que lo ayude para que Esmeralda le haga caso, pero a ella le cae mal.[4]

216

La testigo relató que Esmeralda supuestamente sostuvo relaciones con un doctor y que éste era adicto a la cocaína. En el caso de Juanita Sandoval, el informe de la comisión dice que hubo también un doctor que "nos decía a mí y mis amigas que si queríamos ver videos pornográficos en la computadora [...] en una ocasión antes de ver el video nos preguntó que si ya habíamos tenido relaciones sexuales y cómo lo habíamos hecho, y que si éramos vírgenes". Según otro testimonio sobre el caso de Violeta Alvídrez, que contiene el mismo informe, un familiar de Violeta señaló que "a pesar de que durante la desaparición aportó datos para su localización, nunca hicieron nada [las autoridades] e inclusive, amenazaron a la declarante para que no denunciara los hechos".[5] Después, una fuente de la PGR comentó que un doctor que tiene su consultorio en el centro de Juárez fue señalado como presunto responsable, pero ésta fue una de las líneas que más ignoraron las autoridades.

Escuelas de computación

El tiempo transcurría, pero no pasaba nada. El reporte de inteligencia del FBI, referente a lo de la escuela de computación ECCO, no pareció perturbar a los funcionarios de Chihuahua, pese a que por lo menos 15 jóvenes fallecidas o desaparecidas en Juárez y Chihuahua estaban inscritas en esos planteles, o por lo menos tenían cierta relación con la cadena de escuelas de computación. Por vez primera reporté la conexión de ECCO en abril de 2002, cuando la exfiscal especial Liliana Herrera reconoció que unas ocho o diez jóvenes muertas o desaparecidas estudiaban en ECCO, o, por lo menos, tenían cierta relación con la escuela.[6] Pese a su corto tiempo en el puesto, Herrera fue la única fiscal estatal que trató de realizar una investigación concreta. En Juárez había al menos dos sucursales en la zona centro, y en la Ciudad de Chihuahua operaba una escuela también en el centro, en donde también asistían las jóvenes. En Juárez, Liliana Holguín de Santiago, de 15 años; María Acosta Ramírez, de 19; y Lilia Alejandra García, de 17, tenían vínculos con las escuelas ECCO, y en Chihuahua, algunas víctimas estaban inscritas en las clases de computación. Octavio de la Torre Jiménez, director de la ECCO en Juárez, y Aarón Aníbal Castañeda, director de ésta en la ciudad de Chihuahua, negaron cualquier ilegalidad. "No tuvimos nada que ver con lo ocurrido a esas jóvenes", aseguró De la Torre. ECCO era una corporación que operaba 36 escuelas computacionales en algunos estados. El periódico *Reforma* reportó que Valente Aguirre, un influyente empresario, era el supuesto dueño de la corporación en el ámbito nacional. Nadie relacionado con las escuelas fue acusado nunca de alguna ilegalidad. Durante el 2003, las escuelas ECCO de Juárez y Chihuahua fueron transferidas a otros propietarios, y la sucursal localizada en la Avenida 16 de Septiembre ahora es conocida como Incomex. Mediante el correo electrónico, Juan Gabriel Capuchino, un profesor que dijo haber colaborado para la empresa de computación durante 12 años, envió este mensaje: "Puede estar segura de que si hubiera visto en mi centro de trabajo algo tan vil, habría renunciado de inmediato".[7] El periodista Kent Paterson dijo haber investigado que otras escuelas de computación, o los café internet también aparecen en algunos de los casos de jóvenes que fueron asesinadas en otras regiones de México. Pero, sin una investigación a fondo, es difícil decir si las escuelas pudieran tener alguna implicación en los crímenes, o si alguien enviaba falsos representantes de la ECCO, o tal vez sean utilizados los datos de la escuela para "cosechar" a las jóvenes.

Operación Sagrario

En junio de 2003, Rolando Alvarado informó a los miembros de la Asociación de Familiares y Amigos de Personas Desaparecidas acerca de una petición entablada ante sus superiores para retirarlo de la investigación de los crímenes contra mujeres en Juárez debido a que "no le hallo", y que su deseo era retomar sus investigaciones sobre la desaparición de más de 300 hombres en Juárez, ninguna de ellas esclarecida en cinco años. De inmediato, otro agente federal, colaborador de Alvarado, me confirmó que ni él ni otros agentes

había entrevistado a ninguno de los principales testigos relacionados con la inteligencia del FBI en el 2003. En cambio, uno de los
agentes federales de la PGR pretendía entrevistarse con el investigador
privado Jay J. Armes en El Paso, petición rechazada por el detective.[8]
A estas alturas, las autoridades federales no habían contactado al FBI
para intercambiar formalmente información acerca de los asesinatos
de las mujeres. Uno de los agentes federales mostró interés en dialogar con el FBI, pero de una manera informal y bajo la máxima discreción. "No quiero que se entere la policía judicial del estado de
Chihuahua", me comentó el agente. El FBI tomó en cuenta la posibilidad de llevar a cabo esa reunión, pero luego de la controversia sur-
gida con Hardrick Crawford Jr. y su amistad con el cardenal Juan
Sandoval Íñiguez y el concesionario del hipódromo y galgódromo,
José María Guardia, esos planes fueron suspendidos. Ante el hermetismo oficial y la inminente amenaza del sacrificio de más jóvenes,
algunos colaboradores y yo diseñamos un plan para hacer un recorrido mediático. Nuestro propósito era conocer de primera mano a
las personas y lugares mencionados en el reporte del FBI, un plan al
que bautizamos como Operación Sagrario, en memoria de una de
las víctimas. Se trataba de enfrentar a los dueños o a los encargados
de tales establecimientos, para exigir algunas respuestas. Si se con-
firmaba su veracidad, entonces este plan serviría para alertar a la comunidad sobre ciertos peligros. Nos decidimos a actuar el 10 de
agosto de 2003, que cayó en domingo, y fue una mera coincidencia
el hecho de que al día siguiente, Amnistía Internacional hubiera pro-
gramado dar a conocer su reporte "Muertes Intolerables" en Juárez.

La indiferencia oficial

Durante la mañana, antes de la excursión mediática, Sergio
González Rodríguez, Kent Paterson y yo fuimos a entrevistarnos con
Alejandro Gertz Manero en su hotel en El Paso, Texas. Gertz, en ese
entonces, se desempeñaba como secretario de Seguridad Nacional.
Dos agentes de la Policía Federal Preventiva acompañaron a Gertz

Manero y nos presentó a uno de ellos como su coordinador de inteligencia. Gertz pronunció uno de sus intelectuales discursos sobre el crimen y la corrupción, y luego justificó el porqué la policía federal mexicana estaba imposibilitada para intervenir en la jurisdicción estatal de Chihuahua en las investigaciones. Luego de finalizar la plática, Gertz mostró su interés en saber cómo nos enteramos del hotel en donde se hospedaba. Por toda respuesta, me levanté de inmediato de la mesa y le di las gracias al secretario de Seguridad Pública por su tiempo y la molestia que se había tomado. En el ámbito humano, Gertz no parecía interesado en el destino de las jóvenes pobres de Juárez. Al año siguiente, el semanario *Milenio* publicó una entrevista con una empresaria de Juárez, Angélica Fuentes, titulado "La Reina del Gas", en donde se mencionaba el posible enlace matrimonial con Gertz Manero. En vez de canalizar sus vastos recursos para coadyuvar en la resolución de los crímenes, el periódico *Norte* reportó que Fuentes había contratado los servicios de un escritor de la ciudad de México para emprender una campaña de relaciones públicas, tendiente a contrarrestar la imagen negativa que sufría esta ciudad fronteriza. Miguel Fernández, el magnate de la embotelladora Coca-Cola y el cerebro detrás del Plan Estratégico de Ciudad Juárez (un anteproyecto para el futuro de la ciudad) también asumió el liderazgo para limpiar la imagen de la ciudad al solicitar a otros líderes de la comunidad para colocar a los asesinatos de mujeres en su justa dimensión.

Poco antes del operativo de los medios de comunicación, alguien me exhortó a cerciorarme de que nuestras acciones no fueran a dañar ninguna investigación entre el FBI y México. Me comuniqué con un funcionario del FBI para manifestarle estas inquietudes, quien me respondió en forma muy sorprendente: "Adelante. Ninguna investigación va a peligrar por ello. Ustedes, los de la prensa, no están atados de manos como lo estamos nosotros".[9] En realidad, los medios informativos no se enfrentan a trabas como la soberanía nacional y no requieren de autorización especial de un gobierno extranjero para investigar. Para este operativo, contamos con la presencia de varios periodistas de prensa, radio y televisión. Algunos activistas de derechos humanos de México y Estados Unidos se ofrecieron a fungir como testigos en caso de que algo fallara. Los periodistas presentes en estas actividades incluían a reporteros del diario *Orange County Register,* de California; el reportero de *La Jornada,* Jenaro Villamil; Sergio González Rodríguez editor de *Reforma* (a pesar de las amenazas en su contra); el periodista independiente de la estación radiofónica KNUM, Kent Paterson; Graciela Atencio, editora de *Norte;* un equipo televisivo de la KINT TV; un colaborador de *El Norte de Monterrey;* un equipo de televisión del Canal 4 de Londres, encabezado por Sandra Jordán, y otros reporteros. Nos reunimos ese día bajo un sol que ardía, respiramos profundo y entramos a La Sevillana, nuestra primera parada.

Ya adentro me identifiqué y me presenté como periodista de Estados Unidos. Un señor, quien dijo llamarse Francisco López, dijo ser el encargado del lugar, y de inmediato refutó los señalamientos de cualquier irregularidad en el sitio. "Gente envidiosa y maliciosa debe haber inventado estas cosas", manifestó el hombre. Nos permitió revisar dentro de la negociación para asegurarnos que no había víctimas retenidas contra su voluntad. López sostuvo que nada de esto podría pasar, ya que el restaurante cerraba a las 5:00 p.m. Pero uno de los reporteros ingleses le recordó a López lo que había mencionado antes: que el lugar era rentado durante la noche para celebrar fiestas privadas, y que entre sus clientes había "familias importantes". El restaurante no tenía la apariencia de un lugar adecuado para que gente tan prominente llevara a cabo sus reuniones. También fuimos al Hotel Condesa, adyacente al restaurante, que según las autoridades fue utilizado como burdel. Las tarifas por hospedajes de menos de una hora de duración estaban colocadas en el vestíbulo de la entrada. La joven recepcionista se puso nerviosa y se retiró, mientras que una cámara de circuito cerrado filmaba todos nuestros movimientos. Luego, nos presentamos en el Club 15, en donde nos informaron que el dueño no estaba disponible. El cantinero, de nombre Jesús, nos permitió la entrada y subir por una escalera al ático para verificar que no había nada. Los reducidos muros del lugar estaban cubiertos de fotografías de mujeres desnudas y en varias posiciones. El cantinero catalogó estas fotos como "una tradición de Juárez". Fuimos también a una casa de música, en la Avenida 16 de Septiembre. En la tienda, una empleada nos informó que nunca había visto nada malo en ese lugar y que no tenía idea de cuándo regresaría su jefe. En el Club Marlboro nos informaron que el Güero era el dueño, pero su nombre era Cano y no Ritchie Domínguez. La joven encargada del bar nos comunicó telefónicamente con el dueño, y él me aseguró que nadie de su negocio estaba involucrado en ese tipo de cosas. También aseguró no conocer a nadie de los otros lugares mencionados en el informe de inteligencia del FBI. Incluso, propuso reunirse con nosotros en el bar, pero minutos más tarde llamó de nuevo para darnos a entender que no podría llegar a la cita. En ese tiempo la escuela de computación ECCO permanecía cerrada los domingos, pero la mayoría de los periodistas ya sabía que la empresa utilizaba los servicios de empleados para reclutar a nuevos estudiantes en el centro y colonias aledañas.

Investigadores del FBI confirmaron que ellos proporcionaron a las autoridades de Chihuahua el reporte de inteligencia, pero nunca obtuvieron una respuesta. El agente especial del FBI, Art Werge, comentó:

> Se trató de un reporte original, sin modificaciones. Ahí se incluyó a sospechosos de El Paso. Le enviamos la información a la fiscalía especializada de Chihuahua en marzo, pero ellos jamás lo mencionaron ni nos solicitaron colaboración, ni siquiera nos llamaron".[10]

Werge declinó dar detalles sobre la información del FBI acerca de los sospechosos que estuvieran en El Paso. Al día siguiente del operativo mediático en los clubes, Óscar Valadez, el entonces subprocurador general de Justicia de Chihuahua zona norte, reconoció haber recibido el reporte del FBI, pero únicamente dijo que "todavía estamos investigando. No podemos descartar nada".

Según residentes, La Sevillana anteriormente era un popular café, frecuentado tanto por gente de la localidad como por turistas, en especial los aficionados a la fiesta brava interesados en los últimos acontecimientos de ese espectáculo. Al ahondar más en la historia de ese local, Kent Paterson dijo haberse enterado de que un hombre asesinado en 1993, después de una disputa en La Sevillana, tenía nexos con personas que fueron acribilladas, en 1995, dentro del bar Kumbala en El Paso, Texas. La policía no ha podido resolver ese caso, aunque dicen tener sospechosos.[11] A fines de noviembre y principios de diciembre de 2003, los anuncios de La Sevillana desaparecieron y en su lugar fueron colocados letreros con el nombre de Hotel Condesa. A principios de 2004, un periódico de Juárez reportó que inspectores mexicanos habían clausurado temporalmente el hotel por carecer de permisos.[12] Antes y después del cierre, más de una docena de jóvenes fueron vistas fuera del inmueble a altas horas de la noche, en donde trataban de atraer la atención de posibles clientes.

Dos de los periodistas que me acompañaron durante la entrevista con Óscar Valadez emitieron comentarios, en privado, sobre su reloj Rolex, mientras yo contemplaba la arma Uzi recargada en un muro detrás del escritorio. Valadez se mostró muy sorprendido cuando lo felicité por la captura del Topo Fernández a manos de autoridades estatales, quien fuera acusado después de un violento asalto sexual en contra de un niño, un crimen que impulsó a los residentes de un poblado rural de Juárez para marchar hacia la ciudad como forma de protesta. Valadez hizo notar que "no han aparecido más cadáveres desde el mes de febrero, que fue cuando encontramos los cadáveres de las víctimas en Cristo Negro," y comentó que ello era prueba del fin de los crímenes contra mujeres. Los informantes del FBI opinaban todo lo contrario, que los asesinatos continuaban, pero con la diferencia de que los asesinos se deshacían de los restos de una manera mucho más horrenda.

Más pistas ignoradas

Pistas adicionales acerca de los crímenes contra mujeres y desapariciones llamaron la atención de la oficina del FBI en El Paso. Un hombre de Juárez comentó sobre su esperanza de que el FBI diera seguimiento a una pista que, según él, había sido transmitida a la agencia estadunidense. Mencionó que un negocio de masajes en el área del Pronaf en Juárez, establecimiento vinculado a un notable narcotraficante, en realidad operaba como un prostíbulo y contrataba a jóvenes mujeres para el servicio de clientes varones en Juárez y El Paso. Esta persona asegura que algunas de las jóvenes que fueron enviadas a El Paso estaban entre las mujeres reportadas como desaparecidas.[13] Una de las empleadas, quien se dio cuenta de la situación, se atemorizó de tal manera que renunció a su trabajo en la sala de masajes y abandonó la ciudad. En diciembre de 2003, el diario *El Mexicano* publicó que la policía judicial del estado detuvo a cuatro pandilleros encabezados por Fernando Solís Delgado, alias la Piraña, luego de ser acusados de intento de violación en contra de una joven, a quien además le marcaron la espalda con el símbolo de la pandilla. Según el periódico, el FBI proveyó a las autoridades de Chihuahua informes acerca de Solís, un año antes de su captura, en el 2003, que lo vinculaba a las víctimas del Cristo Negro. De los que fueron detenidos junto con él, uno dijo llamarse César Álvarez, alias el Veneno, y otros dos fueron señalados sólo por sus apodos el Patotas y el Rosado. El agente especial del FBI, Art Werge, dijo no poder confirmar si la agencia federal envió a México la información de inteligencia sobre los pandilleros, o si el FBI había recibido informes sobre la sala de masajes.[14]

Los narcos

Según una fuente conocedora del narco en Juárez, algunas de estas muertes de mujeres, en años recientes, son obra de traficantes de bajo nivel. Estos hombres venían de Durango a la frontera durante distintas épocas, a efecto de cruzar cargamentos de droga hacia el otro lado de la frontera a través del Puerto de Anapra, colindante con Sunland Park, Nuevo México. Según la fuente, "se quedaban en un rancho de Anapra, en espera del momento oportuno para introducir la droga... y para divertirse les dio por cazar y asesinar a mujeres. Se iban y regresaban, y así sucesivamente. La policía conocía sus actividades, pero no intervenía". El periódico *Dallas Morning News* publicó una nota en el año 2004, en donde aseveraba que traficantes de drogas mataban a mujeres en Ciudad Juárez para celebrar sus transportes de drogas exitosos a través de la frontera. La nota citaba un documento mexicano.[15] Puede ser, pero el asunto no es tan sencillo y ese móvil no explica todo el panorama de los feminicidios. Lo que sí está claro es que estos crímenes han evolucionado. Al principio, las causas eran distintas, pero los responsables de estos hechos siempre han estado vinculados al poder.

Los expedientes secretos

Después me enteré que varias investigaciones federales respecto a los crímenes contra mujeres se habían efectuado antes de 2003, y que los resultados eran contundentes y que agentes de la policía judicial del estado de Chihuahua intentaron, sin éxito alguno, investigar a uno de los juniors en relación con los asesinatos. Dijeron de manera confidencial que sus jefes no les permitieron proceder. Durante las investigaciones federales, muchas personas fueron sujetas a vigilancia. Uno de los federales afirmó que funcionarios de alto nivel "saben quiénes son los asesinos y que su participación esta comprobadísima".[16] Otro agente federal que también pidió no revelar su identidad, dijo haber enviado al presidente Vicente Fox una carta sobre lo que él había descubierto, pero al poco tiempo de enviar la misiva comenzó a recibir amenazas de muerte y hasta la fecha continúan. El agente dijo que maleantes bajo contrato, implicados en los primeros crímenes contra mujeres, fueron asesinados posteriormente. El cartel usa el mismo modus operandi —matar a sus operadores que saben demasiado. Un oficial del FBI dijo que los funcionarios del go-

225

bierno de Chihuahua cuentan con dos expedientes de los asesinatos contra mujeres, "el que muestran a todo mundo y el que se guardan, y nosotros sabemos lo que contiene el que ocultan". Públicamente, el gobernador de Chihuahua, Patricio Martínez, ha apoyado las detenciones de chivos expiatorios, como las de dos hombres y una mujer (Cynthia Kiecker) bajo procesos judiciales por la muerte de jóvenes en Juárez y Chihuahua. Las tres agencias que han participado en anteriores investigaciones federales son: la Procuraduría General de la República, la Policía Federal Preventiva y el Centro de Investigaciones de Seguridad Nacional. Sin embargo, el gobierno jamás ha dado a conocer los resultados de estas investigaciones.

La primera investigación federal de que se tenga noticia se efectuó en Juárez, a mediados de la década de los años noventa, durante la época del comandante federal Juan José Tafoya. Ernesto Zedillo era el presidente de la República, en tanto que Antonio Lozano Gracia, miembro del Partido Acción Nacional, se desempeñaba como procurador general.

Surtían jóvenes para orgías

La investigación realizada descubrió que varios funcionarios de la procuraduría del estado de Chihuahua estaban implicados como promotores de orgías, después de las cuales las jóvenes reportadas como desaparecidas eran encontradas sin vida.[17] Los funcionarios estatales estaban fuera de toda sospecha en cuanto a los asesinatos de cualquiera de las mujeres, sólo se les imputaba el planear las fiestas hacia donde eran llevadas las jóvenes. Los funcionarios que estaban bajo sospecha se libraron de la investigación federal; gracias a sus contactos políticos no se actuó en su contra. Uno de ellos fue removido de Juárez y "ascendido" a un puesto en la ciudad de México. Otro aparecía en la lista elaborada, en 2004, por la fiscal federal María López Urbina, entre 81 funcionarios e investigadores que, según ella, fueron negligentes en las investigaciones. La fiscal entregó esa lista a las autoridades de Chihuahua para que actuaran de inmediato.

Los juniors

De acuerdo a la segunda investigación federal de 1999, autoridades de la ciudad de México concluyeron que personas prominentes, conocidos como juniors, estaban involucrados en algunos de los asesinatos de mujeres. El investigador principal comentó que los crímenes eran llevados a cabo como una forma de protesta en contra del Tratado de Libre Comercio para América del Norte, y que estos hombres buscaban ciertas concesiones del gobierno relativas a éste. Publiqué notas sobre el tratado para *El Paso Times* e hice notar que el TLC no era aceptado del todo; los zapatistas no eran los únicos que estaban en desacuerdo con el tratado. Por diversas razones, varias empresas mexicanas no tenían la certeza de poder competir contra corporaciones foráneas y en el ámbito global temían a los cambios propiciados por el TLCAN.

En los primeros años de este pacto comercial, empresas telefónicas de Estados Unidos se quejaron de las prácticas vandálicas extendidas en México. En El Paso-Juárez, las empresas estadunidenses Farmers Dairies y Price's Creameries se tropezaron con enormes dificultades para el traslado de sus productos lácteos hacia el interior de Chihuahua. En ese entonces, una empresa mexicana detentaba el monopolio del negocio de la lechería en Juárez, en donde empresas estadunidenses denunciaron agresiones en contra de sus choferes, un camión repartidor fue incendiado intencionalmente y destruido un almacén.[18] En Estados Unidos las lecherías decidieron permanecer fuera de Juárez, hasta que no tuvieran las garantías y condiciones favorables para su actividad. En ese tiempo, un líder sindical representante de empleados de las lecherías de Juárez negó que ellos tuvieran algo que ver con los ataques. Las autoridades de Chihuahua no detuvieron a nadie en relación a este terrorismo económico.

Hombres poderosos otra vez implicados

Una tercera investigación federal, aún más extensa, duró cerca

227

de un año y culminó en 2001. Una vez más, esta indagatoria puso al descubierto que hombres importantes del país eran responsables de los asesinatos contra mujeres; de la investigación, en 1999, surgieron varios nombres que salieron a la superficie. Grabaciones secretas y otras técnicas fueron utilizadas durante la indagatoria para identificar a los sospechosos. Al principio, esta investigación tenía una meta, luego de los tropiezos de los agentes, se convirtió en una investigación dentro de la investigación. Los agentes federales mencionaron que las mujeres eran utilizadas para las orgías y luego asesinadas por mero deporte. Mencionaron que al menos dos de los sospechosos participaron en los homicidios. Les pregunté a los investigadores federales acerca de sus motivos para revelar esta investigación tan delicada y uno contestó que "les avisamos a nuestros superiores sobre los resultados de nuestra investigación, y no se hizo nada. Ya no sabemos si trabajamos para el gobierno o para el crimen organizado".[19] Los investigadores insistieron en afirmar que ellos lograron recabar suficientes pruebas para que encarcelaran a los sospechosos. En varias ocasiones, dos funcionarios estatales de Chihuahua se vieron obstaculizados para realizar la investigación en contra de dichas personas en las indagatorias federales,[20] mientras que una fuente del FBI expuso que informantes de la agencia estadunidense ya habían mencionado los mismos nombres.[21]

Vuelo de pesadilla

En el 2004, un diputado federal relató un incidente que involucraba al hijo de uno de los destacados hombres mencionados en las investigaciones previas. El vástago, según el legislador, tenía acceso a un jet privado en El Paso, Texas, y había invitado a unas jóvenes a un viaje a Las Vegas. Las mujeres se asustaron cuando el junior les advirtió que él y otras personas pretendían celebrar una orgía durante el vuelo. "Ellas opusieron resistencia lo más que pudieron y huyeron de ellos en Las Vegas", comentó el congresista. Las mujeres procedían de familias de clase media y estaban demasiado atemorizadas como para formular cargos por asalto sexual en contra de esos hombres, delito cometido en territorio estadunidense.[22] En respuesta a esta información, una fuente del FBI dijo que la escalada de asesinatos contra mujeres "tiene que tener una conexión muy organizada con ciertas conductas y rituales".

Hay quienes creen que estos hombres jamás serán presentados ante la justicia debido a que se consideran intocables, y me inclino a coincidir en ello con base en lo que he presenciado a lo largo de seis años. El escritor estadunidense Maury Terry describe algo muy similar en su libro *Ultimate Evil*, que trata sobre gente influyente en Estados Unidos que ha cometido asesinatos, pero que han logrado eludir la acción de la justicia gracias a la impunidad de que disfrutan. Además, la destacada investigación de Terry vincula los asesinatos del Hijo de Sam en Nueva York con los asesinatos de un culto en California, orquestados por Charles Manson.[23] Sólo se puede especular para qué fines se están usando los resultados de las investigaciones anteriores; al menos, no se debe descartar el chantaje político o la extorsión.

Coinciden: es el poder

Los sospechosos mencionados por los investigadores representan enorme riqueza y poder. Sus ganancias totales se estiman en más de mil millones de dólares. Han estado asociados con líderes del Partido Acción Nacional (PAN) y del Partido Revolucionario Institucional (PRI). Mantienen vínculos con el crimen organizado, pertenecen a familias relacionadas con negocios transnacionales y su poderío alcanza a otras naciones, incluso a Estados Unidos. Algunos contribuyeron a la campaña electoral del presidente Vicente Fox. Uno de ellos es un viejo capo que, de hecho, manejaba la aduana en Juárez, una plaza que produce mucho dinero ilícito. Un agente federal de la aduana, que anteriormente desempeñaba su cargo en Juárez, reveló que uno de los sospechosos amenazó con matarlo. El pecado del agente de aduanas consistió en el decomiso de cierto contrabando ingresado a México a través de los puentes internacionales. La mafia de la localidad dejó en claro que cualquiera que pagara una especie de uso de plaza hacia los canales apropiados tenía permiso para internar en el país cualquier tipo de mercancía. El funcionario de aduanas dijo haber resuelto evitarse problemas al cambiar de plaza en otra ciudad.[24]

Análisis de un sexólogo

El doctor Stanley Krippner, sexólogo y autor residente en San Francisco, ha viajado a Juárez para dirigir seminarios de adiestramiento en psicología. Asistió al Congreso Mundial de Sexología en La Habana, en el verano de 2003, en donde expertos de Juárez presentaron informes sobre los homicidios. Los participantes de la conferencia firmaron una petición en demanda de una acción urgente para localizar a los asesinos. Krippner comentó que, con base en sus conocimientos sobre estos crímenes, "es muy probable que alguien resentido con el trabajo femenino esté implicado, aun cuando se trate de alguien perteneciente a una escala social superior a la de las víctimas".[25] Tanto él como otros profesionales de la psicología consideran que alguien con algún desarreglo sexual ha cometido los asesinatos desde 1993. Algunos de los homicidios han sido llevados a cabo bajo un ritual, debido a que los cadáveres han sido encontrados en determinadas posturas y las víctimas eran muy parecidas físicamente. Krippner y otros expertos comentaron que otros rituales descubiertos por ellos en los crímenes de Juárez incluían cortar el cabello de las víctimas, atarlas con las cintas de sus propios zapatos, así como el apuñalamiento, la tortura, la violación y la mutilación de las víctimas. Sergio Rueda, un sexólogo de Juárez, expuso durante una conferencia que "probablemente nos encontramos ante dos o tres personas que practican el sacrificio sexual de sus víctimas. El modus operandi tal vez varíe, pero el objetivo es el mismo —*sacrificar* a la víctima. Esto puede variar desde insultos verbales hasta la tortura y la muerte".

Kippner sostuvo que un solitario asesino serial o más de un criminal pudieran estar operando en conjunto para cometer los asesinatos. "Podría tratarse de alguien que goza de gran respeto en la comunidad y con los suficientes recursos como para pagar a quien se encargue de deshacerse de los cadáveres. Esto le facilita la oportunidad de no ser descubierto", señaló el experto. Krippner coincide con Robert Ressler en que los asesinos en serie experimentan alivio y gozo cuando matan, y una conducta compulsiva los impulsa a cometer los asesinatos. Se trata de sociópatas y, a diferencia de la gente normal, carecen de la capacidad para distinguir entre el bien y el mal. "Algunos obtienen gran poderío y estatus social, si una comunidad se pone en alerta, puede detectar este tipo de conductas", comentó Krippner.

Segato: pactos de silencio

Rita Laura Segato, una experta brasileña en crímenes sexuales violentos, ha analizado los asesinatos cometidos en Juárez desde una perspectiva como antropóloga. Ella abrevió su visita a esta ciudad fronteriza en el 2004, al considerar que se percibía la misma sensación de inseguridad que en Argentina durante la guerra sucia de la dictadura y la represión militar. "Sentí ese mismo temor en Juárez", dijo Segato, residente en Argentina.[26] Segato no está familiarizada con las investigaciones mexicanas que revelaron la participación de poderosos sujetos, pero sus conclusiones coinciden en algunos puntos con las de los agentes que indagaron sobre el asunto. Segato afirma que los asesinatos, en general, son utilizados como una especie de marca de fábrica para los miembros del crimen organizado. Los cadáveres de mujeres sirven para "delimitar su territorio" y demostrar su poderío. "En algunos casos, los asesinatos carecen de toda razón de ser y no hay relación entre ellos, pero sí están ligados. Las continuas muertes refuerzan el pacto de silencio existente entre una fraternidad o una hermandad."[27]

Para Segato, las redes de complicidad con toda seguridad son muy amplias. Debe ser un sistema de comunicación entre los

231

que comparten el código del poder, que se desdobla y se vuelve más complejo todo el tiempo, pero que su motivo es producir y exhibir impunidad, como marca de control territorial y de vitalidad de grupos. No puede haber crímenes de ese tipo por un tiempo tan prolongado y con ese grado de impunidad si no hay un segundo Estado, un poder paralelo de magnitud mayor que el propio Estado y detrás. Mientras se hable de los narcos como unos marginales ya descartados por la sociedad y de los crímenes de motivación de género y sexual como un mal generalizado en la región, en México y en el planeta entero, nadie se molesta, nadie se ve amenazado. Lo que no se puede decir es lo que estamos pensando: que se trata de otra cosa. Que los asesinos no son propiamente marginales y que aunque la forma de torturar, eliminar y marcar a la víctima es sexual, las cuestiones de género por sí mismas no pueden explicar la motivación.[28]

El análisis de Segato se dirige hacia la senda correcta. Ella considera que los crímenes no pueden continuar sin la autorización o la complicidad de la policía y los funcionarios gubernamentales. La antropóloga supone que las cofradías practican los crímenes cuando se abre la puerta de la mafia a un nuevo miembro, cuando un integrante debe mostrar que es apto, cuando otro grupo de poder desafía el control sobre el territorio, o cuando ha ocurrido un nuevo negocio y se cierra, "y por lo tanto implica que debe sellarse de nuevo su complicidad, para reforzar la lealtad del grupo", en acciones como el tráfico de drogas y el lavado de dinero.[29] Los crímenes representan la máxima demostración de poder. Bajo este esquema, el fiscal federal Rolando Alvarado tenía toda la razón al quejarse que "no le hallo" el sentido de las muertes en sus investigaciones.

¿Pero hacia qué o hacia quiénes se dirigen esos mensajes de poder? Sin saberlo, los autores Laurie Freeman y Jorge Luis Sierra aportaron una importante pista en su escrito "México, the Militarization Trap" para el libro *Drugs and Democracy in Latin America*. Vale repetirlo, en esa obra describen el plan ultrasecreto del gobierno mexicano llamado "Chihuahua Pilot Project" e impulsado por el gobierno estadunidense. El plan se llevó a cabo en 1995 durante la gestión del expresidente Ernesto Zedillo. Para realizar este proyecto sustituyeron a agentes de la Procuraduría General de la República con elementos del ejército. Y en el estado de Chihuahua, 120 policías judiciales federales fueron remplazados por soldados. "Este proyecto fue extendido posteriormente hacia todas las delegaciones de la PGR en donde había un elevado nivel del narcotráfico", según los autores.[30] El proyecto, dicen Freeman y Sierra, fracasó desde el principio, puesto que elementos del ejército —los nuevos agentes antidrogas— se pasaron a las filas del cartel de las drogas. Así fue como se originó un extraño coctel de expolicías federales y de soldados en la nómina del narco.[31] Por las cifras, podemos ver que los años 1995 y 1996 fueron de los más violentos para las mujeres y los hombres en Ciudad Juárez. Pero nadie, a excepción del gobierno, se percataba de la desatada guerra oculta entre las fuerzas armadas del narcotráfico y los elementos asignados a controlar este ilícito. Chihuahua fue la plaza del experimento, no nada más para los asesinatos de mujeres sino también para las estrategias antidrogas del gobierno, para el libre comercio y para las respuestas del crimen organizado.

Todo ello se extendió siguiendo la ruta trazada por el gobierno. Ahí encontraron los restos de las mujeres, dispersos en estas regiones. En esta guerra secreta las mujeres fueron sacrificadas. Era imposible distinguir entre policías y soldados honestos y corruptos, puesto que agentes policiacos y militares eran contratados para secuestrar y asesinar. Sólo así puede explicarse el silencio oficial ante tanta saña, muerte y corrupción, así como el miedo de entrarle a la solución del problema. En Ciudad Juárez casi siempre hay mujeres asesinadas al comenzar el año, y hay que recordar que el Tratado de Libre Comercio entró en vigor en Estados Unidos el primero de enero de 1994. Otras fechas para cometer asesinatos de alto perfil —seguramente dirigidos a los proyectos México-Estados Unidos— han sido el 4 de julio y el 11 de septiembre, a manera de mensajes.

Por todo esto, queda claro que los crímenes no podrán ser esclarecidos sin intervenir en el cartel de los Carrillo Fuentes y sus asociados. Pero hasta el momento, es evidente que esta red que incluye al narco goza de la protección del mismo gobierno que debería proteger a las mujeres. Es más, en otros lugares de México (y en Guatemala), a donde se han exportado estos crímenes, se puede detectar la presencia de este cartel y sus cómplices.

Política Estados Unidos-México

El conocimiento público del elevado grado de la participación de los sospechosos en los homicidios contra las mujeres podría provocar un desastre en la administración del presidente Vicente Fox, quien figura en una fotografía con un grupo de personas, en donde uno de ellos es señalado como sospechoso. Un funcionario federal dijo no creer que Fox tenga conocimiento de ello, pero añadió que subordinados del presidente ya están bien informados. Algunos funcionarios, que en alguna ocasión detentaron importantes cargos en Chihuahua, cuya actitud indolente para aniquilar a los asesinos propició la continuación de los homicidios, hoy en día desempeñan puestos de gran influencia en el gobierno de Fox. Uno es el exprocurador general de Justicia del estado de Chihuahua, Arturo Chávez Chávez, quien colabora con el secretario de Gobernación, Santiago Creel, aspirante a la presidencia.

Jorge Castañeda, quien fuera el primer secretario de Relaciones Exteriores de Fox, abandonó su cargo en busca de la presidencia; y mientras se desempeñó como ministro del exterior, logró evadir el tema de los crímenes de Juárez. El exgobernador de Chihuahua, Francisco Barrio, otro contendiente presidencial, sostiene que su administración esclareció los asesinatos en 1996. Lo más probable es que Castañeda y Barrio hayan optado por no hacer olas debido a que pretendían el apoyo de familias poderosas de Chihuahua que pudieran colaborar en sus campañas electorales. Un oficial mexicano de inteligencia mencionó que otro funcionario de alto rango, quien es pederasta, maniobra bajo las sombras para frenar cualquier

234

dificultad que pudiera originar la última investigación de la fiscal María López Urbina.

Hubo mucha confusión sobre el papel de López al principio. Durante un encuentro en el Parque Chamizal del lado Juárez en el año 2004, ella me aclaró que tenía instrucciones de "apegarse a la ley en cuanto al fuero común", y que los homicidios, en su mayoría, pertenecían al fuero común. No la habían enviado a Juárez para meter a los responsables de los crímenes a la cárcel. Dijo que cualquier información y pistas útiles para las investigaciones serían enviadas a las autoridades del estado de Chihuahua.[32]

En otro nivel, el gobierno de Estados Unidos se ha comprometido en conseguir que Fox y su gobierno promuevan el desarrollo de empresas de gas natural en la zona norte de México, después que los apagones masivos en California y otras entidades estadunidenses demostraron fallas y carencias en la energía eléctrica. Es probable que el gobierno de Estados Unidos se muestra renuente en mortificar a las poderosas familias mexicanas que podrían coadyuvar para esta causa y que se verían beneficiadas económicamente por los esfuerzos del desarrollo de energía. Un anuncio empresarial de Halliburton, divulgado en febrero de 2004, mencionaba que una de sus compañías había suscrito un acuerdo tecnológico de cinco años que beneficiaría a la paraestatal Petróleos Mexicanos, en México.[33] Las noticias financieras mencionaron también que PEMEX había disfrutado de una relación de cincuenta años con Halliburton, un conglomerado en sociedad con el vicepresidente de Estados Unidos, Dick Cheney.[34] Desde el punto de vista de tales ambiciones presidenciales y empresariales, y teniendo en cuenta los actuales intereses políticos y económicos de Estados Unidos y México, es más fácil comprender el porqué las vidas de jóvenes pobres ocupan el último lugar en las prioridades de los gobiernos de Estados Unidos y México.

Sin embargo, estos asesinatos no conllevan beneficio alguno para ninguno de ambos lados de la frontera. Algunos políticos catalogan a estos homicidios como un tema de seguridad fronteriza. Al menos en la superficie, las últimas funcionarias federales —la fiscal especial María López Urbina y la comisionada Guadalupe Morfín—han sido dotadas de facultades para encontrar las soluciones. Podrían iniciar con interrogatorios a personas clave poseedoras de valiosa información. Los expedientes de los funcionarios de Estados Unidos y México mencionan a gente que es probable que tenga acceso a la información que ayudaría al esclarecimiento de los crímenes.[35] Algunos de los apellidos que aparecen en estos archivos son: Molinar, Sotelo, Hank, Rivera, Fernández, Zaragoza, Cabada, Molina, Fuentes, Hernández, Urbina, Cano, Martínez, Domínguez y otros. Me puse en contacto con algunas de estas personas para preguntarles lo que sabían de los homicidios, pero ninguno contestó. Si algunos de ellos cuenta con datos cruciales, entonces deberían aportarlos a las autoridades. Probablemente se contienen por miedo o para no ofender a sus poderosos rivales. Otra posibilidad es que las personas mencionadas como potenciales fuentes de información se sometan de manera voluntaria a la prueba del polígrafo, aplicada por una corporación internacional neutral, como la fuerza especial de las Naciones Unidas, compuesta de expertos en justicia criminal de Europa y Estados Unidos, que emitieron reportes sobre los asesinatos en Ciudad Juárez.

Siguen los crímenes: FBI

La necesidad de llevar a cabo acciones urgentes no debe ser subestimada. Un funcionario del FBI mencionó: "Nuestros informantes nos notifican que todavía están asesinando a mujeres en Juárez, con la excepción de que ahora se deshacen de los cadáveres de otra manera. Descuartizan los cuerpos y con ellos alimentan a los cerdos en un rancho. ¿Por qué con cerdos? Porque los cerdos comen cualquier cosa".[36] Cuando le pregunté al subprocurador general de Justicia zona norte, Óscar Valadez, acerca de la revelación del FBI, el hombre hizo una breve pausa y sólo dijo: "Oh, no había escuchado eso". Esa posibilidad no es nada descabellada. En el 2004, autoridades de Canadá anunciaron que un destacado ranchero fue acusado de asesinatos en serie y de utilizar a los cerdos de su granja para deshacer-se de las víctimas.[37]

Ni un solo hombre ni un grupo son responsables de todos los crímenes en Juárez. Los sospechosos incluyen asesinos en serie, imitadores, pandillas, narcotraficantes y un grupo de influyentes. Ninguno de los verdaderos asesinos de esta larga década de series de crímenes sexuales ha sido encarcelado. Mientras los criminales continúen en libertad, ninguna mujer estará segura en las calles de esta ciudad fronteriza. Ha sido claro que funcionarios corruptos han encubierto los crímenes y protegido a los asesinos. Debido a la complicidad oficial, las muertes significan crímenes de Estado, y son, de acuerdo con lo expresado por un funcionario del FBI, "crímenes contra la humanidad".

MÁS ALLÁ DE JUÁREZ

La pesadilla de Cynthia Kiecker en Chihuahua comenzó cuando ella y su esposo, Ulises Perzábal, pasaron a integrar la serie de supuestos sospechosos arrestados por los feminicidios en el estado. Esta pareja, gracias a su apariencia hippie, llamaba la atención, circunstancia suficiente para que la policía judicial del estado los incriminara como responsables del asesinato de Viviana Rayas Arellanes. El cadáver de la joven de 16 años, originaria de Chihuahua, fue encontrado en las afueras de la ciudad el 28 de mayo de 2003, y al igual que otras víctimas anteriores había sido violada y torturada. Al día siguiente, la policía detuvo a Cynthia y Ulises. José Rayas, padre de Viviana, exigió justicia expedita para su hija. En virtud de que el hombre era un líder sindical con cierta influencia, las autoridades se apresuraron en presentar a dos sospechosos. Al parecer la policía estatal aplicó técnicas de tortura que ya les había funcionado en los casos de Juárez: el uso de chicharras eléctricas, intentos de asfixia y guerra psicológica. La familia Kiecker afirmó que la policía torturó a Ulises y Cynthia para obligarlos a confesar el asesinato de Viviana.[1] Cynthia le dijo a su familia que la policía la amenazó con penetrarla mediante una estaca de madera si ella se negaba a firmar la declaración que ya tenían lista.[2] Ella ni siquiera sabía lo que estaba escrito en el documento. Las autoridades del estado de Chihuahua dieron una versión repleta de inconsistencias. Al principio, le dijeron a la prensa que Cynthia y Ulises manejaban una tienda de ocultismo y que se valían de narcóticos para atraer a jóvenes como Viviana para

239

celebrar rituales satánicos. La policía sostuvo que Viviana fue asesinada durante una fiesta de tipo sexual en la casa de la pareja. Después, según la policía, Cynthia golpeó a la joven con un tubo hasta matarla, ya que tenía celos por la atención que su esposo prestaba a Viviana. El reporte de la autopsia estableció que Viviana murió estrangulada; no mencionaba nada de golpes en el cráneo con objeto contundente. José Rayas admitió que, al principio, su familia le creyó a las autoridades, pero poco a poco cambiaron de opinión, y acordaron llevar a cabo una investigación independiente.

José Rayas le comentó a la periodista Sandra Jordan, del Canal 4 de Londres, que había contratado a investigadores privados para que lo ayudaran a esclarecer la muerte de su hija, pero éstos se fueron de la ciudad luego de recibir amenazas de muerte.[3] Maurice Parker, el cónsul general de Estados Unidos en Juárez, envió un representante para entrevistar a Cynthia Kiecker en la cárcel, y envió una enérgica carta de protesta ante el gobierno de Chihuahua por las condiciones que prevalecieron en el arresto de la mujer. Cynthia, de 44 años y originaria de Bloomington, Minnesota, había vivido y trabajado en Chihuahua por cinco años. Con anterioridad había participado en una marcha en donde los manifestantes exigían justicia para las víctimas de Juárez y Chihuahua. Su familia, desesperada por liberarla de la prisión, pidió auxilio a numerosos políticos estadunidenses. El senador Norm Coleman, de Minnesota, comunicó su preocupación sobre el caso de Cynthia al embajador de México en Estados Unidos, Juan José Bremer, y también le envió una carta al presidente Vicente Fox, y habló con él después. En una declaración escrita, el senador Coleman expuso que oficiales consulares de Estados Unidos que visitaron a Cynthia "confirmaron marcas como consecuencia de una probable tortura". Dos testigos llevaron a cabo una conferencia de prensa para retractarse públicamente de las declaraciones formuladas en contra de la pareja, ya que arguyeron haber sido torturados por la policía estatal para incriminar a los acusados. Otro supuesto testigo que rindiera su declaración ante la policía casi huyó de la región temiendo por su seguridad.

La comisionada federal Guadalupe Morfín Otero había expresado creer en la inocencia de Cynthia y Ulises, si la única prueba en contra de ellos era una confesión obtenida por medio de la tortura.[4] Sin embargo, para junio de 2004, ni el cónsul estadunidense Maurice Parker, ni Morfín ni nadie pudo lograr que cedieran las autoridades de Chihuahua. La gente se pregunta quién gobierna realmente a Chihuahua, a excepción del gobernador. Algunos activistas de derechos humanos de Estados Unidos buscaron la ayuda del gobernador de Nuevo México, Bill Richardson, para Cynthia y Ulises, ya que Richardson tiene familiares en Chihuahua y con frecuencia veía al gobernador Patricio Martínez. Cuando se reunían, trataban asuntos de comercio y finanzas de interés para sus respectivas entidades.

Richardson, mencionado con insistencia como aspirante a la vicepresidencia de Estados Unidos, se desempeñó como embajador de ese país ante la Organización de las Naciones Unidas (ONU). Pero Richardson parecía estar más interesado en concretar negocios con Martínez, en lugar de intentar liberar de la cárcel del gobernador a una ciudadana estadunidense falsamente acusada. Fuentes policiacas mencionan que Martínez, de quien se afirma construía una residencia en Nuevo México, planea residir en la Tierra del Encanto a partir de 2005, después de finalizar su periodo gubernamental. En abril de 2004, Leopoldo Mares Delgado, secretario de Desarrollo Económico y Turismo, anunció que gracias a los acuerdos negociados entre Richardson y Martínez, una fábrica en la ciudad de Chihuahua vendería tubos de acero para gas, con valor de 50 mil dólares cada uno, a la ciudad de Albuquerque, Nuevo México.[5] Richardson ha guardado silencio sobre el caso de Cynthia y de los feminicidios en México. Por el contrario, la senadora por el estado de Nuevo México, Mary Jane García, de Las Cruces, ha denunciado los crímenes por varios años, y se ha referido al tema con sus homólogos mexicanos durante encuentros binacionales. La última vez que vi a Carol Kiecker, madre de Cynthia, fue en la manifestación internacional del V-Day en El Paso y Juárez, el 14 de febrero de 2004. Ella nos confió cómo la familia ha caído en profundas deudas para pagar la defensa legal

de su hija. Los gastos de viaje a México desde Minnesota se han acumulado. "No hay interés por hacerle justicia a mi hija y su esposo",
me comentó. Jamás olvidaré la expresión de dolor en su rostro cuando se refería ese día a la situación de su hija.

Se extienden los asesinatos

Con la muerte de Norma Luna Holguín, de 16 años, en 1999,
Chihuahua empezó a experimentar una serie de asesinatos de jóvenes en forma muy similar a los crímenes que han sacudido a Juárez
por más de diez años. Cinco años después, la congresista federal, Marcela Lagarde solicitaba a los funcionarios de su país que investigaran
los feminicidios que ya se extendían hacia varias regiones. Hasta ahora,
los crímenes se han cometido en Chihuahua, en las ciudades fronterizas de Tijuana, Mexicali y Matamoros, en los estados de Nuevo León
y Guanajuato, y en Ixtapa-Zihuatanejo. Lagarde, una luchadora feminista, fue designada presidenta de una comisión especial legislativa
para investigar el incremento en los crímenes de género. Irene Blanco, del estado de Chihuahua y exrepresentante legal de Sharif, también forma parte de esa comisión. En 2003, la revista *Cambio* publicó
un artículo acerca de los homicidios de 16 mujeres en León, Guanajuato, entidad natal del presidente Vicente Fox. Los escritores Alejandro
Suverza y Catalina Gaya expresaron que los crímenes se registraban
en un índice de un asesinato por mes entre enero de 2002 y mayo de
2003.[6] Estos asesinatos representan una tendencia alarmante para
una entidad que por mucho tiempo ha gozado de un índice bajo de
criminalidad, y con una reputación de ser un lugar relativamente seguro. Existe la posibilidad de que la mafia o mafias le estén sembran-
do cuerpos al presidente como un mensaje. En el estado de Nuevo
León, un grupo interdisciplinario contabilizó 29 feminicidios entre
enero de 2002 y agosto de 2003, de acuerdo con un servicio infor-
mativo.[7] Y en cinco años, el Instituto de las Mujeres de Nuevo León
reportó un total de 94 mujeres asesinadas en la entidad. De acuerdo
con la dirigente de derechos humanos Omeheira López, Reynosa

registró 136 homicidios de mujeres entre 1999 y febrero de 2004.[8] Amigos de las Mujeres de Juárez, un grupo de derechos humanos con base en Las Cruces, Nuevo México, encabezada por Cynthia Bejarano y Gregory Bloom, dirigió una carta, en noviembre de 2003, al presidente Vicente Fox y también le escribió al gobernador de Chihuahua, Patricio Martínez, en donde señalaron que "hay suficientes evidencias para observar que los asesinatos se han extendido".

Lo mismo que Juárez

Conocí a los padres de Paloma Escobar, en 2002, cuando viajaron de Chihuahua a Juárez para hablar del caso de su hija con reporteros fronterizos. Lucha Castro, abogada y activista, acompañó a la pareja durante una reunión en el restaurante Sanborn's que está junto al Hotel Holiday Inn. El padre de Paloma difícilmente contuvo sus lágrimas en el momento en que su esposa y él describieron sus inútiles intentos para lograr que las autoridades de la capital estatal investigaran, primeramente, la desaparición de Paloma y, después, agotaran todas las pistas en el caso. El progenitor, un expolicía municipal, se mantuvo mirando hacia otro lado para enjugar sus ojos, en un esfuerzo por no romper en llanto durante la entrevista. La adolescente, quien trabajaba en la maquiladora Aerotec en la ciudad capital, desapareció el 2 de marzo de 2002. Su madre, Norma Ledesma, dijo que Paloma fue vista al salir de su casa en la tarde. Testigos afirmaron haberla visto quince minutos después de salir de la casa, en la escuela de computación ECCO a donde ella asistía, en la zona centro de Chihuahua. Al parecer, se le vio, por última vez, con Francisco Ramírez, un promotor de la escuela de computación ECCO.

El cadáver de Paloma fue hallado el 29 de marzo, en las afueras de la ciudad. Aun cuando su cuerpo yacía en matorrales ubicados en el desierto, la policía judicial del estado le dijo a la familia, poco antes de ser localizado, que no se preocupara, ya que habían visto a su hija divertirse en centros nocturnos acompañada de sus amigos. Fue muy cruel la versión de la policía, considerando que Palo-

243

ma fue asesinada a dos días de su desaparición. "Ella ya estaba muerta cuando nos dijeron haberla visto divirtiéndose", expresó Norma Ledesma. Una comandante de la policía judicial del estado, Gloria Cobos, fue acusada de sembrar una fotografía del novio de Paloma en el sitio donde fue localizado el cuerpo, para incriminarlo. Pero los testigos se presentaron a declarar que ellos mismos le habían entregado la fotografía a Cobos, lo que significaba que la policía trató de sembrar evidencias en su prisa por resolver el caso. Coincide, según fuentes policiales, que al iniciar el año 2000, los narcotraficantes y mafiosos se trasladaron de Juárez a Chihuahua, pues para ellos ya se estaba calentando la plaza de la frontera y no se sentían seguros.

La familia de Paloma fue objeto de amenazas, en un intento por disuadirla para que dejara de investigar por su cuenta el asesinato de Paloma. Norma Ledesma relató que las cosas empeoraron de tal forma que su esposo tuvo que esconderse. El reporte "Muertes Intolerables", de Amnistía Internacional, menciona que la policía judicial de Chihuahua fracasó en dar seguimiento a varias pistas del caso de Paloma que los conduciría a varios sospechosos: "El hombre indicado se fue de la ciudad y las autoridades arguyeron haber perdido todo rastro".[9] La organización de derechos humanos expuso también la presencia de "pistas y testimonios[...] [que] al parecer representan el eslabón" entre los casos de otras cuatro jóvenes chihuahuenses reportadas como extraviadas: Yesenia Vega Márquez, de 16 años; Minerva Torres Alvedaño, de 18; Julieta González Valenzuela, de 17; y Rosalba Pizarro Ortega, de 16. Pero la policía no se sintió obligada a indagar sobre esas pistas. Chihuahua y el palacio de gobierno se estaban convirtiendo a un lugar semejante a Juárez. Manuel Esparza, designado vocero oficial sobre los crímenes seriales en Juárez, le informó al diario *Arizona Republic*, en julio de 2003, que él conocía únicamente tres o cuatro casos de mujeres asesinadas en Chihuahua, aun cuando, en mayo de 2003, la ciudad había registrado seis muertes de ese tipo. El vocero expresó que no había relación entre los crímenes de Juárez y Chihuahua debido a que no había abuso sexual, o no era la causa de la muerte.[10]

244

Dos de las víctimas, Miriam Gallegos y Érika Carrillo, fueron encontradas semidesnudas, y Paloma Escobar fue encontrada con vellos púbicos en una de sus manos. Los investigadores omitieron someter la evidencia de pelo púbico a una prueba genética de ADN. Los motivos imaginables para que la policía no llevara a cabo exámenes para establecer un perfil genético de ADN se debían a la indolencia o la necesidad de proteger al o los asesinos. El equipo del Canal 4 de Londres tuvo la oportunidad de obtener un botón de muestra de la justicia al estilo de Chihuahua durante su investigación de los asesinatos en Juárez y Chihuahua. La reportera Sandra Jordan, de Londres, expresó que ella había cubierto bastantes lugares conflictivos alrededor del mundo, incluyendo otras regiones en donde la corrupción era irrefrenable. Pero, ella aseguró, su equipo jamás se había encontrado con los niveles de corrupción semejantes a los observados en las ciudades de Chihuahua y Juárez.[11] En Juárez el equipo fue acosado sin motivo alguno por guardias (agentes estatales) de una de las prominentes familias.[12] Según un grupo pro derechos humanos llamado Justicia para Nuestras Hijas, 14 jóvenes fueron reportadas como desaparecidas en esa entidad entre 1999 y 2003; seis de ellas fueron encontradas sin vida. En 2004, diez jóvenes de Chihuahua habían sido privadas de la vida y ocho permanecían desaparecidas; sus edades fluctuaban entre 15 a 25 años. Justicia para Nuestras Hijas, también se enfocó a la desaparición de Karen Ávila Herrera, de 14 años, quien prácticamente se esfumó de ese estado el 4 de febrero de 2003. La adolescente apareció con vida en Juárez, luego de huir de una mujer a quien ella acusaba de haberla secuestrado. Después de que Karen fuera plagiada, ella buscó refugio con una familia de Juárez, que se comunicó con sus familiares en Chihuahua. La madre de Karen, Martha Herrera, se trasladó hasta Juárez para traer a su hija a la casa paterna. La joven le dijo a su familia que una mujer conocida como Yaritza la había forzado a irse con ella hasta Juárez, y que pretendía obligarla a prostituirse. Lucha Castro y Alma Gómez, miembros del grupo de defensa de derechos humanos, criticaron a las autoridades por omitir la investigación de la mujer identificada como la raptora de Karen, o no dar seguimiento al resto de los informes aportados por la víctima sobre su odisea. En vez de ello, comentó Alma Gómez, los funcionarios estatales trataron de atemorizar y desacreditar a los miembros del organismo. Los activistas fueron víctimas de amenazas a causa de su labor a favor de los familiares de las desaparecidas y asesinadas.

Misteriosos secuestros

Con tantas jóvenes extraviadas, es posible que bandas de traficantes de personas pudieran habérselas llevado consigo. Es mucho más factible que algo así les haya ocurrido a las jóvenes, en vez de que los asesinatos tengan que ver con el tráfico de órganos. Un funcionario, mencionado en alguna parte de este libro, me habló sobre el caso de una familia de Juárez, la cual acudió ante el investigador para que le ayudara a la localización de su hija adolescente desaparecida. El hombre reflexionó detenidamente sobre cómo podría resolver el asunto, y entabló comunicación con un oficial de policía para ponerlo al tanto sobre el drama familiar. El policía le dijo que esperara un momento, mientras se comunicaba con alguien en la ciudad de México. Los resultados fueron inmediatos. La joven sería devuelta a Juárez con la condición de que no hubiera preguntas. Fin de la historia. En otro caso, una adolescente fue plagiada por agentes policiacos en Juárez, y fue llevada a una casa en construcción. Ésta era utilizada para almacenar droga y reunirse con policías de diferentes corporaciones. Poco después, uno de los policías la llevó de regreso a su casa, y le dijo a su madre que agradeciera que su hija no hubiera sido asesinada. Le advirtió a la progenitora que se abstuviera de reportar a la policía lo sucedido. Temiendo por su seguridad, la familia se llevó a la joven a algún lugar de la ciudad de México.

El cráneo es de un hombre

Otro extraño caso en Chihuahua tiene que ver con la muerte

246

de Neyra Azucena Cervantes, quien fuera asesinada en mayo de 2003. La familia de la joven había notificado a sus parientes en Chiapas sobre su desaparición, y su primo, David Meza, viajó hasta esa entidad para colaborar en su localización. Sin embargo, la policía judicial del estado detuvo a Meza y supuestamente lo sometió a torturas para que confesara su participación en el asesinato de su prima. Patricia Cervantes, la madre de la muchacha, dijo que ninguno de los familiares cree que David Meza esté involucrado en la muerte de Neyra. El joven se vio atrapado por el mismo sistema judicial que continúa teniendo cautivos a varias sospechosos de dudosa culpabilidad —Sharif, Cynthia Kiecker, Ulises Perzábal, los Rebeldes, los choferes y otros. En mayo de 2004, un grupo de madres de víctimas de Chihuahua y Juárez dieron muestras de ADN a representantes del sheriff del condado de Alameda en California que investigaban el homicidio de una mujer desconocida en ese estado. Ellos le vieron a la víctima un parecido con la fotografía de una de las jóvenes desaparecidas de México, y viajaron a la frontera para indagar. Los agentes explicaron la situación durante una reunión en Casa Mayapan en El Paso. Guadalupe Morfín estuvo presente. Ninguna de las muestras correspondió a la víctima en California, pero los peritos forenses pudieron establecer que el supuesto esqueleto de Neyra Cervantes sí correspondía con el ADN de su progenitora Patricia Cervantes. La oficina del sheriff hizo la prueba como "un favor humanitario", y fue más allá al establecer que el cráneo que acompañaba el esqueleto no podía ser de Neyra porque correspondía a un hombre. "El cráneo que sale en las fotos es de hombre, no de una mujer[...] los dientes que salen en las fotos [de la PGJE de Chihuahua] no son los mismos dientes que se ven en las fotos de Neyra en vida", según un boletín de agosto de 2004, que emitió Amigos de las Mujeres de Juárez. La oficina del sheriff del condado de Alameda confirmó los resultados.[13]

En Tijuana

En mayo de 2003 acudí a una conferencia de periodistas de la frontera en Tijuana. Durante un receso, aproveché para echar un vistazo a un centro comercial frente al hotel sede de la conferencia. Cuando llegué a la mitad del centro comercial, me topé con un kiosko en donde había algunos volantes con fotografías de adolescentes desaparecidas y números telefónicos para que llamaran quienes tuvieran alguna información sobre el paradero de las chicas. Había una escuela de computación ECCO alrededor de la cuadra, a unos cuantos metros del kiosko. Los rostros de las jóvenes desaparecidas en los cartelones no se diferenciaban mucho de las jóvenes que se habían esfumado en Juárez y Chihuahua. Por coincidencia, en esas fechas, el periódico *Zeta*, editado por Jesús Blancornelas, publicó una entrevista con el exgobernador de Chihuahua, Francisco Barrio, a quien ya se le señalaba como un aspirante presidencial. Los colaboradores de *Zeta* le preguntaron a Barrio sobre los homicidios de mujeres en Juárez, y él le declaró que fueron resueltos los asesinatos registrados durante su gestión administrativa.[14] *Zeta* publica un reto constante a las autoridades de Baja California con un desplegado que dice: "Jorge Hank Rohn: ¿por qué tus guaruras me asesinaron?". El aviso se refiere al asesinato ocurrido en 1988, contra el cofundador de *Zeta*, Héctor Félix Miranda. Blancornelas mencionó que Félix criticaba constantemente a los Hank en sus columnas. Dos hombres al servicio de Hank fueron encarcelados por la muerte del periodista.

Jane Fonda viene a Juárez

En la actualidad, el rastro de las mujeres asesinadas se extiende desde Ciudad Juárez hasta Centroamérica. El viaje de la actriz Jane Fonda, en apoyo a las actividades del V-Day en la frontera, en 2004, estuvo inspirado en el paralizante índice de asesinatos que ella descubrió en Guatemala. Durante su visita a ese país, Fonda ofreció regresar con "un ejército en apoyo a las mujeres de Guatemala para

248

decirles que el mundo estaría con ellas [...] ustedes han sufrido un número mayor de mujeres asesinadas que en Ciudad Juárez".[15] Helen Mack, de la Fundación Myrna Mack en Guatemala, fue una de las conferencistas principales en un foro de derechos humanos en Juárez, en 2004, ideado para promover el intercambio de ideas entre activistas de Centroamérica y derechos humanos de la región Juárez-El Paso. La comisionada Guadalupe Morfín apoyó en la organización del acto. Mack ha dedicado más de una década para lograr la aprehensión de los asesinos de su hermana. Un escuadrón militar de la muerte mató a su hermana, la antropóloga Myrna Mack Chang, en 1990.

Helen Mack recurrió a tribunales internacionales para que que se juzgara a los autores intelectuales del asesinato de Myrna, que en este caso se trataba de oficiales militares de alto rango. Platiqué brevemente con ella acerca de su experiencia, y comentó que más de 700 mujeres han sido asesinadas en Guatemala desde el año 2000. Carlos Vielman, ministro del Interior de ese país, dijo recientemente que la policía capturó a 76 personas e identificó a 145 sospechosos, quienes aparentemente tienen que ver con la muerte de 397 mujeres sólo en el año 2004.[16] "La saña con que se cometen estos crímenes es de gran preocupación para nosotros", dijo Vielman. "Hasta el pasado 30 de noviembre, 298 mujeres han sido asesinadas con arma de fuego, 62 con arma blanca, 17 a golpes y 20 por estrangulamiento."[17] Lo ocurrido en Guatemala se asemeja a la situación que se vive en Ciudad Juárez. Aunque también se ha culpado de los crímenes a las pandillas conocidas como Mara Salvatrucha, la verdad es que las autoridades no han presentado a los verdaderos sospechosos o líneas de investigación que expliquen lo que está ocurriendo. Julia Monárrez, feminista de Juárez, califica esta tendencia como el "exterminio" de mujeres. Ella sostiene que los feminicidios están caracterizados por brutales actos de violencia en contra del cuerpo de una mujer: violación, tortura, estrangulamiento, puñaladas y mutilación. Esto es muy semejante a los crímenes de odio, pero con base en el género en vez de la raza o el origen étnico. Rolando Alvarado, oficial federal a cargo de la supervisión de la investigación en los crímenes contra mujeres en Juárez, me comentó que él "no descartaría los crímenes de odio" como un motivo para cometer los asesinatos. En cierto sentido, tiene razón, aun cuando la manera en que son llevados a cabo los homicidios señala poderosamente una actitud de aborrecimiento contra las mujeres.

Otra casualidad

Como una casualidad intrigante, en un terreno baldío (propiedad de la familia del expresidente Carlos Salinas de Gortari) en Zihuatanejo, Guerrero, se encontraron los cuerpos de dos mujeres, que al parecer fueron arrojados en ese lugar. Salinas fue el "presidente del Tratado de Libre Comercio" y, según Freeman y Sierra, el primer presidente en involucrar al ejército en la lucha antidrogas.[18] ¿Acaso le "sembraron" los cadáveres a manera de advertencia al igual que lo hicieron con Fox y los gobernadores de Chihuahua, Patricio Martínez y Francisco Barrio?

La vox populi señala que en Ciudad Juárez, en la década de los noventa, un individuo de esta localidad abofeteó a un presidente de México, cuando éste se encontraba de visita en su casa. Poco después, el supuesto agresor del jefe del ejecutivo huyó de Ciudad Juárez. Un familiar del hombre que, al parecer agredió al presidente, tiene un pariente que según las autoridades está implicado en los feminicidios.

Puesta en libertad

Después de dieciocho meses de estar encarcelados, un juez del estado de Chihuahua declaró inocentes a Cynthia y a Ulises el 17 de diciembre de 2004. Éste afirmó que no hubo pruebas en contra de la pareja por el asesinato de Viviana Rayas, pero se abstuvo en cuanto a las declaraciones de tortura. Salieron ese mismo día del penal.[19] Dos semanas antes de ser puesta en libertad, Cynthia me llamó desde la cárcel. Dijo sentirse optimista gracias a los comentarios de su abo-

250

gado y de su esposo, al afirmar que todo iba por buen camino. Durante su permanencia en la prisión, Cynthia llegó a conocer a la cantante Gloria Trevi, poco antes de que la artista saliera libre. Cynthia comentó que le permitían trabajar en joyería e, incluso, hasta le vendió algunas piezas a Gloria. "Lo que más me preocupa es limpiar la horrenda imagen que nos fue creada por las autoridades. Jamás drogamos a nadie ni éramos satánicos, y mucho menos asesinos. Fue muy vil la manera en que fuimos presentados públicamente." Su familia comentó que, en cuanto Cynthia y Ulises abandonaron la penitenciaría, fueron escoltados hasta la frontera por personal del consulado estadunidense y agentes federales. Cynthia confesó que iba a extrañar mucho a México, pues vivió y trabajó en este país y fue donde conoció al que ha sido su marido por más de veinte años. Ulises Perzábal platicó algo interesante después de ser liberado. Dijo que durante la guerra sucia de México, elementos de las fuerzas de seguridad lo habían ligado con la Liga Comunista 23 de Septiembre, y "fui torturado durante esa época". Más bien tal vez por esto y no porque lo veían como hippie, ya lo tenían en la mira los policías de Chihuahua cuando murió Viviana Rayas.

FEMINICIDIOS

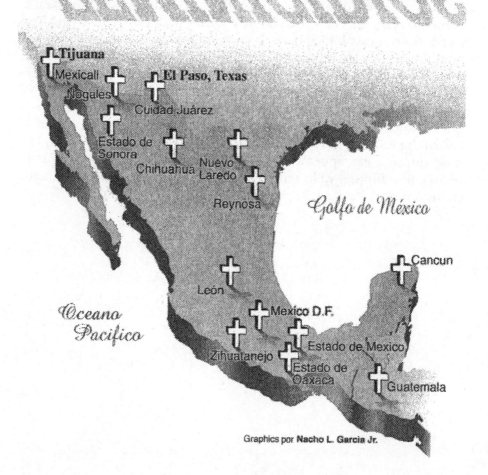

Tijuana
Mexicali
Nogales
El Paso, Texas
Cuidad Juárez
Estado de Sonora
Chihuahua
Nuevo Laredo
Reynosa
Golfo de México
Cancun
León
Oceano Pacifico
Mexico D.F.
Zihuatanejo
Estado de Mexico
Estado de Oaxaca
Guatemala

Graphics por **Nacho L. Garcia Jr.**

252

EPÍLOGO

Por la opresión de los pobres, por el gemido de los
menesterosos, ahora me levantaré, dice el Señor.

Salmos, 12:5

Los abogados

En julio de 2004, tres mujeres fueron reportadas como desaparecidas en Ciudad Juárez. A una de ellas la encontraron sin vida. La tercera joven, Fabiola Chacón Arreola, de 18 años, vivía en Anapra. Sus familiares dicen que la joven se dedicaba a cuidar a su hermano discapacitado, además de tener la seguridad de que ella no se fue por su propia voluntad. Su madrina relató que Fabiola era estudiante en una escuela de computación, ubicada en la zona centro. Hasta ahora no se sabe nada de su paradero.[1]

Sin duda alguna, lo que está sucediendo en la ciudad fronteriza es alarmante. A causa de la indiferencia oficial, los asesinatos de mujeres se han extendido hacia otros estados de la república. Si hay o no vínculos posteriores entre los crímenes y las diferentes ciudades, ello debe ser investigado. El destino de muchas mujeres desaparecidas se desconoce, e incluso las personas que han sido identificadas como sospechosas no han sido presentadas ante los tribunales judiciales. Los funcionarios de corporaciones investigadoras en ambos lados de la frontera saben quiénes son los asesinos, pero nada se ha hecho. Algunos de los autores materiales ya murieron, pero como parte de las pugnas dentro del crimen organizado. La administración de Fox tiene la oportunidad de recuperar la fe de sus ciudadanos actuando correctamente. Los crímenes y desapariciones continúan

253

de manera incesante y todo seguirá igual hasta que los verdaderos asesinos sean detenidos, y cuando los gobiernos de México y Estados Unidos decidan y reconozcan el fracaso de las políticas bilaterales, que tuvieron como trágico resultado las muertes de centenares de mujeres. Se requiere una solución bilateral que valorice más el salvar vidas que incrementar el número de decomisos de drogas o permitir el paso libre del comercio.

El clímax de los "crímenes intolerables" llegó cuando varias madres de las víctimas de Juárez y de Chihuahua clamaron justicia durante una sesión con el presidente Fox, en la ciudad de México, en noviembre de 2003. La reunión con la autoridad máxima de su país fue el punto culminante de todo el trabajo y ayuda de organismos que se habían lanzado para ayudar a estas mujeres. Las madres expresaron que habían dado a Fox una lista con nombres de sospechosos y esperaban que, en consecuencia, él actuara. Al término de la reunión Fox dijo: "La justicia a veces es escasa en nuestro país".[2] Él tiene la oportunidad de cambiar esta circunstancia. De no ser así, lo que sigue es interponer una denuncia ante un tribunal internacional.

Acontecimientos

En el 2004, la fiscal federal María López Urbina entregó un informe al estado de Chihuahua en donde señala a más de ochenta funcionarios y agentes estatales por el supuesto mal papel que ejercieron durante las investigaciones. El presidente Vicente Fox mencionó el informe de López Urbina durante su cuarto informe de gobierno.[3] Como algunos hemos argüido, estos investigadores, aunque no fueran los culpables, sí son los responsables de que los crímenes siguieran por el mal desempeño de su trabajo. Tal vez ni siquiera pisarán la cárcel y probablemente sean exonerados, pero el hecho de que la autoridad federal tomara en cuenta la pobre calidad de las investigaciones estatales, representa un paso muy importante.

Entre los señalados en el informe de López Urbina estuvieron Suly Ponce, Hernán Rivera, Manuel Esparza y Antonio Navarrete.

254

En realidad, faltan los altos mandos que fueron sus jefes. La comisionada federal Guadalupe Morfín Otero también presentó un informe en relación con estos crímenes en 2004. Durante el foro en Ciudad Juárez pidió la liberación de "quienes no deben permanecer en prisión", y comentó que "es inevitable preguntar hasta dónde llega en las altas esferas la complicidad y cuál es el papel que desempeñan los organismos y poderes que deben hacer contrapeso al ejecutivo del estado".[4]

Victoria Caraveo, quien se desempeñó como titular del Instituto Chihuahuense de la Mujer, emitió un informe que dio a conocer la primera cifra oficial de los asesinatos de mujeres en Juárez. Le faltaron algunos casos, pero el número dentro de su informe fue más elevado que el manejado por la PGR y la Comisión Nacional de Derechos Humanos. Bajo la presidencia de José Luis Soberanes, la CNDH aportó datos importantes en el 2004, y puso un enfoque anteriormente ignorado en las mujeres extraviadas. Esto impulsó a emprender una búsqueda y algunas de ellas fueron localizadas por las autoridades federales. En julio de 2004, los chihuahuenses tuvieron la oportunidad de elegir un nuevo gobernador, y los juarenses un nuevo alcalde. Debemos estar atentos a estos acontecimientos. Lo negativo del asunto es que personas cuya culpabilidad está en duda, los culpables prefabricados, no han sido exonerados.

Existen sospechas de que muchas de las muertes, y sobre la forma en que se ha extendido a otras regiones representan una serie de respuestas a las estrategias bilaterales antidrogas y del libre comercio. Incluso, los jefes de los carteles en México están luchando contra la posibilidad de que sean extraditados a los tribunales del extranjero, en particular Estados Unidos. El gobierno mexicano habría tratado como secreto de estado algunos aspectos de la lucha antidrogas, impulsada en gran parte por Estados Unidos, para tratar de apagar o contener a los carteles. Como respuesta, se desató una poderosa alianza de intereses económicos, que incluye políticos y elementos corruptos del ejército y de las fuerzas policiales, y que ha declarado una guerra en contra de los esfuerzos del gobierno. La

255

alianza ha respondido a operativos como Chihuahua Pilot Project y a cambios que proceden del Tratado de Libre Comercio, que amenazaban el statu quo. La contraguerra ha incluido los asesinatos sistemáticos de mujeres —una auténtica campaña de terror que podía garantizar el doblegamiento de gobernantes y el temor en sus comunidades. Hemos visto que entre sus elementos se encuentran policías y soldados que fueron adiestrados por agencias federales estadunidenses, convertidos en los escuadrones de la muerte para una extensa red del crimen organizado. Como ejemplos, tenemos a los Zetas que operan en Tamaulipas y Nuevo León. Estos sicarios tuvieron como manual de operaciones las guerras sucias de países como Guatemala, El Salvador, Chile, Argentina y México. Algunos de los principales narcotraficantes de México Tijuana y Juárez se han trasladado a esos países para instalarse en ellos y así evadir la justicia. Las víctimas de Ciudad Juárez —la mayoría jóvenes y de origen humilde— representan el futuro de la industria maquiladora y, en general, del pueblo mexicano. El gobierno se ha adelantado a callar las inquietudes de la sociedad civil con las detenciones injustas de personas que nada tenían que ver, y todo para seguir ocultando el verdadero fondo de esta guerra. Pero el silencio se ha roto, y no tiene caso seguir ocultando la verdad. En cada batalla hay crímenes de guerra, y este caso no es la excepción. Las autoridades de Estados Unidos y México deben actuar con urgencia para ponerle fin a la ola de crímenes y reparar el daño humano colectivo. No habrá solución sin justicia.

Hay gente con pistas

Según una nota de Sergio González Rodríguez en el periódico *Reforma*, expertos de seguridad nacional señalaban que las autoridades debían entrevistar a varias personas que podrían ayudar en el esclarecimiento de algunos de los crímenes: Manuel Sotelo, Arnoldo Caba-da, Miguel Fernández, Tomás Zaragoza, Jorge Hank Rhon y Valentín Fuentes. En México hay personas tan influyentes como ellos, que deben tener una idea del porqué y quiénes estuvieron detrás de los feminicidios.[5] Ninguno respondió a preguntas sobre esto, pero si ellos u otras personas saben algo, deberían aportar la información a las autoridades correspondientes.

De estas personas, sólo Arnoldo Cabada accedió a responder lo que sabía de los feminicidos. Y lo hizo durante una entrevista publicada, el 3 de noviembre de 2004, en *El Diario de Ciudad Juárez*, titulada "Tejen leyendas en torno a feminicidios". El 2 de noviembre de 2004, el día de su cumpleaños, y por una triste casualidad, se cometió otro crimen —un día antes de que se publicara la nota. En realidad, se negó a aportar algo concreto. En ese artículo, Cabada, vocero del alcalde Héctor Murguía y dueño de una estación de televisión, comentó que "es una fantasía realmente".[6] Agregó que "estamos viviendo en un país libre donde la gente puede decir y escribir lo que piensa, aunque sea fantasioso. Si hubieran sido cosas más formales, que tuvieran sustento, entonces hubiera pensado en hacer una aclaración".[7] También dijo que no tenía nada que ver con el resto de los empresarios ahí mencionados. Estas personas —según la nota periodística— gozan de una reputación intachable. Ello implica que ignoran ciertas cuestiones sobre estos asesinatos, y que por algún motivo (tal vez temor) prefieren no denunciarlo. La confianza del nuevo alcalde de Ciudad Juárez, Héctor Murguía, llega a tal grado, que incorporó a Cabada y a Fernández a formar parte de su gabinete. Ahora el señor Sotelo forma parte de la Comisión de Honor y Justicia del municipio de Juárez. Murguía, quien apoyó la campaña de Jorge Hank Rhon en Tijuana, asistió a la inauguración del centro de apuestas Caliente, que Hank abrió en 2004.

La esperanza mundial

Legisladores de Estados Unidos, como la congresista Hilda Solís en California, están pugnando por una solución bilateral. El año en que tres jóvenes aparecieron muertas en el área del Cristo Negro fue también el año en que destacados organismos internacionales viajaron a Juárez para conseguir datos y aportar recomendaciones. Bajo el liderazgo de Irene Khan, Amnistía Internacional inició una sustanciosa y estratégica campaña, en agosto de 2003, para presionar al gobierno mexicano en actuar a favor de sus ciudadanos en el estado de Chihuahua.

Mucha gente interesada en salvar vidas ha contribuido de varias maneras para dar a conocer en el mundo lo que acontece en Juárez. Sus esfuerzos se han traducido en un cúmulo de expresiones: arte, poesía, canciones, documentales, historias, campañas de envío de cartas, sitios web, fotografía, foros, voluntariado, danzas, peticiones, protestas, conferencias, discursos, dictámenes legislativos, iniciativas y propuestas a congresistas y donativos financieros para que las familias de las víctimas y los activistas puedan llevar el mensaje hacia la arena internacional. Como resultado de estos esfuerzos masivos, la comunidad internacional ha condenado la falta de respeto del gobierno de México hacia la vida humana y su tolerancia a los abusos legales graves y contra los derechos humanos.

Hay mucha cosas positivas. Estrellas y activistas de Hollywood como Jane Fonda y Sally Field están ayudando a divulgar información sobre los crímenes que no debieran existir en esta época ni en ningún lugar del mundo, mucho menos con los vecinos de Estados Unidos. Los estudiantes del Programa Justicia en la Frontera de la Universidad Estatal del Oeste de Arizona en Phoenix, están explorando novedosas leyes para presentar estos temas ante una corte internacional. Después de agotar todas las instancias institucionales en México, lo que debe seguir es llevar la denuncia ante un tribunal mundial.

Además de las activistas como Lucha Castro, Paula González y Marisela Ortiz, observé cómo los periodistas que captaban la enormidad de la situación iban más allá de su deber y agotaron todas las vías que nuestra profesión permite, para relatar la historia de los asesinatos de Juárez. Live Landmark, reportera de Suecia, elaboró un reportaje especial de primera plana para su periódico y ayudó a presionar para que un ministro de su país mencionara el tema durante una reunión de funcionarios federales en México. Rosa

Isela Pérez, reportera de *Norte de Ciudad Juárez*, ha escrito incansablemente sobre el tema. El periodista de Estados Unidos Brian Barger tomó un receso en su carrera para lanzar Casa Amiga en Juárez, el primer centro para personas violadas. Lorena Méndez, periodista de televisión de la red FOX de California y productora del documental *Border Echoes*, ha mostrado enorme simpatía con las familias de las víctimas. Ella dividió su tiempo entre activismo y periodismo y ayudó a reunir los 4 mil dólares para pagar una prueba de ADN que confirmó la identidad de la hija de Benita Monárrez, Laura Berenice Ramos, de un fragmento de huesos que la madre recibió en 2002. La prueba confirmó que Laura Berenice estuvo entre las ocho víctimas de noviembre de 2001. Otra periodista, Graciela Atencio, de Argentina, una exeditora de *Norte de Ciudad Juárez*, colaboró en divulgar la noticia, a través del oceano, hacia Europa. El reportero de radio Kent Paterson, de Albuquerque, Nuevo México, agregó una nueva dimensión a nuestra investigación de los asesinatos con la realización de viajes de campo a otras de las ciudades afectadas. La polémica escritora Isabel Arvide hizo uso de sus contactos y su pluma para pugnar por una justa solución a los asesinatos de mujeres. Ella fue de las primeras personas en México que presionaron a las autoridades para que localizaran a las personas desaparecidas y que habían sido sepultadas por el cartel de Juárez en fosas clandestinas. Cada vez que se intensificaba esta batalla, el periodista Sergio González Rodríguez fue mi más grande aliado.

Alejandra Sánchez, de la Universidad Autónoma de México y directora de la película *Ni una más*, dio a conocer el caso de Lilia Alejandra García Andrade. El reportero de investigación John Quiñones produjo dos programas acerca del tema para la cadena ABC *20/20*; Telemundo realizó un programa especial sobre los asesinatos de mujeres y el cartel de Juárez, en 2003, *Ciudad sin Ley*, y luego vino el audaz documental del canal 4 de televisión en Londres, *Ciudad de las jóvenes extraviadas*.

Lourdes Portillo produjo un extraordinario documental sobre este asunto llamado *Señorita extraviada*, que imprimió un gran ímpe-

259

tu hacia un creciente movimiento; y la profesora Alicia Gaspar de Alba organizó una brillante conferencia en la Universidad de California en Los Angeles, dedicada en su totalidad a los asesinatos en Juárez. A mucha gente le sigue importando el destino de las mujeres que cada día corren más riesgo en México. Observar a todos estos profesionales del gremio sacrificar su vida personal y recursos para dedicarse a la investigación fue una experiencia de humildad. El doctor Gabriel Trujillo Muñoz, un escritor de Mexicali, Baja California, compuso un poema para la ocasión invocando la memoria de Henry Miller, recordándonos que, en tiempos de crueldad, las palabras son el único modo de separar el mito de la historia, y que la impunidad es sólo una etapa temporal.[8]

El nuevo grupo de líderes del congreso en México, incluyendo a Marcela Lagarde e Irene Blanco, han tomado la batuta que tenían sus antecesores David Rodríguez y Alma Vucovich. Los legisladores de Texas, Eliot Shapleigh y Norma Chávez, así como la congresista de Nuevo México, Mary Jane García, han presionado a sus respectivas legislaturas estatales para que se involucren, y los senadores federales por Estados Unidos, Kay Bailey Hutchison, John Cornyn y Jeff Bingaman, se han interesado especialmente en este asunto. Colaboradores en la oficina en Washington para la Red de Solidaridad en México y Washington Office on Latin America, algunos de cuyos nombres nunca salieron a la luz, han trabajado tras bambalinas en Washington y México para informar a los funcionarios gubernamentales acerca de estas atrocidades. Los profesores de la Universidad de Texas en El Paso, Irasema Coronado, Kathleen Staudt y Cynthia Bejarano de la Universidad del Estado de Nuevo México, han abogado constantemente a favor de la causa, mientras que los activistas Víctor Muñoz, Gregory Bloom y Sally Meisenhelder han trabajado en ambos lados de la frontera para avanzar en el tema.

Nota personal

Más de una vez me han preguntado si me había convertido en una feminista para colaborar en este asunto. Ni siquiera estoy segura de lo que eso significa. Pero creo que trabajando muy de cerca en ello nos ha cambiado a todos. He agregado la palabra feminicidio a mi vocabulario. Y me di cuenta que me había enfocado en una serie de crímenes (los asesinatos seriales) a costa de los restantes "homicidios comunes" sin castigo. Cuando escuché a Isabel Vericat en la conferencia de UCLA decir que se trataba de asesinatos de todo género, creí que su punto de vista era sumamente dramático. He profundizado en el asunto y he llegado a entender su significado. Todos los crímenes impunes tienen la misma importancia, y esa visión le falta al gobierno mexicano. La mayoría de los asesinatos cometidos por los hombres en contra de las mujeres, sean familiares o desconocidas, se llevan a cabo para demostrar el poder sobre la víctima. En tal sentido, la mayoría de los crímenes contra mujeres en Juárez, Chihuahua, y en otros lugares de México y Guatemala deberían ser considerados como asesinatos de género. Esto no es un convencional análisis policiaco al que estaba acostumbrada, pero servirá para explicar y prevenir la alarmante tendencia de asesinatos de mujeres que vemos actualmente en algunos lugares. Los asesinatos relacionados con la guerra sucia y el tráfico de drogas, también son mensajes de dominio y poder. El análisis de la doctora Rita Laura Segato y el trabajo extensivo de la profesora Julia Monárrez merecen especial atención.

Me advirtieron que hay personas que están preparando una gran campaña de desprestigio en cuanto salga el libro. Por otra parte, los policías ligados con el narco advierten que no vaya a Ciudad Juárez porque tienen algo preparado contra mi persona. Las amenazas han sobrado, pero para las personas a quienes nos importan las vidas hay que seguir adelante con esa lucha mundial para obtener justicia. Por lo pronto, quien tenga información acerca de los asesinatos puede llamar al número de teléfono gratuito instalado por el

261

FBI y el Departamento de Policía de El Paso, Texas: 01(800) 237-0797. La policía estadunidense ha asegurado la confidencialidad y el anonimato para la gente que aporte pistas. También pueden ponerse en contacto con la autora a info@juarezwomen.com

NOTAS

PRÓLOGO

[1] Compilación del Proyecto para Sagrario, Héctor Carreón, Los Angeles, California, 1998-1999.
[2] "Families, Officials Claim Cover-ups Keeping Killings from Being Solved", *El Paso Times*, 23 de junio de 2002.
[3] Entrevista con Lourdes Portillo. Véase http://www.united.non-profit.nl/pages/info02n9.htm y http://www.unitedagainstracism.org/ *Secret Societies*, Arkl Daraul, 1989, pp. 80, 119 y 227.
[4] Entrevistas confidenciales con agentes y funcionarios mexicanos que investigaron los crímenes.
[5] *Ídem.*
[6] *Ídem.*
[7] Grabaciones de llamadas telefónicas en 2003 y 2004. Denuncia registrada en la policía de El Paso, Texas, enero de 2004.

SAFARI FRONTERIZO

[1] Entrevista con Irma Pérez.
[2] Entrevista de la autora y anotado en el expediente de Olga Pérez.
[3] Entrevista de la autora con fuentes de inteligencia, por experiencia de varias personas.
[4] *Drugs and Democracy in Latin America*, pp. 290-291.
[5] Entrevista con Ramona Morales.
[6] Entrevista con la familia Andrade.
[7] Entrevista con médico forense del estado de Chihuahua.
[8] Entrevista con la doctora Irma Rodríguez.
[9] Entrevista con Victoria Caraveo, fundadora de Mujeres por Juárez, y después directora del Instituto Chihuahuense de la Mujer.
[10] Desplegado por Fernando Martínez Cortés, "Tomza y la nueva fiscalía del Caso Juárez", *Norte de Ciudad Juárez*, p. A-5, abril de 2004, "Trabajadores sindicalizados bajo amenazas de muerte", *La Hora* (Guatemala de la Asunción), 9 de septiembre de 2003 y testimonio del doctor Roy Godson ante la cámara de diputados federal en Estados Unidos, "Threats to U.S.-Mexican Border Security", 23 de abril de 1997; Moisés Villeda, "Los Zaragoza y los Fuentes, fortunas a la sombra del poder", *Semanario*, 10 de marzo de 2003, pp. 10-14. Tomza ha negado manejar tanques de gas "ordeñados".
[11] Desplegado por organizaciones de empresarios en defensa de Tomás Zaragoza publicado por *Norte de Ciudad Juárez*, abril de 2004.
[12] Fuente confidencial del CISEN.
[13] Entrevista con funcionario de la subprocuraduría del estado de Chihuahua.

ATROCIDADES

[1] "Juarenses Demand Action in Slayings", *El Paso Times*, 8 de noviembre de 2001, e informe de 1998 de la Comisión Nacional de Derechos Humanos de México.

263

[2] Entrevista con Mark Leoni.

[3] Informe de la Organización Panamericana de Salud sobre mortalidad y morbilidad en la región fronteriza, El Paso, Texas, 2000.

[4] Informe sobre los homicidios de mujeres en Ciudad Juárez por la Comisión Nacional de Derechos Humanos de México, 1998.

[5] Entrevistas con la profesora Cheryl Howard, Universidad de Texas en El Paso.

[6] "Muertes Intolerables", informe de Amnistía Internacional, agosto de 2003.

[7] Asma Jahangir, relatora de la ONU, rueda de prensa en México, 1999.

[8] Informe sobre Ciudad Juárez, Comisión Interamericana para los Derechos Humanos, abril de 2003.

[9] Teófilo Alvarado, "Ofrecerán hoy conferencia sobre Juárez", *Norte de Ciudad Juárez*, 29 de abril de 2004.

[10] Carta de Paula Flores, junio de 2004.

[11] "Only Blaming Smelter Unfair, Exresidents Say", *El Paso Times*, 5 de agosto de 2002.

[12] Isabel Velázquez, "Sagrario, un recuerdo", *El silencio que la voz de todas quiebra*, Ediciones Azar, Chihuahua, 1999, pp. 94-95.

[13] Mario Héctor Silva, "Relatora de la ONU para las mujeres asesinadas en Juárez", *El Financiero*, 26 de junio 1999.

[14] Informe de la subprocuraduría del estado de Chihuahua, 1998.

[15] Documento del Condado de El Paso, Texas, reporte de autopsia, 1996.

[16] Entrevista con Robert Ressler.

[17] Entrevista con la profesora Julia Monárrez del Colegio de la Frontera. En un análisis de la doctora, ella reportó 363 asesinatos de mujeres en Ciudad Juárez entre 1993 y 2003, y de estos 133 como feminicidios sexuales.

[18] Entrevista con Adair Margo y Vanessa Johnson.

[19] Entrevista con Antonio Medina.

[20] Expediente sobre el caso de Elizabeth Castro.

[21] Entrevista con dos testigos que entraron al anfiteatro en 2001.

[22] La autora estuvo presente en Lote Bravo durante el desalojo de 2003.

[23] Comisión Nacional de Derechos Humanos de México (caso Juárez), 1998.

[24] Reporte de Investigacion, Servicio de Aduanas de Estados Unidos, Código tecs 3, número SD02BR97SD0022, Operación Tigre Blanco, 14 de agosto 1997.

[25] Jamie Dettmer, "U.S. Drug Warriors Knock on Heaven's Door", *Insight Magazine, The Washington Times*, 21 de abril 1997.

[26] Entrevista con el chofer que fue solicitado en El Paso, Texas.

[27] Documento de propiedad del Registro Público de Ciudad Juárez.

LA MUERTE DE UN ABOGADO

[1] "Lawyer for Suspect in Killings in Juarez Slain", *El Paso Times*, 7 de febrero de 2002; "Border Is No Match for Some Family Ties", *El Paso Times*, 11 de noviembre de 2002; Laura Cruz, "Drug Ties Suspected in 7 of 9 Fatally Shot Last Week in Mexico", *El Paso Times*, 3 de octubre de 2002; y fuentes de inteligencia.

[2] Entrevista con Mario Escobedo Salazar y Dante Almaraz, y la nota por Aragón, "Un padre en busca de justicia", *El Diario de Ciudad Juárez*, 20 de febrero de 2002.

[3] Carlos Huerta, "Siembra bala PJE", *Norte de Ciudad Juárez*, 8 de febrero de 2002.

[4] Fuente del FBI.

[5] Entrevistas y colaboraciones con el periodista Kent Paterson.

[6] "Tears, Rage in Guatemala", Associated Press, 30 de agosto de 2004, difundida por cbsnews.com/stories/2004/08/30/world/main639545.shtml??

[7] "Muertes Intolerables", informe de Amnistía Internacional, agosto de 2003.

[8] Factura para un desplegado sobre Samira Izaguirre, 2002.

EL CARTEL DE LA DROGA

[1] Entrevista con Patricia Garibay.

[2] Entrevista con detectives de la policía de El Paso, Texas.

[3] Entrevista con fuentes del FBI, y testimonio de un agente durante un juicio militar en Fort Bliss, Texas, contra soldados acusados de ser traficantes de drogas en 2000; y "Drug Dealer Linked to Unsolved Deaths", El Paso Times, 31 de octubre de 2000.

[4] El "maxiproceso" de la Procuraduría General de la República; consignación contra los cabecillas del cartel de los Carrillo Fuentes.

[5] Testimonio de Ana, de El Paso, Texas.

[6] Op. cit., maxiproceso de la PGR.

[7] Louie Gilot, "Police Still Seek Murder Suspects", El Paso Times, 12 de diciembre de 2000.

[8] "Murder Suspect's Cousin Caught in Mexico", El Paso Times, 20 de mayo de 2002.

[9] Charles Bowden, Down by the River, p. 271.

[10] Entrevista con agentes de la DEA, un agente de inteligencia mexicana, y con el exfuncionario Phil Jordan.

[11] Copia de la credencial de la PGR con fotografía del capo (número 000866) difundida a los medios por el FBI en El Paso, Texas.

[12] Entrevista con agentes del FBI.

[13] Luz del Carmen Sosa, "Sospechan que excónyuge de la mujer está implicado en el caso", El Diario, 2 de junio de 2002, y Norte de Ciudad Juárez, 14 de marzo de 2004.

[14] Louie Gilot, "Arrests Made in Juarez Deaths", El Paso Times, 28 de julio de 2003.

[15] Ibíd.

[16] Documento de la policía de El Paso, Texas, y nota "Drug Dealer Linked to Unsolved Deaths", El Paso Times, 31 de octubre de 2000.

[17] Entrevistas con funcionarios estatales del Estado de Chihuahua.

[18] Ibíd., y Asociación Internacional de Familiares y Amigos de Desaparecidas.

[19] Ibíd., y con reporteros de Ciudad Juárez.

[20] Entrevista con Isabel Arvide, Phil Jordan, agentes del FBI y con Ana de El Paso, Texas.

[21] Entrevista con Isabel Arvide, y su nota "Nuevo cartel en Ciudad Juárez", Milenio, 3 de junio de 2001.

[22] Alberto Ponce de León y Armando Emanuel Velez, "El patio de la muerte", Milenio, 2 de febrero de 2004, pp. 36-39.

[23] Entrevista con Isabel Arvide.

[24] Fuentes de inteligencia de México.

[25] Jennifer Shubinksi, "Indicted Woman Has Long Record", El Paso Times, 9 de diciembre de 2000.

[26] Fuente de inteligencia de México.

[27] Entrevista con Jorge Fernández Menéndez; y el documento "maxiproceso" de la PGR.

[28] Documentos del "maxi proceso" de la PGR y memorándum de la UEDO-PGR.

[29] Entrevista con político de México en Ciudad Juárez.

[30] Documentos del "maxi proceso" de la PGR.

[31] Jeffrey Davidow, *El oso y el puercoespín*, pp. 218-219.

[32] "FBI Letter Alleges Cartel Had Role in Attack on Chihuahua Governor", *El Paso Times*, 20 de abril de 2001; "Alleged Plot Stirs Mexico", 23 de abril de 2001; "FBI Warned of Attack on Chihuahua Governor", *El Paso Times*, 28 de julio de 2001; y "Woman Gets 27 Years for Shooting Governor", *El Paso Times*, 26 de octubre de 2003.

[33] Fuente del FBI.

[34] Entrevista con Hardrick Crawford Jr. sobre caso Mario Castillo.

[35] "Matan a hermano del narco mexicano Amado Carrillo Fuentes", 13 de septiembre de 2004, Terra.com; http://www.terra.com/actualidad/articulo/html/act183107.htm

[36] "Gloria Trevi prepara su regreso a escena", 23 de septiembre de 2004, Terra.com; http://www.terra.com/actualidad/articulo/html/act183814.htm

[37] Fuentes de inteligencia de México, Jorge Fernández Menéndez, *Narcotráfico y poder*, p. 71, y Rafael Loret de Mola, *Confidencias peligrosas*, Oceano, México, 2002, pp. 85-104.

El cartel de los policías

[1] Entrevista con la doctora Irma Rodríguez.

[2] Entrevista con la regidora Rosa Lardizábal, expediente de su hermano, Javier Felipe Lardizábal y un video de la autopsia del finado.

[3] Jorge Fernández Menéndez, *Narcotráfico y poder*, p. 60.

[4] "Candidato perdedor de la gubernatura de Chihuahua", *Bajo Palabra*, julio-agosto de 2004, pp. 40-43.

[5] "Families, Some Officials Suspect Police Are Involved", *El Paso Times*, 24 de junio de 2002.

[6] "Families, Officials Claim Cover-Ups Keep Killings from Being Solved", *El Paso Times*, 23 de junio de 2002.

[7] Entrevista con detective de la policía judicial del estado de Chihuahua.

[8] Reporte de Enrique Cocina a la Asociación de Desaparecidos y *Norte de Ciudad Juárez*.

[9] Funcionario del estado de Sonora.

[10] Mary Jordan, "Former Spy Chief Arrested in Mexican 'Dirty War' Case", *The Washington Post*, 20 de febrero de 2004.

[11] Jeremy Schwartz, "Rebirth of the Gulf Cartel", *Corpus Christi Caller Times*, 19 de noviembre de 2001.

[12] Experto de la seguridad nacional y fronteriza en el estado de Nuevo México.

[13] "Detienen a policía por violación en Ciudad Juárez", www.elpueblo.com.mx, 10 de noviembre de 2003.

[14] Memorándum del Bureau de Migración y Aduanas (ICE), El Paso, Texas, expediente ENF-1:01:EP:LG, 25 de agosto de 2003.

[15] Jacinto Segura, "Lastra, un Andrade reclutaba niñas de 12 y 14 años, *El Mexicano*, 3 de marzo de 2004.

[16] Cobertura de *Proceso*, núms. 689 y 700; según la carta de 2002 por L.A. de Guadalajara, Coello Trejo podía mantener el poder en el estado de Chihuahua; María Teresa Jardí, *La Crónica de Hoy*, 22 de enero de 2001.

SOSPECHOSOS

[1] Testimonios de Víctor Valenzuela y Ramiro Romero, exagente de la PGR.
[2] Entrevista con la capitán Sadie Darnell, de la policía en el estado de Florida.
[3] Tim Madigan, "A Monster Exposed", *Fort Worth Star Telegram*, 8 de agosto 1999.
[4] Entrevista con Gustavo de la Rosa Hickerson.
[5] "Temo que Navarrete me mande matar: Botello", *El Mexicano*, 8 de noviembre de 2002.
[6] Entrevista con Antonio Navarrette.
[7] Guadalupe de la Mora, *El silencio que la voz de todas quiebra*, pp. 121-131.
[8] *Ibíd.*
[9] Entrevista con el detective Chris Andreychack.
[10] Documento sobre el estado de salud de Gustavo González y Javier García Uribe, 2002.
[11] Documento sobre los exámenes antidrogas de Gustavo González y Javier García Uribe, 2002.
[12] Ryan Pearson, "Fugitive Max Factor Heir Caught in Mexico", Associated Press, 18 de junio de 2003.
[13] Entrevista con fuente de la inteligencia del ejército mexicano.
[14] *Ibíd.*
[15] "Muertes Intolerables", informe de Amnistía Internacional de 2003.
[16] Informe de la Oficina de las Naciones Unidas Contra la Droga y el Delito sobre la Misión en Ciudad Juárez, noviembre de 2003.
[17] Testimonios de familias de víctimas durante el foro en UCLA, Los Angeles, California, 2003; disco compacto del acto por Coco Fusco.
[18] Entrevista con Luis Gutiérrez.
[19] Entrevista con Felipe Pando.
[20] Entrevistas con familiares adoptivos de Armando Martínez, alias Alejandro Máynez.
[21] Entrevista con Francisco Peña.
[22] "Who's Guilty? A Look at Suspects", *El Paso Times*, 24 de junio de 2002.
[23] *Ibíd.*, y entrevistas con la policía de El Paso, Texas, y Robert Ressler.
[24] Entrevista con fuentes del FBI; copia de una carta de Richy. El sospechoso es de la colonia La Cuesta en Ciudad Juárez.
[25] Ángel Subía García,"Dan 113 años de prisión a los Toltecas", "Dictan 40 años de prisión a los integrantes de la banda acusada de crímenes contra mujeres", *Norte de Ciudad Juárez*, 7 de enero de 2005.

EL FBI

[1] Entrevistas con fuentes del FBI.
[2] Entrevistas con familiares de desaparecidos y la Asociación de Familiares y Amigos de Desaparecidos (El Paso-Juárez).
[3] *Ibíd.*
[4] Fuentes de inteligencia del ejército mexicano.
[5] Fuente del CISEN.
[6] Leaders of "Top Drug Trafficking Ring Indicted", http://peace-officers.com/articles/ar070803a.shtml; 6 de septiembre de 2004.
[7] "Ligan a Estrada Cajigal al narcotráfico", Agencia de Noticias-Radio Fórmula, 12 de abril

de 2004; e Iván González, "Sigue bajo investigación Estrada Cajigal: PGR", Noticieros Televisa, 4 de abril de 2004.

[8] "2 Mexican Generals Suspected in Mass Graves Arrested", *El Paso Times*, 9 de febrero de 2000; y "7 Generals Now Accused in Mexico's War on Drugs", *El Paso Times*, 9 de abril de 2000.

[9] Funcionario del FBI.

[10] "Mexico: Don't Use Military Justice for 'Dirty War'", *Human Rights News*, Human Rights Watch, 30 de septiembre de 2002.

[11] "Investigan asesinato de testigo de guerra sucia", NOTIMEX, 28 de noviembre de 2003.

[12] "Background Information for the New International Team for the Accompaniment of Human Rights Defenders in Mexico", Peace Brigade *International Newsletter* (Europe), cuarto trimestre, 2000. El general Mario Arturo Acosta Chaparro encabezó una unidad de la Brigada Blanca.

[13] Jesús Aranda, "Sabía el alto mando de los ilícitos de Quiroz", *La Jornada*, 12 de agosto de 2002.

[14] Mary Jordan, "Former Chief Spy Arrested in Mexican Dirty War Case", *The Washington Post*, 20 de febrero de 2004.

[15] Fuente del FBI.

[16] Laurie Freeman y José Luis Sierra, en *Drugs and Democracy in Latin America*, p. 277.

[17] *Ibíd.*

[18] Rafael Loret de Mola, *Confidencias peligrosas*, Oceano, México, 2002, pp. 63-64.

[19] José Martínez M., *La Crisis*, versión online, 3 de junio de 2003.

[20] *Ibíd.*

[21] Entrevista con Judith Galarza.

[22] Centro de Derechos Humanos Miguel Agustín Pro Juárez.

[23] Agencia Reforma, "Exguerrillera chihuahuense exige a Fox no ser cómplice", *Norte de Ciudad Juárez*, 26 de julio de 2004.

[24] *Ibíd.*

[25] Entrevista con David Alba.

[26] Entrevista con Frank Evans.

[27] Entrevista con Al Cruz y Robert Ressler.

[28] Entrevista con Hardrick Crawford Jr.

[29] *Ibíd.*

[30] Entrevista con testigos.

[31] Entrevista con Norma Andrade.

[32] "Families, Officials, Claim Cover-Ups Keep Killings from Being Solved", *El Paso Times*, 23 de junio de 2003.

[33] Carta de José de Maria y Campos, 2003.

[34] Reporte de Investigación de U.S. Customs Service.

[35] Kevin Sullivan, "Eccentric Candidate Faces Test in Tijuana: Late Billionaire's Son Laughs Off Dark Rumors", *The Washington Post*, 11 de julio de 2004.

[36] Luz del Carmen Sosa, "Recibí amenazas: Ruvalcaba", *Diario de Ciudad Juárez*, 21 de marzo de 2003.

[37] Funcionario de Bureau of Immigration and Customs Enforcement, El Paso, Texas.

[38] Funcionario del FBI.

MODUS OPERANDI

[1] Reporte de inteligencia derivada de información recibida por la PGR, el FBI y la PJE de Chihuahua, 2003.

[2] Entrevista con Rolando Alvarado.

[3] Funcionario del FBI.

[4] Informe de la Comisión Nacional de Derechos Humanos, 2004.

[5] Ibíd.

[6] Entrevista con la fiscal Liliana Herrera.

[7] Correo electrónico de Juan Gabriel Capuchino de INCOMEX.

[8] Entrevista con el agente de la PGR y con Jay J. Armes.

[9] Funcionario del FBI.

[10] "No Action on Juarez Killings", El Paso Times, 15 de agosto de 2003 y entrevista con el agente del FBI Art Werge, Jenaro Villamil, "En el documento se mencionan personajes y lugares relacionados con los crímenes", La Jornada, 16 de agosto de 2003; y Graciela Atencio, "El circuito de la muerte", Triple Jornada, primero de septiembre de 2003.

[11] Detective de la policía de El Paso, Texas.

[12] "Clausuran restaurant", Norte de Ciudad Juárez, 22 de abril de 2004.

[13] Informante del salón de masaje en el Pronaf de Ciudad Juárez.

[14] Jesús Aguirre y Jacinto Segura, "Pandillero investigado por el FBI por crímenes contra mujeres", El Mexicano, 12 de diciembre de 2003.

[15] Alfredo Corchado y Ricardo Sandoval, "Suspicion of Police Ties in Juarez Killings Mounts; Report Saya Women Killed as Celebration", Dallas Morning News, difundido por Knight Ridder News Service, 3 de marzo de 2004.

[16] Funcionarios de agencias de seguridad federales de México.

[17] Funcionario de la PGR.

[18] "NAFTA Gets Mixed Reviews After 1st Decade", El Paso Times, 22 de junio de 2003.

[19] Funcionarios de agencias de seguridad federales de México.

[20] Funcionarios de la Procuraduría Estatal de Chihuahua.

[21] Fuente del FBI.

[22] Diputado federal de México.

[23] Maury Terry, The Ultimate Evil.

[24] Fuente de la aduana mexicana.

[25] Entrevistas con el doctor Stanley Krippner.

[26] Entrevista con la doctora Rita Laura Segato.

[27] Guadalupe Salcido, "El móvil de crímenes es perpetuar el poder de la mafias o cofradías", Norte de Ciudad Juárez, 29 de julio de 2004.

[28] Ibíd.

[29] Ibíd.

[30] Laurie Freeman y José Luis Sierra, en Drugs and Democracy in Latin America, pp. 263-296.

[31] Ibíd.

[32] Entrevista con la fiscal María López Urbina.

[33] "Halliburton Awarded 175 Million Contract by PEMEX", boletín de la empresa Halliburton, 6 de mayo de 2004.

[34] Ibíd.

[35] Derivados de los expedientes de funcionarios estadunidenses y mexicanos.

[36] Funcionario del FBI.

37 "Alert Issued over Meat from Pickton Farm", CBC News British Columbia, Canadá, 10 de marzo de 2004.

MÁS ALLÁ DE JUÁREZ

1 Entrevistas con la familia de Cynthia Kiecker y la nota por Edgar Prado Calahorra, "Se caen testigos, denuncian tortura", *Norte de Ciudad Juárez*, 2 de julio de 2003.

2 Declaración de Cynthia Kiecker.

3 Documental de Canal 4 de Londres, "City of Lost Girls", 2003.

4 Rosa Isela Pérez, **"Exige comisionada castigo a funcionarios"**, *Norte de Ciudad Juárez*, 9 de junio de 2004.

5 Anuncio por Leopoldo Mares Delgado de un nuevo contrato entre la ciudad de Albuquerque, Nuevo México con el estado de Chihuahua, abril de 2003.

6 Alejandro Suverza y Catalina Gaya, "Las muertas de León", *Cambio*, 21 de septiembre de 2003, pp. 10-16.

7 Nota sobre muertes en Nuevo León, Instituto de las Mujeres de Nuevo León, www.rima web.com/ar/violencia, 29 de diciembre de 2003.

8 www.enlineadirecta.info/nota.php?art y "Feminicidos en México: ¿Se expande la epidemia?", *Mujeres Hoy*, www.desarme.org, 13 de agosto de 2004; y Edgar Prado Calahorra, "Young Woman's Body Identified Near Chihuahua City, Others Missing", *Norte de Ciudad Juárez* en http://frontera.nmsu.edu, 27 de junio de 2003; y entrevista con Kent Paterson.

9 "Muertes Intolerables", Amnistía Internacional, agosto de 2003.

10 Tessie Borden, "Chihuahua City May Have Juarez-Type Murder String", *Arizona Republic*, 20 de julio de 2003.

11 Entrevista con Sandra Jordan, periodista de Londres.

12 *Ibíd.*

13 Boletines del condado de Alameda, California, y de Los Amigos de las Mujeres de Juárez en Nuevo México, 2004.

14 Entrevista con Francisco Barrio por el semanario *Zeta* en mayo de 2003.

15 Jane Fonda, rueda de prensa sobre feminicidios en Guatemala, Associated Press, 2 de diciembre de 2003; y "Alarma por muertas en Guatemala: ONU", *El Universal*, 11 de febrero de 2004.

16 "Detienen a 36 sospechosos de 397 feminicidios en Guatemala", AFP, *La Jornada*, 12 de diciembre de 2004.

17 *Ibíd.*

18 Laurie Freeman y Jorge Luis Sierra, *Drugs and Democracy in Latin America*, p. 277; Kent Paterson sobre lo de Salinas.

19 Diana Washington Valdez, "Couple Found Innocent of Teen's Slaying", *El Paso Times*, 18 de diciembre de 2004.

EPÍLOGO

1 Entrevista con familiares de Fabiola Chacón Arreola.

2 Juan Manuel Venegas, "Fox sobre el caso Juárez: a veces escasea la justicia en nuestro país", *La Jornada*, 26 de noviembre de 2003; y entrevista con las madres de familia que sostuvieron reunión con Vicente Fox.

270

[3] El presidente Vicente Fox Quesada rinde su cuarto informe de gobierno, www.presidencia.gob.mx/actividades/index, primero de septiembre de 2004.

[4] Entrevista con Guadalupe Morfín y discurso de informe de gestión de Guadalupe Morfín Otero, comisionada para Prevenir y Erradicar la Violencia contra las Mujeres en Ciudad Juárez, Los Pinos, 3 de junio de 2004: "Falta investigar y sancionar a los responsables de la violencia contra las mujeres y denuncias por tortura y sancionar a servidores omisos o cómplices".

[5] Por Reforma Redacción, "Presenta libro en Nueva York, González Rodríguez", 17 de octubre de 2003; y "Una década de feminicidio en México", *Reforma*, 5 de marzo de 2004.

[6] Cecilia Guerrero y Horacio Carrasco, "Tejen leyendas en torno a feminicidios", *El Diario de Ciudad Juárez*, 3 de noviembre de 2004.

[7] *Ibíd.*

[8] Doctor Gabriel Trujillo Muñoz, poema "Las muertas de Juárez", 2003.

271

FUENTES DE INFORMACIÓN

ENTREVISTAS

Aguilar, Soledad, madre de Cecilia Covarrubias, 1995.
Alba, David, director de la división del FBI en El Paso, Texas.
Alvarado, Rolando, fiscal de la Agencia Federal de Investigación de la Procuraduría General de la República de México.
Amigos de las Mujeres de Juárez, estado de Nuevo México; organización no gubernamental.
Andrade, Norma, madre de Lilia Alejandra García Andrade, 2001.
Andreychack, Chris, detective de la policía estatal de Nueva Jersey.
Armes, Jay J., investigador privado en El Paso, Texas.
Arvide, Isabel, periodista y escritora mexicana.
Asociación Internacional de Familiares y Amigos de Desaparecidos; organización no-gubernamental.
Azar, Susie, exalcalde de El Paso; fue dueña de una maquiladora en Ciudad Juárez.
Barrios, Emilia, madre de Violeta Alvidrez Barrios, 2003.
Bautista, Yanette, investigadora principal para Amnistía Internacional en el caso Juárez.
Bejarano, Cynthia, profesora de criminología en la Universidad de Nuevo México en Las Cruces, Nuevo México.
Benavides, Javier, exjefe de la policía municipal de Juárez.
Bencomo, Elfego, subprocurador estatal en Ciudad Juárez.
Blanco, Irene, diputada federal del Partido Acción Nacional de México.
Bloom, Gregory, editor de *Norte-Sur*, Universidad de Nuevo México en Las Cruces, Nuevo México.
Bolívar, Zulema, fiscal especial para los Homicidios de Mujeres en Ciudad Juárez.
Camacho, Carlos, diputado federal del Partido Acción Nacional de México.
Caraveo, Victoria, directora del Instituto Chihuahuense de la Mujer en Ciudad Juárez y fundadora de Mujeres por Juárez.
Castillo, Bobby, director de la Agencia Antidrogas (DEA) en El Paso, Texas.
Castro, Lucha, abogada y activista en Chihuahua.
Cervantes, Patricia, madre de Neyra Azucena Cervantes, 2003.
Chacón, Mario, abogado en Ciudad Juárez.
Chávez, Norma, diputada estatal de Texas.
Coalition Against Violence on the Border en El Paso.
Covarrubias, Óscar, agente de la Procuraduría General de la República de México.
Crawford Jr., Hardrick, director de la división del FBI en El Paso, Texas.
Cruz, Al, agente especial del FBI, El Paso, Texas.
D'Angelis, George, subdirector de la policía municipal de El Paso, Texas.
Escobedo, Mario, y Mario Escobedo Anaya, papá e hijo, abogados en Ciudad Juárez.
Evans, Frank, subdirector de la división del FBI en El Paso, Texas.
Galarza, Judith, activista oficial de la Asociación de Familiares de Desaparecidos y Víctimas de Violaciones a los Derechos Humanos; hermana de Leticia Galarza, víctima de la guerra sucia.
García, Mary Jane, senadora estatal de Nuevo México.
Gertz Manero, Alejandro, exsecretario de Seguridad Nacional de México.

273

Garibay, Patricia, hermana de Jorge Garibay (desaparecido).
González, Josefina, madre de Claudia Ivett González, 2001.
González, Paula, madre de Sagrario González Flores, 1998.
González Rodríguez, Sergio, periodista de *Reforma* y escritor mexicano.
Grijalva, J.R., subdirector de la policía municipal de El Paso, Texas.
Guardia, José María, empresario y concesionario del Hipódromo de Ciudad Juárez.
Gutiérrez, Luis, reo en el Centro de Detención Migratoria (INS), El Paso, Texas.
Harry, David, ejecutivo de Benchmark Research & Technology, expatrón de Abdel Latif
    Sharif Sharif.
Herrera, Liliana, fiscal especial para los Homicidios de Mujeres en Ciudad Juárez.
Howard, Cheryl, socióloga y profesora en la Universidad de Texas en El Paso.
Izaguirre, Samira, locutora de Radio AM 1300, Ciudad Juárez.
Integración de las Madres de Ciudad Juárez, organización no gubernamental.
Johnson, Vanesa, representante de FEMAP en El Paso, Texas.
Jordan, Phil, exdirector del Centro de Inteligencia de la Administración Antidrogas (DEA) en
    El Paso, Texas.
Juárez, Heliodoro, expresidente de la Comisión Estatal de Derechos Humanos en el estado
    de Chihuahua.
Justicia para Nuestras Hijas, Chihuahua, organización no gubernamental.
Kiecker, Carroll, madre de Cynthia Kiecker.
Kiecker, Claire, hermana de Cynthia Kiecker.
Krippner, Stanley, profesor de psicología y sexólogo; Escuela Universitaria de Graduados de
    Saybrook, San Francisco, California.
Kuykendall, Travis, director de la Agencia Antidrogas de Alta Intensidad de West Texas y
    exagente especial de la DEA.
Lardizábal, Rosa, regidora de Ciudad Juárez y hermana del expolicía asesinado Javier Felipe
    Lardizábal, 1993.
Ledesma, Norma, madre de Paloma Escobar, Chihuahua, 2002.
Leoni, Mark, funcionario del consulado norteamericano en Ciudad Juárez.
Levine, Lance, dueño de maquiladora en Ciudad Juárez.
López, Francisco, encargado de La Sevillana.
López, María, fiscal federal para la Investigación de los Homicidios de Ciudad Juárez.
Luna de la Rosa, Celia, madre de Guadalupe Luna de la Rosa.
Luna, Azul, cineasta de Los Angeles, California.
Macedo de la Concha, Rafael, procurador general de la República (breve entrevista en el
    aeropuerto de Ciudad Juárez).
Magaña, Loren, codirectora de la Asociación Internacional de Familiares Amigos de Desapa-
    recidos.
Margo, Adair, fundadora de la Fundación FEMAP en El Paso, Texas.
Máynez, Óscar, exjefe forense y criminólogo en Juárez.
Medina, Antonio, presidente de la Asociación de Clubs y Restaurantes en Ciudad Juárez.
Méndez, Lorena, periodista de la red televisora FOX News en Los Angeles, California.
Morfin, Guadalupe, comisionada para la Comisión para Prevenir y Erradicar la Violencia
    contra las Mujeres en Ciudad Juárez.
Molinar, Jorge, exsubprocurador en Ciudad Juárez, 1999.
Monárrez, Benita, madre de Laura Berenice Monárrez, 2001.

Monárrez, Julia, profesora del Colegio de la Frontera en Juárez, experta sobre el tema de feminicidios.
Monreal, Irma, madre de Esmeralda Herrera Monreal, 2001.
Morales, Ramona, madre de Silvia Elena Rivera, 1995.
Muñoz, Víctor, asesor de la Coalición Contra la Violencia en la Frontera, El Paso, Texas.
Nájera, Nahum, exsubprocurador estatal en Ciudad Juárez.
Navarrete, Antonio, exjefe de Investigaciones de Homicidios, policía judicial estatal en Ciudad Juárez, y jefe de Vialidad de Ciudad Juárez.
Nuestras Hijas de Regreso a Casa en Ciudad Juárez, organización no gubernamental.
Ocegueda, Pete, sargento y detective de la policía municipal en El Paso, Texas.
Ocho de Marzo en Ciudad Juárez, organización no gubernamental.
Ortega, José, subprocurador estatal en Ciudad Juárez.
Ortega, Marisela, periodista de *El Norte de Monterrey*.
Ostos, Jorge, exjefe de la policía municipal de Juárez.
Pando, Felipe, excomandante de la policía judicial estatal de Chihuahua; tío de Guadalupe Verónica Castro Pando.
Paterson, Kent, periodista para Radio KUNM en Albuquerque, Nuevo México.
Pérez, Irma, madre de Olga Alicia Carrillo Pérez.
Ponce, Suly, fiscal especial estatal para los Homicidios de Mujeres en Juárez.
Portillo, Lourdes, cineasta de California; productora del documental *Señorita extraviada*.
Quijano, Alfredo, director del periódico *Norte de Ciudad Juárez*.
Ressler, Robert, perfilador y exagente especial del FBI.
Reyes, Silvestre, diputado federal de Estados Unidos; Comité de Inteligencia federal; exjefe de la Patrulla Fronteriza (Border Patrol) en El Paso, Texas.
Rodríguez, David, diputado federal de México; proporcionó copias de los resultados de pruebas de ADN en el caso de Ciudad Juárez en noviembre de 2001.
Rodríguez, Irma, doctora forense, autora y excomandante para la subprocuraduría del estado de Chihuahua; madre de Paloma Villa.
Rosa Hickerson, Gustavo de la, exdirector del Cereso en Ciudad Juárez.
Sadie, Darnell, capitán de la policía municipal de Gainesville, Florida.
Salazar, Maximino, abogado de Ciudad Juárez.
Sandoval, Juan, cardenal de Guadalajara.
Schwein, Richard, exfuncionario del FBI en El Paso, Texas.
Segato, Rita Laura, antropóloga de la Universidad de Brasil.
Shapleigh, Eliot, senador estatal de Texas.
Sharif, Abdel Latif Sharif, acusado y detenido, varias entrevistas telefónicas.
Skrapec, Candice, criminóloga y académica en California, tuvo acceso a los expedientes de los homicidios de Ciudad Juárez.
Solís, Hilda, diputada federal de Estados Unidos.
Talavera, Ángela, fiscal especial estatal para los Homicidios de Mujeres en Ciudad Juárez.
Valadez, Óscar, subprocurador estatal en Ciudad Juárez.
Valenzuela, Víctor, exmadrina de la policía judicial del estado de Chihuahua; reo en el Cereso de Ciudad Juárez.
Vasconcelos, José Santiago, subdirector de la Procuraduría General de la República.
Villagrana, Luis, "El Chandocan ordenó despedir a Botello", www.todoseditores.com/semanario, 24 de octubre de 2000.
Voces sin Eco en Ciudad Juárez, organización no gubernamental.

Vucovich, Alma, diputada federal del Partido de la Revolución Democrática.
Werge, Art, agente especial del FBI en El Paso, Texas.

Libros e informes

Aguayo Quezada, Sergio, *La Charola*, Grijalbo, México, 2001.
Amnistía Internacional, "Muertes intolerables: Diez años de desapariciones y asesinatos de mujeres en Ciudad Juárez y Chihuahua", Informe del 11 de agosto de 2003; AMR 41/027/2003.
Amnistía Internacional, México, "Muertes Intolerables", Resumen estadístico, 11 de agosto de 2003.
Andrade Bojorges, José Alfredo, *La historia secreta del narco: desde Navolato vengo*, Oceano, México, 1999.
Aranda, Jesús, "Sabía el alto mando de los ilícitos de Quirós", *La Jornada*, 12 de agosto de 2002.
Benítez, Rohry, Adriana Candia, Patricia Cabrera, Guadalupe de la Mora, Josefina Martínez, Isabel Velásquez y Ramona Ortiz, *El silencio que la voz de todas quiebra*, Ediciones del Azar, México, 1999.
Bowden, Charles, *Down by the River*, Simon & Schuster, New York, 2002.
Carreón, Héctor, *Para Sagrario*, Proyecto online de Aztlan.Net, California, 1999.
Coronado, Irasema y Kathleen Staudt, *Fronteras No Más: Toward Social Justice U.S.-México Border*, Palgrave MacMillan, New York, 2002.
Comisión Interamericana de Derechos Humanos (OAS), informe sobre los homicidios de mujeres en Ciudad Juárez, 2003.
Comisión Nacional de Derechos Humanos de México, informe sobre los homicidios de mujeres en Ciudad Juárez, 1998.
Comisión Nacional de Derechos Humanos de México, informe sobre los homicidios de mujeres en Ciudad Juárez, 2004.
Comisión para Prevenir y Erradicar la Violencia contra las Mujeres en Ciudad Juárez, informe de gestión: noviembre 2003-abril 2004, Secretaría de Gobernación, Ciudad Juárez, 2004.
Davidow, Jeffrey, *El oso y el puercoespín*, Grijalbo, México, 2003.
Desfassiaux, Oscar, *Los chacales de Ciudad Juárez*, Libros para Todos, México, 2004.
Fernández Menéndez, Jorge, *Narcotrafico y poder*, Rayuela Editores, México, 1999.
González Rodríguez, Sergio, *Huesos en el desierto*, Anagrama, Barcelona, 2002.
Human Rights Watch, "México: Don't Use Military Justice for `Dirty War'", *Human Rights Watch News*, 30 de septiembre de 2002.
Instituto Chihuahuense de la Mujer, "Homicidios de mujeres: auditoría periodística (enero 1993-julio 2003)", Ciudad Juárez, 2003.
Loret de Mola, Rafael, *Confidencias peligrosas*, Oceano, México, 2002.
Monárrez, Julia, "Feminicidio sexual serial en Ciudad Juárez: 1993-2001", *Debate Feminista*, año 13, vol. 25, abril de 2002.
Oficina de Las Naciones Unidas Contra la Droga y el Delito, "Informe de la Comisión de Expertos Internacionales de la Organización de las Naciones Unidas sobre la Misión en Ciudad Juárez", noviembre, México, 2003.
Organización Panamericana de la Salud (PAHO) en El Paso, Texas, informe y cifras de la salud en la región fronteriza México-Estados Unidos, 1995-1997.
Poppa, Terrence, *Drug Lord*, Pharos Books, New York, 1990.
Procuraduría General de Justicia del Estado de Chihuahua, informe "Homicidios cometidos en perjuicio de mujeres en Ciudad Juárez (1993-1998)", febrero de 1998.

Rodríguez, Irma, *Identificación forense estomatología*, Lazer Quality Prints, México, 2001.

Santa Biblia, Antiguo Testamento, Salmo 12:5.

Terry, Maury, *The Ultimate Evil*, Barnes & Noble Books, New York, 1999.

United States Customs Service, *Operación Tigre Blanco*; informe de investigación, Caso SD02BR97SD0022, 25 de noviembre de 1997.

— State Department, *Report on Human Rights Practices, México*, Bureau of Democracy, Human Rights, and Labor, 2004, pp. 11-12.

ARTÍCULOS, DOCUMENTOS Y DOCUMENTALES

Aguirre, Jesús, y Jacinto Segura, "Pandillero investigado por el FBI por crímenes contra mujeres", *El Mexicano*, p. A-1, 12 de diciembre de 2003.

Álvarez, Jorge, "Las muertas de Juárez, bioética, poder, género e injusticia", XVI Congreso Mundial de Sexología.

Atencio, Graciela, "El circuito de la muerte", *Triple Jornada, La Jornada*, primero de septiembre de 2003, p. 5.

"Corral Jurado, personero del narco", *Bajo Palabra*, julio-agosto de 2004, pp. 40-43.

Barrio, Francisco, carta de Barrio dirigida al *Diario de Ciudad Juárez* respondiendo a señalamientos en *El Paso Times* y el "maxiproceso", 16 de octubre de 2000.

Berdon, Eduardo, Memorándum de la Procuraduría General de la República sobre la visita de Vicente Carrillo Fuentes a Ciudad Juárez, 20 de marzo de 1998.

Borden, Tessie, "Chihuahua City May Have Juárez-Type Murder String", *The Arizona Republic*, 20 de julio de 2003.

Cabildo, Miguel, "Consignados cuatro federales violadores, pero son cinco identificados y aún faltan" (agentes de Javier Coello Trejo), *Proceso*, 22 de enero de 1990, p. 28.

Capuchino, Juan, Correo electrónico sobre escuelas de computación, 28 de agosto de 2003.

Castañón, Araly, y Pablo Hernández, "Protestan miles por muertas", *Diario de Juárez*, 15 de febrero de 2004, p. A-1.

Castro, Salvador, "Investigan ligas de exjudicial con narcos", *Norte de Ciudad Juárez*, (El Topo) primero de noviembre de 2002, p. A-2.

— "Encuentran osamenta en el kilómetro 30", *Norte de Ciudad Juárez*, (Izaguirre) 15 de abril de 2004, p. A-1.

Ciudad Juárez, Registro Público, registro de dueño del predio algodonero sobre Ejército Nacional y Paseo de la Victoria.

El Paso County Medical Examiner's Office: Autopsy report for Sandra Vázquez Juárez, 1996.

Eskridge, Chris, "Mexican Cartels And Their Integration Into Mexican Socio-Political Culture", ponencia para la Conferencia Internacional Sobre el Crimen Organizado, Lausanne, Suiza, octubre de 1999.

Huerta, Carlos, "Levantan y fichan a sexoservidoras", *Norte de Ciudad Juárez*, 21 de marzo 2004, p. A-1.

— "Niega PGJE envió de expediente a la policía municipal", *Norte de Ciudad Juárez*, 6 de abril de 2002, p. A-8.

Dettmer, Jamie, "U.S, Drug Warriors Knock on Heaven's Door", *Insight Magazine* (familia Zaragoza Fuentes), 21 de abril de 1997.

Diario de Juárez, Estudio Hemerográfico realizado por el Grupo Ocho de Marzo de Ciudad Juárez; 1993-2003.

El Mexicano, "No desaparecemos mujeres, dice director de ECCO", 9 de abril de 2002.
El Paso Herald Post, "Kidnapping (Fuentes)", 1995.
El Paso Times, "Death Stalks the Border", June 23-24, 2002.
— "ExJuárez Police Official Shot to Death" (Corral Barron), 20 de marzo de 2002, p. B-1.
— "Girl 16, is Latest to Disappear in Juárez" (ECCO), 27 de enero de 2002, p. B-1.
— Venado-Francisco Estrada, 2002.
— "Juárez Murders Inquiry Turns to Computer School" (ECCO), 7 de abril de 2002, p. B-1.
— "Mexican Law Officials Face Corruption Charges" (PGR), 4 de enero de 2001, p. B-1.
— "México's Anti-Drug Officials Visit Juárez" (Coello), 3 de junio de 1990, p. B-3.
— "U.N. Investigator Looks Into Murders", 24 de julio de 1999, p. B-1.
— "U.N. Investigates Deaths of Juárez Women", sobre Víctor el Cubano Lazcano, 19 de mayo de 2001, p. B-1.
ElPueblo.com.mx, "Desaparece otra joven de Chihuahua", 19 de mayo de 2003.
El Universal, "Nazar: jamás torturé ni asesiné a nadie", 21 de febrero de 2004, p. A-1.
Flynn, Ken, "DEA Mum on Alleged Role in Raid", *El Paso Herald Post*, 6 de mayo de 1995, p. B-1.
"Halliburton Awarded 175 Million Contract By PEMEX", *Halliburton News*, www.halliburton.com/news, 6 de mayo de 2004.
Huerta, Carlos, "Niega juez regresar el caso Escobedo", *Norte de Ciudad Juárez*, 19 de febrero de 2002, p. A-10.
Human Rights Watch News, "Dictamen judicial representa un retroceso", caso Myrna Mack en Guatemala, 8 de mayo de 2003.
Infosel Financiero, "Mi animal favorito es la mujer: Hank Rhon", "se queja el PAN por comentario misógino del priísta", versión online www.terra.com.mx, 16 de junio de 2004.
Jordan, Mary, "Former Spy Chief Arrested in Mexican 'Dirty War' Case", *Washington Post*, 20 de febrero de 2004, p. A-1.
— "Move Against Police Heartens Some", *Washington Post*, 12 de febrero de 2004.
Jordan, Sandra, "City of Lost Girls", Canal 4 de Londres, documental de cine, noviembre de 2003.
Juzgado Segundo de lo Penal, estado de Chihuahua, expediente 11323-93-403: Felipe Javier Lardizábal, víctima de homicidio.
Juzgado Tercero de lo Penal, estado de Chihuahua, expendiente 426-01-Delito-Homicidio: Gustavo González Meza y Víctor García Uribe.
La Hora (Guatemala), "Trabajadores sindicalizados bajo amenazas de muerte" (Tomza), 3 y 9 de septiembre de 2003.
Los Angeles Times, "Mexican Drug Czar Accused of Human Rights Violations Loses Power With Demotion" (Coello), 16 de octubre de 1990.
Madigan, Tim, "A Monster Exposed", *Fort Worth Star Telegram* (serie sobre Sharif), 8-10 de agosto de 1999, p. A-1.
Maria y Campos, José de, Carta de la Secretaría de Relaciones Exteriores de México dirigida a la embajada de Estados Unidos, 2003.
Martínez, Fernando, "Tomza y la nueva fiscalía del caso Juárez", desplegado en *Norte de Ciudad Juárez*, 2004, p. A-5.
Mejía, Fabrizio, "En el territorio del Tigre Blanco", *Proceso*, 15 de febrero de 2004, pp. 10-11.
McDonnell, Patrick, "FBI Looks at Alleged Ties Beween Traffickers Chief's Former Assistant", *El Paso Times*, 28 de junio de 2000, p. A-1.
The New York Times, "Jorge Hank Rhon: un empresario sospechoso", 14 de abril de 2004.
Norte de Ciudad Juárez, "Clausuran restaurant" (Sevillana), 22 de abril de 2004, p. A-10.

Orme, William, "At Pig Farm, Vancouver Police Reap Grisly Clues", *Los Angeles Times*, 26 de marzo de 2002.

Paterson, Kent, "Crime of the Century", documental de radio difundido por Radio Bilingüe, California, 2004.

— "Globalization, Class Femicide and Human Rights Violations in Northern México", ponencia, 2004.

Pearson, Ryan, "Fugitive Max Factor Heir Caught in México", Associated Press, 18 de junio de 2003.

Pérez, Rosa Isela, "Exhibe Morfin Impunidad", *Norte de Ciudad Juárez*, 9 de junio 2004, p. A-6.

— "Premian con altos puestos a impunes: Escalan con éxito en su carrera política servidores distinguidos por alterar evidencias en los feminicidios", *Norte de Ciudad Juárez*, 8 de mayo de 2004, p. A-1.

— "Ricos, los verdaderos asesinos", *Norte de Ciudad Juárez*, 7 de septiembre de 2002, p. A-1.

Plan Estratégico para Ciudad Juárez, carta por correo electrónico que menciona el efecto negativo por la publicidad de los asesinatos de mujeres, 2004.

Policía Judicial del Estado de Chihuahua, "Homicidios en serie efectuados en el sector de Lomas de Poleo durante los meses de marzo y abril de 1996", expediente de investigación en Ciudad Juárez, 1996.

Ponce de León, Alberto, y Armando Velez, "El patio de la muerte", *Milenio Semanal*, 2 de febrero de 2004, p. 38.

Portillo, Lourdes, *Señorita extraviada*, documental sobre homicidios de Ciudad Juárez, 2002.

Prado, Edgar, "Cesan de la Secretaría a policías homicidas", *Norte de Ciudad Juárez*, 19 de noviembre de 2003, p. A-1.

— "Ignora el Estado a expertos de la ONU", *Norte de Ciudad Juárez*, 3 de mayo de 2004.

— "Manipulan el informe de la ONU", *Norte de Ciudad Juárez*, 29 de abril de 2004, p. A-1.

Procuraduría General de la República, orden de aprehensión en contra de líderes del cartel de Juárez, fragmentos del "maxiproceso" de la UEDO, 16 de enero de 1998.

Ramírez, Rodrigo, "Sigue libre la agente que sembró evidencia", *Norte de Ciudad Juárez*, 6 de abril 2002, p. A-2.

Reséndiz, Julián, "Police Agree to Back of From Kidnapping Case", *El Paso Herald Post*, 3 de mayo de 1995, p. B-1.

— "Prosecutors Struggle to Keep Suspected Killer in Juarez Jail", *El Paso Herald Post*, 27 de marzo de 1996, p. A-1.

Rodríguez, Armando, "Ejecutan a expolicía", *Diario de Juárez* (Rodríguez Quiroz), 14 de febrero de 2002, p. A-1.

Rodríguez, Olga, "Hollywood Celebrities Join March to Protest Slayings in Ciudad Juarez", Associated Press, 14 de febrero de 2004.

Sánchez, Alejandra, *Ni una más*, documental de cine, 2002.

Silva, Guadalupe, "Apology Accepted: México Won't Hold Grudge in Embarrassing Arrest", *El Paso Times* (Coello), 12 de julio de 1990, p. B-1.

Silva, Mario, "Relatora de la ONU para las mujeres asesinadas en Juárez", *El Financiero*, 26 de junio 1999, p. A-1.

Sosa, Luz del Carmen, "Denuncian presunto plagio de 2 paseños", sospechan que excónyuge de la mujer está implicado en el caso", *Diario de Juárez* (Salcido), 2 de junio de 2002, p. B-10.

— "Recibí amenazas: Ruvalcaba", *Diario de Ciudad Juárez*, 21 de marzo 2003, p. B-1.

Stack, Megan, "Journalist, Sister Form Rape Center in Juárez", *El Paso Times*, 24 de septiembre de 1998, p. A-1.

Telemundo, *Ciudad Sin Ley*, documental sobre Ciudad Juárez, mayo de 2003.

U.S, Department of Homeland Security, ICE *News* boletín, "Four Indicted in ICE Probe of Brothel Where Mexican Women as Young as 14 Worked as Prostitutes", 9 de abril de 2004.

Varela, Héctor, "Benavides y el gran robo de joyas", www.todoseditores.com/semanario, 24 de octubre de 2000.

V-Day News Alert, "Jane Fonda Visits Guatemala To Put Spotlight of Murders of Women in Guatemala", boletín de **V-Day,** 8 de diciembre de 2003.

Velez, Armando, y Alberto **Ponce** de León, "Angélica Fuentes, la reina del gas", *Milenio Semanal,* 10 de mayo de 2004.

Venegas, Juan, "Fox sobre el caso Juárez: A veces escasea la justicia en nuestro país", Familiares de desaparecidas afirman que no le darán al mandatario un cheque en blanco", fotografía de Norma Andrade con el presidente Vicente Fox, *La Jornada,* 26 de noviembre de 2003.

Villeda, Moisés, "Pervertía menores, cae jefe de previas", *El Mexicano*, 26 de febrero de 2004, p. A-1.

Vulliamy, Ed, "Murder in México", especial, *The (London) Observer,* 9 de marzo de 2003.

Washington Valdez, Diana, "2 Mexican Generals Suspected in 'Mass Graves' Arrested", *El Paso Times*, 2 de septiembre de 2000, p. B-1.

— "Mysterious American Kept Files of Juárez Trysts", *El Paso Times*, 6 de mayo de 2002, p. B-1.

Zamarripa, Leticia, "El Paso Detectives Assist Inquiry Into Juárez Slayings", *El Paso Times*, 2 de abril de 1996.

— "Gang Paid to Lure Women, Sources Say", *El Paso Times*, 17 de abril de 1996, p. B-1.

CRONOLOGÍA

1993

Se empieza a documentar una ola de asesinatos de niñas y mujeres en Ciudad Juárez. Fueron asesinados Rafael Aguilar Guajardo, capo del cartel de drogas de Juárez; Juan Jesús Posadas Ocampo, el cardenal de Guadalara; y Javier Felipe Lardizábal, expolicía municipal que investigaba la corrupción dentro de la policía judicial estatal de Chihuahua. También comienza una ola interminable de desapariciones y muertes relacionadas con el nuevo cartel.

1994

Óscar Máynez Grijalva, criminólogo de Chihuahua, informa a varios oficiales como Javier Benavides, Jorge Ostos y Jorge López Molinar, sobre la posibilidad de que un asesino en serie ande suelto en Juárez. No le hacen caso.

1995

Descubren varios cadáveres de mujeres en Lote Bravo, el mismo lugar donde fue arrojado el cadáver de Lardizábal en 1993. El 3 de octubre arrestan a Abdel Latif Sharif Sharif por sospecha de violación de una sexoservidora. Permanece en la cárcel desde entonces. Sharif había sido deportado a México.

1996

Descubren otro grupo de cadáveres de mujeres asesinadas en Lomas de Poleo. La subprocuraduría del estado de Chihuahua anuncia que hubo una investigación encubierta, y los resultados son el arresto de una supuesta banda llamada los Rebeldes. La policía acusó a Sharif de pagarle a los Rebeldes para que mataran a mujeres. El gobernador Francisco Barrio del Partido Acción Nacional anuncia que ya terminaron los asesinatos de mujeres.

1997

Siguen los asesinatos. Hay disputas sobre la cifra real de mujeres muertas.

281

1998

La Comisión Nacional de Derechos Humanos de México publica un informe sobre los homicidios, y critica la ineficiencia de las investigaciones. Oficiales de Chihuahua se quejan de que es una cuestión política. Robert Ressler, un perfilador criminalista de renombre y agente jubilado del FBI, viene a Juárez a petición del gobierno estatal. Patricio Martínez, del Partido Revolucionario Institucional, promete cambios y gana la gubernatura.

1999

Siguen los asesinatos de mujeres. A petición del gobierno federal de México, llegan perfiladores del FBI. Autoridades de Chihuahua descartan la teoría del FBI y acusan a Sharif otra vez de pagar a otra banda, varios de ellos choferes de ruta, para matar a mujeres. Al igual que los Rebeldes en 1996, los choferes niegan los cargos y dicen que fueron torturados hasta que confesaron los crímenes. Sharif sigue negando los señalamientos. Asma Jahangir, relatora de las Naciones Unidas, viene a Juárez a petición de activistas y grupos no gubernamentales. El FBI y la PGR inician la investigación binacional de las narcofosas.

2000

Siguen apareciendo cadáveres de mujeres. Se congela la investigación de narcofosas. El FBI quería continuar con una investigación binacional de los homicidios de mujeres. Las autoridades estadunidenses consignan al capo Vicente Carrillo Fuentes por ordenar las muertes de diez hombres en Juárez. La PGR nunca lo arresta.

2001

El gobernador Martínez sufre un atentado en Chihuahua. Fuentes de inteligencia dicen que el cartel de los Carrillo Fuentes estuvo detrás del ataque. Victoria Loya, una expolicía estatal es encarcelada por el crimen. El presidente Vicente Fox visita la frontera. Descubren los cadáveres de ocho mujeres en un predio en Ejército Nacional y Paseo de la Victoria. Peritos forenses dicen que fueron asesinadas en diferentes épocas. El predio está en un lugar muy transitado. Cuatro días después, las autoridades estatales acusan a dos choferes de haber cometido los homicidios. Éstos alegan que fueron torturados para que confesaran. Persisten dudas sobre la identidad de algunas víctimas.

2002

Mario Escobedo Anaya, abogado de Gustavo González Meza, uno de los choferes acusados en 2001, muere después de una persecución por policías estatales. Un testigo dice que un comandante mató a Escobedo a quemarropa. Activistas lanzan una campaña internacional para informar al mundo de lo que sucede en Juárez. Grupos en Juárez y Chihuahua organizan una marcha dramática llamada "Éxodo por la Vida". Instalan una cruz permanente en memoria de las víctimas en el puente internacional Paso del Norte. Investigadores de Amnistía Internacional llegan a la frontera. Grupos se empiezan a dar cuenta que los feminicidios se han extendido a Chihuahua y otras partes del país. Marta Altolaguirre, relatora de la Comisión Interamericana de Derechos Humanos, llega a Juárez a indagar después de que grupos de activistas se quejan de fuertes amenazas. Políticos de Estados Unidos empiezan a presionar al gobierno mexicano sobre la situación en Juárez. Desaparecen mujeres jóvenes en el centro de Juárez en 2002 y 2003, y se suman a las seis muertes de la zona conocida como Cristo Negro.

2003

Muere Gustavo González Meza, la Foca, después de una cirugía en la cárcel de Chihuahua. Victoria Caraveo de Juárez es directora del Instituto Chihuahuense de la Mujer. Un informe del instituto dice que 321 mujeres fueron asesinadas. Autoridades de México y Estados Unidos anuncian una línea telefónica especial en El Paso, Texas, para reportar información sobre los asesinatos de mujeres. La PGR manda un contingente de agentes al mando de Rolando Alvarado para investigar. Amnistía Internacional difunde su informe "Muertes Intolerables" sobre los asesinatos y desapariciones de mujeres en Chihuahua y Juárez. Un grupo especial de las Naciones Unidas, que incluye expertos con credenciales innegables, envía un informe devastador al gobierno federal mexicano. El informe de la ONU critica severamente las investigaciones estatales. Una delegación de congresistas de Estados Unidos, encabezada por la diputada Hilda Solís, llega a la frontera para indagar. Madres de víctimas sostienen una reunión con el presidente Vicente Fox en México. Fox nombra a Guadalupe Morfín Otero, de Guadalajara, como comisionada especial.

2004

Fox nombra a María López Urbina, funcionaria de la PGR, como fiscal especial para los crímenes contra las mujeres en Juárez. Morfín y López publican informes separados. Amnistía Internacional dice que la cifra de muertes en Juárez y Chihuahua supera las 400. Morfín alega que el crimen organizado supone un impedimento para las investigaciones. López acusa a 81 agentes y funcionarios del estado de Chihuahua de negligencia o abuso de autoridad en las investigaciones previas. Morfín presiona para que se investigue las denuncias de tortura contra policías por parte de Javier García Uribe, el Cerillo, coacusado de Gustavo González Meza. La Comisión Nacional de Derechos Humanos de México publica otro informe sobre los asesinatos y desapariciones de mujeres. El Departamento de Estado de los Estados Unidos se queja con el gobierno de Fox sobre la supuesta tortura de la estadunidense Cynthia Kiecker. El gobierno federal mexicano hace esfuerzos para ir contra los autores intelectuales de la guerra sucia. Patricio Martínez termina su gestión como gobernador. Vicente Fox visita Juárez por segunda vez como presidente. Activistas en la ciudad de México lanzan "El Plan Alternativo", un reclamo fuerte al gobierno mexicano para dar una respuesta efectiva y hacer justicia.

284

ANEXOS

Anexo 1.

Relatos de las muertes

Las siguiente descripciones corresponden a víctimas cuyas muertes fueron reportadas entre 1993 y 1999. La relación de sus fallecimientos está basada en documentos oficiales, notas periodísticas y entrevistas con familiares y funcionarios gubernamentales. Sus decesos reflejan las diversas formas de degradación que sufrieron a manos de sus asesinos. Es una lista que no incluye todo, pero sí representa suficiente información sobre las víctimas y el grado de violencia ejercida contra ellas.

1993

enero

25

Angelina Luna Villalobos, tenía 16 años y estaba embarazada. La policía informó que fue estrangulada con un cordón eléctrico. Un amigo de su esposo fue señalado como sospechoso.

mayo

5

Mujer de 35 años, con cinco meses de embarazo, se le localizó en el suroriente. Las autoridades mencionaron que fue violada y estrangulada.

12

Mujer de 25 años fue violada y apuñalada. Su cadáver fue arrojado en las faldas del cerro Bola, al sur de Juárez.

junio

5

Verónica Huitrón fue apuñalada antes de prenderle fuego; su cuerpo fue encontrado cerca de Anapra en un basurero clandestino.

11

La víctima se encontró semidesnuda, violada y acuchillada. Se le vio por última vez vistiendo una falda de mezclilla y una camisa blanca, tejida; calzaba sandalias negras. La policía

287

comentó que sufrió fractura de cráneo y se localizó frente a una escuela secundaria cercana a la frontera México-Estados Unidos.

Guadalupe Ivonne Estrada, vestía short de mezclilla y zapatos. La joven, de 16 años, trabajaba en una planta ensambladora en el parque industrial Magna Flex, cerca del parque Chamizal de Juárez. Los investigadores dijeron desconocer la causa de su muerte.

septiembre

1

La víctima fue estrangulada y dejada en un carro abandonado, cerca de un sector en Senecú.

17

Marcela Santos Garza, joven de 18 años, fue asesinada a tiros. Su novio fue señalado como sospechoso.

octubre

13

Mireya Hernández Méndez, de 20 años; trabajaba en una de las plantas Phillips. Fue estrangulada y su cuerpo fue encontrado en un montón de basura en el parque industrial Juárez.

noviembre

15

Esmeralda Leyva Rodríguez de 13 años, fue secuestrada al salir de la Escuela Técnica 27. Fue violada vaginal y analmente, además, estrangulada. Su cadáver se encontró atrás de una escuela cerca de la Avenida Teófilo Borunda. (Teófilo Borunda, uno de los pioneros de la ciudad, murió en el 2001 después de que Lilia Alejandra García, de 17 años, fuera encontrada muerta en uno de los lotes baldíos de su propiedad.)

diciembre

15

Yolanda Tapia, fue apuñalada y le dejaron una estaca de madera en la vagina. Su hijo, Jesús Roberto Gil Tapia, fue acusado del asesinato. Ella tenía 50 años.

1994

marzo

12

María Rocío Cordero, de 11 años de edad, fue secuestrada antes de llegar a la escuela primaria Gabino Barreda en la colonia México 68. Fue violada por la vagina y el ano y estrangulada. Y se encontró cerca de la carretera a Casas Grandes.

abril

25

Lorenza Isela González, tenía 23 años y trabajó como bailarina en el bar Norma's, en el centro de Juárez. Fue estrangulada y mutilada. Le cortaron dos dedos. Su cuerpo fue encontrado en la carretera Panamericana.

mayo

8

Gladys Janet Fierro, secuestrada a la salida de la Escuela Jesús Urueta, en las calles Constitución y Galeana, en la zona centro de Juárez. Fue violada y estrangulada.

octubre

25

Se calculó que la víctima era de 16 años; traía un anillo escolar con el nombre de la Academia Hidalgo. Fue encontrada estrangulada dentro de una bolsa de plástico, cerca del aeropuerto.

noviembre

9

La víctima, de 30 años, fue violada y estrangulada. Su cuerpo fue encontrado en un edificio en construcción en la Avenida Vicente Guerrero.

20

Guillermina Hernández, de 15 años, fue violada y le prendieron fuego. Su cuerpo fue arrojado en Guadalupe, Distrito Bravos, en Ciudad Juárez.

289

1995

enero

10

Los restos de una mujer no identificada se encontraron en el ejido El Sauzal, a un lado de la carretera Juárez-Porvenir.

24

María Cristina Quezada, de 31 años, fue violada y estrangulada.

febrero

23

Miriam Adriana Vázquez, de 14 años, fue violada y apuñalada. Trabajaba en la planta maquiladora Amsa.

abril

16

Fabiola Zamudio, de 35 años, se le encontró sin vida dentro de una habitación del motel El Ranchito, en la Avenida Paseo Triunfo de la República.

julio

16

Érika García Moreno, de 19 años, fue estrangulada y su cuerpo fue encontrado detrás de la planta de Petróleos Mexicanos (PEMEX) al sur de Juárez. Esta área está cercana al Rancho La Campana, utilizado por el cartel Carrillo Fuentes para enterrar los cadáveres de hombres asesinados.

agosto

7

Patricia Cortez Garza, de 33 años. Los médicos forenses dictaminaron que la víctima fue violada y estrangulada, pero un reporte de la policía señaló que había muerto por sobredosis.

290

19

Elizabeth Castro García, de 17 años, fue víctima de violación.

20

Gloria Escobedo Piña, de 20 años, fue violada vaginal y analmente. Su padrastro era considerado como uno de los sospechosos.

22

Una adolescente no identificada y cuya edad se calculó entre los 16 y 17 años. Su cuerpo fue encontrado en la carretera a Casas Grandes. Fue estrangulada.

septiembre

2

Silvia Elena Rivera Morales, de 17 años. La adolescente fue vista por última vez el 11 de julio, con rumbo a la Escuela Secundaria Iberoamericana. Fue violada y estrangulada. Su seno derecho le fue amputado y el izquierdo mordisqueado. Se encontró en el Lote Bravo, un predio vacío, en el sur de Juárez.

5

Víctima no identificada, tenía una edad aproximada de 24 años. Sus manos estaban atadas con las correas de una bolsa de mano. Tenía el cuello roto y una herida en el brazo derecho. Su seno derecho fue arrancado, y el izquierdo fue mordido. Se le encontró cerca del aeropuerto, en el sur de Juárez.

Otra víctima no identificada fue encontrada en Lote Bravo. Tenía un cable eléctrico en la muñeca izquierda.

10

Una víctima no identificada, cuya edad se calculó en 13 años, fue localizada en Lote Bravo. Su seno derecho fue amputado y el izquierdo arrancado a mordidas. Fue apuñalada y su cuello estaba fracturado. Las autoridades sospecharon que hubo violación.

noviembre

11

Adriana Torres Márquez, de 15 años, le fracturaron el cuello; el seno derecho amputado y el izquierdo mordido.

291

diciembre

15

Isela Tena Quintanilla, de 14 años, fue apuñalada. La policía comentó que el tipo de nudo utilizado para atar a Elizabeth Castro, fue el mismo que se empleo para Isela.

Elizabeth Gómez, de 29 años, fue asesinada a puñaladas. Los oficiales investigadores dijeron que un policía de la ciudad (cuyo nombre no fue divulgado) era sospechoso del crimen.

Laura Ana Inere, de 27 años, fue atacada a tiros y su cadáver se arrojó en un cementerio local. Se señaló a un policía municipal, cuyo nombre no fue dado a conocer, como sospechoso. (La información sobre la participación de la policía en la muerte de las dos mujeres ha desaparecido de los archivos oficiales.)

1996

febrero

19

Se encontró muerta a una indígena tarahumara no identificada y cuya edad se calculó en 30 años. Fue violada, estrangulada y apuñalada.

marzo

9

Una niña de 10 años, no identificada, de cabello dorado, se encontró sin vida a un lado de la carretera a Casas Grandes. Tenía ocho heridas punzocortantes.

12

Una adolescente no identificada, cuya edad fue estimada entre 16 y 17 años, fue localizada muerta en Lomas de Poleo. Portaba un sostén y short blancos; fue estrangulada.

19

Una adolescente no identificada, de unos 16 años, fue encontrada sin vida en Lomas de Poleo. Tenía una herida de bala. Fue, además, estrangulada y apuñalada.

23

Una adolescente no identificada, de unos 16 años, se encontró en Lomas de Poleo; fue apuñalada y estrangulada.

29

Verónica G. Castro Pando, de 16 años, fue apuñalada y mutilada. Su cadáver fue encontrado en Lomas de Poleo.

Una adolescente no identificada, de unos 18 años, encontrada en Lomas de Poleo. Fue asesinada a puñaladas y mutilada; estaba atada con las cintas de sus zapatos.

abril

8

Rosario García Leal, de 18 años, violada, apuñalada y mutilada. Una credencial de identificación de trabajo, de la maquiladora Phillips, fue encontrada a un lado del cadáver.

junio

9

Las autoridades reportaron el hallazgo de los restos de una adolescente no identificada, de unos 17 años, a la altura del kilómetro 25 de la carretera a Casas Grandes. Su playera mostraba señales de heridas inferidas con puñales.

julio

9

Sandra L. Juárez Vázquez, de 17 años, quien llevaba sólo cinco días en Juárez, recién llegada de su natal Zacatecas, tenía cita para una entrevista de trabajo, programada para el 8 de julio, en una de las plantas maquiladoras de la ciudad, pero nunca se presentó. Fue estrangulada y su cuerpo fue encontrado en las inmediaciones del río Bravo.

agosto

10

Sonia I. Ramírez, de 13 años, fue violada y golpeada. La última vez que se le vio fue con su hermana. Su cadáver fue abandonado detrás de la Escuela Técnica 48, muy cerca de donde se encuentra la Policía Judicial del estado de Chihuahua.

18

La policía reportó la muerte de una adolescente no identificada, de unos 17 años. Fue apuñalada y degollada. La policía señaló que no fue violada, pero el expediente mostraba todo lo contrario.

octubre

31

Leticia de la Cruz Bañuelos, de 35 años, murió por arma de fuego durante la noche de Halloween (Día de Brujas). Varias personas, dentro de un automóvil con vidrios polarizados, se detuvieron a un lado de la calle en donde ella y otras personas se encontraban, y uno de ellos la llamó. Después de acercarse a la ventanilla del automóvil, un hombre le disparó a quemarropa. Luego, el vehículo arrancó a gran velocidad. La policía dijo que era una prostituta; su caso no se ha resuelto.

noviembre

18

El cuerpo de una mujer no identificada que tendría de 20 a 25 años, fue encontrado flotando en el río Bravo. Tenía impreso un tatuaje en una de las muñecas.

1997

marzo

11

Cynthia R. Acosta Alvarado, de 10 años, fue violada y estrangulada. Su cuerpo fue encontrado en el desierto al sur de Juárez. Fue vista por última vez el 7 de febrero. Un pariente fue acusado de su muerte.

14

Ana M. Gardea Villalobos, de 11 años, fue violada y apuñalada. Sufrió 15 heridas punzocortantes en el cuello y pecho. Su cadáver fue encontrado en las faldas del cerro Bola.

21

Maribel Palomino Arvizo, de 18 años, fue violada y asesinada. Estaba desnuda y portaba un solo arete. Sus restos fueron localizados en el Valle de Juárez.

29

Silvia G. Díaz fue estrangulada y su cadáver fue ubicado al sur de un cementerio, en la zona rural del viejo Sauzal, al oriente de Juárez. Se reportó su desaparición el 7 de marzo, cuando no llegó a su casa. La última vez que se le vio fue cuando acudió a solicitar trabajo en una planta maquiladora.

abril

11

Miriam Aguilar Rodríguez, de 16 años, murió a causa de fracturas en la cabeza. Los oficiales comentaron haber encontrado señales de resistencia por parte de la joven, en contra de sus atacantes. Había salido de su casa para encontrarse con una amistad, quien iba a acompañarla a una entrevista de trabajo en una planta ensambladora.

julio

10

Los restos de una mujer no identificada fueron encontrados en el drenaje de la carretera Juárez-Porvenir (camino a Zaragoza). Estaba atada y tenía un guante blanco y negro en una mano. Se calcula que tenía entre 22 y 25 años.

septiembre

9

Martha Gutiérrez García, de 18 años. La policía comentó que fue violada y estrangulada. Su cuerpo desnudo fue localizado atrás de las calles Mina y Ocampo en la zona centro de Juárez.

octubre

3

Un cuerpo no identificada de una adolescente de 15 a 17 años, fue encontrado cerca de la Avenida Barranco Azul, en las vías del ferrocarril. Fue estrangulada y apuñalada.

noviembre

17

Eréndira Buendía Muñoz, de 19 años. La policía dijo que la joven fue violada y estrangulada. Su cadáver se encontró detrás de la planta Fluorex.

diciembre

1

Araceli Muñoz Santos. La policía expresó que fue violada y apuñalada. Había estado en Juárez tan sólo cuatro meses después de trasladarse desde Torreón, Coahuila.

21

Los restos de una adolescente, no identificada, se encontraron cerca del Rancho Oasis, en Lomas de Poleo. Se creyó que tendría de 16 a 17 años. Los detalles de la causa de su deceso no estuvieron disponibles debido al avanzado estado de descomposición.

1998

enero

2

Jessica Martínez Morales, de 13 años. Su cuerpo fue encontrado atrás de la subestación de la Comisión Federal de Electricidad y la planta Flourex. Tenía marcas de mordeduras en el brazo derecho. Las autoridades sospecharon que la joven había sido mantenida en cautiverio más de una semana, antes de matarla.

24

Rosalina Veloz Vázquez, de 20 años. Tenía 21 heridas punzocortantes en la espalda, tórax y cuello. Trabajaba en una de las plantas ensambladoras Phillips, en la ciudad. Su cuerpo, parcialmente desnudo, fue encontrado detrás de la unidad habitacional Infonavit Oasis Revolución de Juárez.

27

Silvia G. Laguna Cruz, de 16 años. Su cadáver semidesnudo se encontró a unos cien metros al sur del Boulevard Zaragoza. Su o sus asesinos le clavaron un objeto en el tórax, pero los investigadores no precisaron qué tipo de arma era. Se había casado apenas tres meses antes. Era empleada de una planta maquiladora y había salido del trabajo el día de su desaparición.

febrero

15

Raquel Lechuga Macías. Los médicos forenses confirmaron el hallazgo de los restos de tres mujeres asesinadas en Lomas de Poleo, e identificaron a una de ellas como Raquel, quien trabajaba en la ensambladora Essex. Estaba desaparecida desde el 31 de diciembre.

19

Perla P. Sáenz Díaz, de 25 años, fue encontrada muerta en el motel Fronterizo. Estaba desnuda y había sufrido fractura de cráneo. Tenía varias heridas punzocortantes en el tórax y los investigadores consideraron que probablemente fueron ocasionadas con un picahielo.

296

21

El cuerpo de una mujer, identificada sólo como Elizabeth, fue localizado cerca de las vías del ferrocarril, en la intersección de Ponciano Arriaga y eje vial Juan Gabriel. A causa de las quemaduras en su cadáver, los investigadores batallaron para establecer la causa de su muerte. (En el 2004, unos trabajadores tropezaron con un cráneo en esa misma área. Al principio, la policía dijo que se trataba de un cráneo femenino.)

marzo

18

El cuerpo de una mujer de Honduras fue encontrado dentro de un canal de irrigación, en las inmediaciones de una planta ensambladora, en el área de Waterfil, ubicada cerca del puente internacional de comercio exterior de Zaragoza. Presentaba 30 heridas punzocortantes en el cuello y tórax. La policía sospechó de su esposo, quien también es originario de Honduras.

abril

16

Argelia I. Salazar Crispín, de 24 años. Su cadáver fue ubicado en un lote baldío en el cruce de la Avenida Ponciano Arriaga y eje vial Juan Gabriel. Su cuerpo estaba semidesnudo. Se le reportó como desaparecida el 6 de marzo, después de que no se presentara a su trabajo en una planta ensambladora. Las autoridades dijeron que el último día de trabajo de la víctima fue el 12 de marzo y que ella había laborado en la planta maquiladora Mallincroft Medical.

30

Sagrario González Flores, de 17 años, fue violada, apuñalada y estrangulada.

junio

26

Brenda E. Méndez Vázquez, de 15 años. El cuerpo estrangulado de esta adolescente fue arrojado al Lote Bravo. Los investigadores señalaron que fue violada vaginal y analmente. La estudiante de secundaria tenía moretones por todo el cuerpo.

297

agosto

5

Araceli Lozano Bolaños fue encontrada en el motel Campo Real al oriente de Juárez. Fue estrangulada y su cadáver estaba oculto detrás de un sofá del cuarto. Trabajaba en el Club Noche y Día.

30

Eréndira I. Ponce, de 17 años, fue encontrada sin vida en el fondo de una colina, al norte de la carretera a Casas Grandes. Estaba desnuda y sus manos atadas detrás de su espalda. Fue violada y su cabeza destrozada.

septiembre

21

Hester Suzanne van Nierop, de 28 años, una turista de Holanda, murió estrangulada y su cuerpo fue encontrado debajo de la cama del Hotel Plaza, en la zona roja del centro de la ciudad.

1999

enero

10

María E. Martínez, de 33 años, se le encontró estrangulada dentro de un vehículo estacionado frente a la central de autobuses, en Juárez.

13

Patricia Monroy Torres, de 27 años, fue secuestrada el 10 de enero y se le encontró con dos heridas de bala en la cabeza al sur de Juárez.

febrero

15

Irma Rosales Lozano, de 13 años, fue violada y estrangulada. Su cadáver desnudo fue hallado en una zanja en la colonia Olague.

298

ANEXO 2.

Víctimas de Juárez
(1993-2004)

NOMBRE	EDAD	FECHA	LUGAR DE ORIGEN	CAUSA DE MUERTE Y ESTATUS
1993				
Alma Mireya Chavarría Favila	5	21-01	Durango	crimen de pandilleros; violada y estrangulada [Resuelto].
Angélica Luna Villalobos	16	25-01	La Noria, Chihuahua	embarazada y estrangulada [Resuelto].
no identificada	35	17-02		apuñalada [Resuelto].
Jessica Lizalde de León	30	13-03	Hermosillo, Sonora	venganza, arma de fuego [No resuelto].
Luz Ivonne de la O García	20	21-04	Chihuahua	crimen sexual [No resuelto].
Yolanda Álvarez Esquihua	28	03-05		venganza; se desconoce el estatus del caso.
Elizabeth Ramos	26	08-05		arma de fuego [No resuelto].
no identificada	20-24	12-05		violada y apuñalada [No resuelto].
Verónica Huitrón Quezada	30	05-06	Chihuahua	apuñalada e incinerada; se desconoce el estatus del caso.
Guadalupe I. Estrada Salas	16	11-06	Juárez	crimen sexual [No resuelto].
no identificada	28-30	29-08		estrangulada [No resuelto].
Gabriela Domínguez Aguilar	3	29-08		estrangulada [No resuelto].
María T. Contreras Hernández	40	08-09		arma de fuego [No resuelto].
María Esther López de Ruiz	43	12-09		apuñalada; se desconoce el estatus del caso.
Marcela Santos Vargas	18	13-09	Coahuila	[Resuelto].
Mireya Hernández Méndez	18-20	13-10		estrangulada [No resuelto].
María de J. Barrón Rodríguez	30	07-11		[No resuelto].
Tomasa Salas Calderón		15-10		semidesnuda [No resuelto].
Esmeralda Leyva Rodríguez	13	13-11	Guerrero	violada y estrangulada [Resuelto].
Rebeca E. Escobedo Sosa	24	21-11		apuñalada [No resuelto].

Yolanda Tapia Vega	52	16-12	Juárez	apuñalada y violada con un palo de madera [Resuelto].
Ana María Gil Bravo	34	02-01		semidesnuda y estrangulada [No resuelto].

1994

no identificada	35	02-01		semidesnuda y estrangulada [No resuelto].
Esmeralda Andrade Gutiérrez	35	01-02		crimen sexual; arma de fuego [No resuelto].
Emilia García Hernández (o Alicia Pulido Saraid Duron)	32	11-02		apuñalada [No resuelto].
María del Rocío Cordero Esquivel	10	12-03		violada y estrangulada [No resuelto].
Patricia Alba Ríos	30	15-03		[No resuelto].
Lorenza I. González Alamillo	38	25-04		violada, estrangulada y mutilada [Resuelto].
Gladys Janeth Fierro Vargas	10	08-05	Chihuahua	violada y estrangulada [No resuelto].
Donna Maurine Strippling Boggs	28	08-05	Albuquerque, Nuevo México	acuchillada [No resuelto].
María Agustina Hernández	33	24-06	Durango	estrangulada [Resuelto].
María Enfield de Martínez		08-07		arma de fuego [No resuelto].
Rosa María Lerma Hernández	23	02-08		apuñalada [Resuelto].
Patricia la Burra (María del Rosario Lara Loya)	48	08-08		indigente golpeada [No resuelto].
Hilda Fierro Elías	18	15-08	Juárez	fractura de cráneo [Resuelto].
Antonia Ramírez Calderón	35	24-08		estrangulada.
no identificada (restos)	25	25-10 caso archivado		estrangulada [No resuelto].
Viridiana Torres Moreno	3	22-10	Gómez Palacio, Durango	cráneo fracturado [Resuelto].
Graciela Bueno de Hernández	26	26-10		arma de fuego [Resuelto].
no identificada		09-11 caso archivado		estrangulada [Resuelto].

Esmeralda Urías Sáenz	23	19-11		estrangulada [No resuelto].
Guillermina Hernández Chávez	15	13-12		violada [Resuelto].

1995

no identificada (restos)	14-17	01-01		crimen sexual [No resuelto].
María Quezada Amador	32	22-01		violada y estrangulada [No resuelto].
Graciela García Primero	28	29-01	Juárez	herida profunda [Resuelto].
Leticia Reyes Benítez	20	05-02		arma de fuego [Resuelto].
Carla M. Contreras López	24	17-02		arma de fuego [Resuelto].
Miriam A. Velázquez Mendoza	14	20-02	Sinaloa	violada y apuñalada [No resuelto].
Rosa V. de Hernández Cano	31	20-03	México, D.F.	[Resuelto].
Alejandra Bisecas Castro	13	21-03		arma de fuego (doble homicidio-Osuna Aguirre) [Resuelto].
María Osuna Aguirre	18	21-03		arma de fuego [Resuelto].
Rosario Aguayo	expediente del 31-03			fractura de cráneo [Resuelto].
Fabiola Zamudio	35	16-04		hallada semidesnuda en el motel El Ranchito, la policía lo atribuyó a sobredosis [No resuelto].
Karina Daniel Gutiérrez	21	18-04	León, Guanajuato	estrangulada [No resuelto].
desconocida (restos)	expediente del 02-05			arma de fuego y localizada cerca de Aduanas [No resuelto].
desconocida (restos)	expediente del 02-05			localizada cerca de la garita aduanal [No resuelto].
Silvia E. Rivera Morales	15	03-05	Juárez	estrangulada [No resuelto].
Elizabeth Martínez Rodríguez	26	05-05		arma de fuego [No resuelto].
"García Aldaba"	expediente del 23-05			heridas profundas [Resuelto].
Rosalba Ortega Saucedo	36	08-06	Juárez	arma de fuego [No resuelto].
Araceli Esmeralda Martínez Montañés	20	01-07	Durango	estrangulada, crimen sexual [Resuelto].
Liliana Frayre Bustillos	23	07-07	Juárez	arma de fuego [Resuelto].

Érika García Moreno	18	14-07	Durango	estrangulada [No resuelto].
Teodora de la Rosa Martínez	53	04-08	Zacatecas	apuñalada [Resuelto].
Olivia G. Morales de Ríos	28	06-08	Juárez	estrangulada [No resuelto].
Patricia Cortez Garza	33	07-08		violada y estrangulada, la policía reportó como sobredosis la causa de muerte [No resuelto].
Olga Alicia Carrillo Pérez	20	10-08	Juárez	crimen sexual [No resuelto].
Elizabeth Castro García	17	13-08	Juárez	crimen sexual [Resuelto] (el acusado Abdel Latif Sharif Sharif apeló).
Gloria Elena Escobedo Piña	20	20-08		violada y estrangulada [Resuelto].
no identificada	15			murió aproximadamente en mayo; expediente del 22 de agosto; violada y mutilada [No resuelto].
no identificada (osamenta)	expediente del 22-08			crimen sexual [No resuelto].
María de los Ángeles Deras	28	26-08	Durango o Zacatecas	arma de fuego [No resuelto].
no identificada	20-24			tiempo estimado de muerte: julio; expediente del 5 de septiembre; mutilada y estrangulada [No resuelto].
María Moreno Galaviz	expediente del 05-09			cráneo destrozado; se desconoce el estatus del caso.
Rosa Isela Corona Santos	16	07-09		arma de fuego [No resuelto].
no identificada (osamenta)	18	11-08		expediente del 10 de septiembre; crimen sexual, apuñalada [No resuelto].
Adriana Martínez Martínez	caso archivado el 15-10			arma de fuego [Resuelto].
Adriana Torres Márquez	15		Durango	tiempo de muerte calculado al 9 de mayo; caso archivado el 2 de noviembre; mutilada sexual [No resuelto].
desconocida	18-20			(los restos fueron localizados cerca del cadáver de Torres Márquez) caso archivado el 2 de noviembre; crimen sexual [No resuelto].

Francisca Lucero Gallardo	18	07-11	Guadalupe Distrito Bravo (al oriente de Zaragoza)	[Resuelto].
Cecilia Covarrubias Aguilar	19	15-11	Saltillo, Coahuila	[No resuelto] su hija está extraviada.
Silvia Alcántar Enríquez		08-11		arma de fuego [Resuelto].
Claudia Escamilla Alcántar		08-11		arma de fuego [Resuelto].
María Máynez Sustaita		08-11		ejecutada [Resuelto].
Francisca Lucero Gallardo		08-11		arma de fuego [Resuelto].
Ignacia Rosales Soto	22	20-11		apuñalada y cráneo destrozado [Resuelto].
Rosa Ivonne Páez Márquez	14	24-11	Juárez	arma de fuego [No resuelto].
Rosa Isela Tena Quintanilla	14	15-12	Peña Blanca, Chihuahua	apuñalada y estrangulada [No resuelto].
Laura Ana Irene	27	24-12		arma de fuego [No resuelto].
Elizabeth Robles Gómez	23	25-12		apuñalada; crimen sexual (las autoridades lo atribuyeron a ejecución del narcotráfico) [Resuelto].

1996

no identificada (infante)		14-01		crimen sexual; estrangulada [No resuelto].
Norma Mayela Palacios López	33	09-02	Juárez	golpe en la cabeza [Resuelto].
Martha Arguijo Castañeda	33	12-02	Torreón, Coahuila	arma de fuego [Pendiente].
Francisca Epigmenia Hernández	36	18-02	Sierra Tarahumara, Chihuahua	violada y apuñalada [Resuelto].
Estefanía Corral Martínez	2	03-03	Juárez	arma de fuego [Pendiente].
Silvia Valdez Martínez	5	05-03		arma de fuego.
no identificada	10-12	09-03		apuñalada [No resuelto].
no identificada (osamenta)	19			tiempo estimado de muerte diciembre de 1995; expediente del 13 de marzo; crimen sexual [No resuelto].
Silvia Ocón López	17	14-03	Juárez	arma de fuego [Resuelto].

303

desconocida	17	25-02		varias causas de muerte; expediente del 18 de marzo [No resuelto].
"Lucy"	19	feb-mar.		expediente del 18 de marzo sexual [No resuelto].
"Tanya"	22	feb-mar.	Durango	expediente del 18 de marzo crimen sexual [No resuelto].
Guadalupe Verónica Castro Pando	17	feb-mar.		expediente del 18 de marzo; crimen sexual y apuñalada [No resuelto].
no identificada	16-18	18-03		crimen sexual [No resuelto].
no identificada (osamenta)	14-16			tiempo estimado de muerte noviembre de 1995; expediente del 29 de marzo; crimen sexual [No resuelto].
Rocío García Leal	17		Madera, Chihuahua	tiempo estimado de muerte diciembre de 1995; expediente del 7 de abril; violada, apuñalada y mutilada [No resuelto].
Rosario de Fátima Martínez	19	28-04		estrangulada [Resuelto].
Araceli Gallardo Rodríguez	35	05-06	La Piedad, Michoacán	arma de fuego [Resuelto].
no identificada (osamenta)	16-18	09-06		no establecida; se desconoce el estatus del caso.
Silvia Rivera Salas	15-17	20-06		apuñalada; se desconoce el estatus del caso.
María Navarrete Reyes	14	02-07		golpe en la cabeza [Resuelto].
no identificada (osamenta)	20-25	08-07		apuñalada; se desconoce el estatus del caso.
Sandra Luz Juárez Vázquez	17	08-07		no establecida; se desconoce el estatus del caso.
Rocío Agüero Miranda	30	29-07		no establecida; se desconoce el estatus del caso.
Sonia Sánchez Ramírez	13	09-08		golpeada en la cabeza [Resuelto].
Soledad Beltrán Castillo	30	13-08		arma de fuego [No resuelto].
Leticia Palafox Zavala	14	15-08		apuñalada [Resuelto].
desconocida	17	18-08		apuñalada; se desconoce el estatus del caso.

Luz Martínez Reyes	17	31-08	Juárez	arma de fuego [Resuelto].
Rita Parker Hopkins	35	29-09	Cheyenne, Wyoming	arma de fuego; con su hermana [No resuelto].
Victoria Parker Hopkins (hermana de Rita)	27	29-09	Spokane, Washington	arma de fuego. Ambas hermanas vivían en El Paso.
Hilda Sosa Jiménez	29			expediente del 30 de septiembre; arma de fuego en el motel Chulavista [No resuelto].
Luz M. Jiménez Aguilar	18			expediente del 3 de octubre; arma de fuego [Resuelto].
María Marisol Franco de García	47			expediente del 3 de octubre; arma de fuego [Resuelto].
Claudia Ramos López	8	13-10	Tijuana	arma de fuego [Resuelto].
María Domitila Torres Nava	45	14-10	Puebla	[No resuelto].
Antonia Hernández Pérez	36			traumatismo craneoencefálico [Resuelto].
desconocida (restos óseos)	19-25	01-10		apuñalada [No resuelto].
Leticia de la Cruz Bañuelos	3	01-11	La Quemada, Durango	arma de fuego [No resuelto].
Leticia García Rosales	37	11-11		traumatismo craneoencefálico [Resuelto].
María S. Luján Mendoza	25	13-11		arma de fuego (posible suicidio).
Brenda Lizeth Nájera Flores	15	05-12		torturada y tiroteada a quemarropa [Resuelto].
Susana Flores Flores	13	05-12		prima de Brenda Nájera; torturada y asesinada a quemarropa [Resuelto].

1997

Gloria Moreno Avilés	33	11-02		traumatismo craneoencefálico [Resuelto].
María de la Luz Murgado Larrea	42	17-02	Guadalajara	estrangulada [Resuelto].
Cynthia R. Acosta Alvarado	10	09-02		estrangulada, crimen sexual [Resuelto].
Ana María Gardea Villalobos	12	03-03	Juárez	apuñalada [Resuelto].

305

María Montes Lazcano	27	04-03		arma de fuego; víctima de homicidio-suicidio.
Silvia Guadalupe Díaz	19	08-03	Durango	estrangulada [No resuelto].
Maribel Palomino Arvizu	17	18-03	Casas Grandes, Chihuahua	apuñalada, crimen sexual [No resuelto].
María I. Haro Prado	38	26-03		arma de fuego [Resuelto].
Miriam Aguilar Rodríguez	17	07-04	Juárez	traumatismo craneoencefálico; sexual [No resuelto].
Elvira Varela Pérez	38	10-04	Nicolás Bravo, Chihuahua	golpe en la cabeza [No resuelto].
Karina Soto Díaz	3	13-04	Juárez	arma de fuego [Resuelto].
Amelia Lucio Borjas	18	27-05	Juárez	apuñalada [Resuelto].
Verónica Beltrán Manjarrez	15	30-05		arma de fuego [Resuelto].
Apolonia Fierro Poblano	66	11-06	Allende, Chihuahua	apuñalada [Resuelto].
Marcela Macías Hernández	35	12-06	Durango	estrangulada [Resuelto].
Roxana I. Véliz Madrid	17	20-06		arma de fuego [Resuelto].
desconocida	22-25	08-07		no establecida; se desconoce el estatus del caso.
María de Lourdes Villaseñor	32	13-07		estrangulada.
Elisa Rivera Rodríguez	63	20-07	Chihuahua	arma de fuego [Resuelto].
Teresa Élida Herrera Rey	26	06-08	El Paso	arma de fuego [Resuelto].
María Eugenia Martínez Hoo	27	06-08	Juárez	arma de fuego [Resuelto].
desconocida	55-60		Chihuahua	golpe en la cabeza; se desconoce el estatus del caso.
Martha Y. Gutiérrez García	28	07-09	Guadalajara	estrangulada; crimen sexual [No resuelto].
María I. Plancarte Luna	30	22-09		golpe en la cabeza [Pendiente].
desconocida	15-18	01-10		estrangulada; crimen sexual [No resuelto].
Brenda Alfaro Luna	15-17			tiempo aproximado de muerte, septiembre; expediente del 12 de octubre; apuñalada; crimen sexual [No resuelto].
Virginia Rodríguez Beltrán	32	11-10	Juárez	arma de fuego [Resuelto].
Juana Aguinaga Mares	25-30	19-10	Jiménez, Chihuahua	estrangulada [Resuelto].

306

Hortensia Parra Chávez	58-60		expediente del 3 de noviembre; arma de fuego; se desconoce el estatus del caso.
Sofía González Vivar	20	05-11	Acapulco	golpe en la cabeza; crimen sexual [No resuelto].
Norma Julisa Ramos Muñoz	21	06-11	Camargo	arma de fuego [Resuelto]
Eréndira Buendía Muñoz	17	14-11	Torreón	apuñalada [Resuelto].
María T. Rentería Salazar	34	29-11	Juárez	apuñalada; crimen sexual [Resuelto].
Araceli Núñez Santos	19-22	29-11	Torreón	apuñalada; crimen sexual [No resuelto].
Amalia Saucedo Díaz de León	33	30-11		desnucada [Resuelto].
Karina Ávila Ochoa	29	07-12		golpes [Resuelto].
Rosa M. Arellanes García	24	07-12	El Paso, Texas	arma de fuego [Resuelto].
Julia Mauricio de Colorbio	77	08-12		golpes en la cabeza.
desconocida (osamenta)	15-17	19-12		no establecida.
Rosa Linda Gardea Sandoval	30	27-12		estrangulada.

1998

Jessica Martínez Morales	13	02-01 (o 31-12)		estrangulada; crimen sexual [No resuelto].
Paula Zepeda Soto	62	08-01	Juárez	arma de fuego [Resuelto].
Martha E. Veliz Valdez	20	22-01		apuñalada; crimen sexual [No resuelto].
María Isela Rivera Núñez	28	15-01	Juárez	arma de fuego; oficiales difieren si fue crimen sexual o de narcotráfico [No resuelto].
Silva Gabriela Laguna Cruz	16	24-01		apuñalada; crimen sexual [No resuelto].
Ana Hipólita Campos	38	02-02	Juárez	apuñalada [Resuelto].
María M. Carmona Zamora	30	11-02		arma de fuego [Resuelto].
Clara Zapata Álvarez	16	15-02	Juárez	arma de fuego [Resuelto].
Raquel Lechuga Macías	17	15-01		crimen sexual [Resuelto].
no identificada (osamenta)		17-02		crimen sexual [No resuelto].
no identificada (osamenta)				expediente del 15 de febrero; crimen sexual [No resuelto].

no identificada (osamenta)	14-17	11-02		golpes en el cráneo; crimen sexual [No resuelto].
Perla Patricia Sáenz Díaz	22	17-02	Juárez	apuñalada [Resuelto].
Elizabeth Verónica Olivas	17	21-02		apuñalada [Resuelto].
María Rosa León Ramos	23	16-05	Juárez	apuñalada [Resuelto].
Argelia Salazar Crispín	24	febrero	Guamúchil, Sinaloa	expediente del 16 de abril; crimen sexual [No resuelto].
no identificada		17-03		apuñalada [No resuelto].
Laura Lourdes Cordero				archivado 19 de abril; crimen sexual [No resuelto].
Sagrario González Flores	17	09-04		estrangulada [No resuelto].
Gabriela Martínez Calvillo	15			archivado el 15 de mayo; golpe en la cabeza [Resuelto].
María Rosa León Ramos	23	16-05		apuñalada [Resuelto].
Nora E. Flores Flores	18	23-05	Juárez	estrangulada [No resuelto].
Brenda P. Méndez Vázquez	14	26-06	Juárez	estrangulada; crimen sexual [No resuelto].
María de Jesús Lechuga Meza	56	04-07		arma de fuego [No resuelto].
niña "Cervantes Dávila"		07-07	Juárez	[Pendiente].
Aída Araceli Lozano Bolaños	24	01-08		crimen sexual [Resuelto].
Araceli Manríquez Gómez	25	18-08		apuñalada [Resuelto].
Emilia Ulloa Galván	64	19-04	Juárez	arma de fuego [No resuelto].
Haydée Osorio Rosales	51	19-04		arma de fuego [No resuelto].
Olga González López	23	22-08		arma de fuego [Resuelto].
Eréndira Ponce Hernández	17	30-08	Juárez	golpe en la cabeza [No resuelto].
Rocío Barraza Gallegos	23	19-09	Juárez	muerta de un tiro [No resuelto].
Hester Susanne van Nierop	28	20-09	Holanda	estrangulada [No resuelto].
María Eugenia Mendoza Arias	28	03-10	Juárez	crimen sexual; estrangulada [No resuelto].
Elizabeth Soto Flores	26	25-10	Juárez	[No resuelto].
Zenayda Bermúdez Campa		18-11		[Resuelto].
Celia G. Gómez de la Cruz	14	nov.	Veracruz	crimen sexual [No resuelto].
Elba Reséndiz Rodríguez	35	25-12		[Resuelto].

1999

María Estela Martínez	22	09-01		[Resuelto].
Patricia Monroy Torres	27	13-01		[No resuelto].
desconocida	22	31-01		violada y estrangulada [No resuelto].
Rosalba López Espinoza	25	30-01	Valle de Chihuahua	[No resuelto].
Paulina León	17	09-01	San Luis Potosí	apuñalada; víctima de homicidio-suicidio.
Elsa América Arrequín Mendoza	22	14-02		[Resuelto].
Irma Angélica Rosales Lozano	13	15-02	Durango	crimen sexual [No resuelto].
"Selene"	4	22-02		golpes [Resuelto].
Elena García Alvarado	35	01-03	Madera, Chihuahua	crimen sexual, violada, apuñalada [No resuelto].
Gloria Martínez Delgado	40	09-03		posible sobredosis de droga.
Gladys Lizeth Ramos Esparza	27	13-03	Juárez	arma de fuego [Resuelto].
no identificada		01,-16-03		archivado el 21 de marzo; violada, estrangulada e incinerada [No resuelto].
María Santos Ramírez Vega	42	07-04		violada, golpeada [Resuelto].
Irma Arellano Castillo	63	04-06	México, D.F.	apuñalada [Resuelto].
Elizabeth Flores Sánchez	20	08-06		muerta a golpes [Resuelto].
Rosa Rivera Barajas	36	05-07	Juárez	estrangulada; crimen sexual [No resuelto].
Berta Briones	41	02-08		golpeada y apuñalada [No resuelto].
Margarita González Hernández	38	02-08		arrollada por vehículo [Resuelto].
no identificada		10-08		probable sobredosis de droga.
Vanesa Horcasitas	17	22-08		arma de fuego [No resuelto].
desconocida	57	15-09		[No resuelto].
María Ascensión Aparicio Salazar		29-09		heridas de hacha, atada [No resuelto].
María del Refugio Núñez	3	16-10		[Resuelto].
Blanca Vázquez Valenzuela	36	18-10		[Resuelto].
Nely América Gómez Holguín	23	24-10		apuñalada; crimen sexual [Resuelto].

309

María de Lourdes Galván Juárez	26	26-11		arma de fuego, víctima de homicidio-suicidio.
no identificada (cráneo)	19-22	12-11		[No resuelto].
Dora Sara Zamarripa	48	diciembre		archivado el 5 de enero de 2000; descuartizada [No resuelto].

2000

María Santos Rangel Flores	40	dic.	Juárez	expediente del 10 de enero; golpe en cráneo [Resuelto].
Juana González Piñón	36	05-01		apuñalada [Resuelto].
no identificada (restos óseos)	25-30	19-01		estrangulada [No resuelto].
María Elena Salcedo Meraz	35	26-01		arma de fuego [Resuelto].
María Isabel Nava Vásquez	18	28-01		crimen sexual; apuñalada [No resuelto].
Inés Silva Marchant	20			archivado el 14 de febrero; crimen sexual; estrangulada [No resuelto].
Laura Rocío Lara Amaro	17	07-03	Juárez	arma de fuego [Resuelto].
Alejandra del Castillo Holguín	29	11-03		embarazada y estrangulada [No resuelto] (Su hermana Perla y su amiga Graciela fueron asesinadas también; pero sus cadáveres no fueron encontrados. Otras muertes de hombres estuvieron relacionadas como parte de este crimen.)
Berenice Gómez Ortiz	23	12-03	Juárez	arma de fuego [No resuelto].
María Díaz Díaz	67	28-03		arma de fuego; se desconoce el estatus del caso.
Amparo Guzmán Caixba	18	01-04		crimen sexual [No resuelto].
María de los Ángeles Alvarado Soto				archivado el 7 de abril; golpe en el cráneo [Resuelto].
Maritza Toribio Flores	11	23-04	Juárez	arma de fuego [Resuelto].
Alexis Guadalupe Ramírez	24-27	16-05		estrangulada; se desconoce el estatus del caso.
Yamileth G. Mejía	8 meses	21-05		golpe en la cabeza; se desconoce el estatus de su caso.

310

Martha A. Esquivel García	32	16-06	Durango	arma de fuego [No resuelto].
Sandra Herrings Monreal	37	16-06		arma de fuego [No resuelto].
Liliana Holguín de Santiago	17	marzo		expediente del 28 de junio; crimen sexual, traumatismo craneoencefálico [No resuelto].
Flor E. Monreal Meléndez	19	03-07		arma de fuego; se desconoce el estatus del caso.
Aída Carrillo Rodríguez	26	07-07		[No resuelto].
Irma Márquez	32	25-07	Juárez	estrangulada [Resuelto].
Elodia Payán Núñez	47	04-08		estrangulada [Pendiente].
Leticia Armendáriz Chavira	32	04-08		calcinada [Resuelto].
Sonia Yareli Torres Torres	18	13-08	Madera Chihuahua	apuñalada [Resuelto].
María E. Acosta Armendáriz	43	17-09		arma de fuego; se desconoce el estatus del caso.
Elba Hernández Martínez	40	18-09		arma de fuego [Resuelto].
Domitila Trujillo Posada	27	04-10		apuñalada [No resuelto].
Adriana Acevedo Juárez	25	17-10	Juárez	arma de fuego [No resuelto].
desconocida (osamenta)	15	16-06		expediente del 2 de octubre; crimen sexual; golpe en el cráneo [No resuelto].
María Verónica Santillanes Nájera	32	04-11		[Resuelto].
Fátima Vanesa Flores Díaz	1	05-11	Juárez	traumatismo craneoencefálico [Resuelto].
María I. Chávez Martínez González	42	07-11	Sierra de Chihuahua	apuñalada [Resuelto].
Karina Enríquez Amparán	25	11-11		traumatismo craneoencefálico [No resuelto]
María G. Rivas Triana Ramírez	44	15-11		apuñalada [No resuelto].
Litzy Paola Ramírez	8 meses	10-12		golpe en la cabeza; se desconoce el estatus del caso.

2001

Laura Georgina Vargas	30	01-01		se desconoce el estatus del caso.
Elvira Carrillo de la Torre	72	18-01		[Resuelto].

311

Brisia Nevárez de Los Santos	20	26-01	Juárez	[No resuelto].
Sandra Corina Gutiérrez Estrada	17	09-02	Juárez	[Resuelto].
Reyna Lara Luciano	3	09-02	Juárez	[Resuelto].
Lilia Alejandra García Andrade	17	21-02	Juárez	violada, mutilada y estrangulada [No resuelto].
María de León Calamaco	52	26-02	Hidalgo	[Resuelto].
Leticia Quintero Moreno	23	04-04	Juárez	[Resuelto].
María Julia Luna Vera	46	09-04	Guadalajara	[Resuelto].
Flor Márquez Valenzuela	15	29-04	Parral	[Resuelto].
Laura Márquez Valenzuela	18	11-05		[No resuelto].
Irma Rebeca Sifuentes Castro	18	11-05		[No resuelto].
María L. Gutiérrez	35	11-06		[No resuelto]
Antonia Valles Fuentes	46	19-06		[Resuelto].
Gema Nevárez	4	21-06		[Resuelto].
Nelidia Pedroza García	68	28-06		[No resuelto].
Rosa María González	42	16-07	Juárez	[Resuelto].
Leticia Vargas Flores	48	19-07		[Resuelto].
Paloma Villa Rodríguez	17	25-07	Juárez	arma de fuego junto con su padrastro, su hermano sobrevivió el asalto [No resuelto].
Consuelo Ortiz Contreras	2	28-09	Juárez	[No resuelto].
Victoria Arellano Zubiate	55	05-10		[Resuelto].
María Cendejas Martínez (alias Graciela Hernández)	46	04-11		[No resuelto].
Esmeralda Herrera Monreal			Juárez	tiempo de muerte entre octubre y noviembre. Encontrada el 6 de noviembre; crimen sexual [No resuelto].
Claudia Ivette González	20		Juárez	muerta entre septiembre y octubre. Encontrada el 6 de noviembre; crimen sexual [No resuelto].
Laura B. Ramos Monárrez				muerta entre agosto-octubre; encontrada el 6 de noviembre [No resuelto].
desconocida				muerta entre octubre de 2000 y mayo de 2001; encontra-

				da entre el 6 y 7 de noviembre; crimen sexual [No resuelto].
desconocida				muerta entre mayo de 2000 y 2001, encontrada entre el 6 y el 7; crimen sexual [No resuelto].
desconocida				muerta octubre 2000, encontrada entre el 6 y 7 de noviembre; crimen sexual [No resuelto].
desconocida				muerta entre octubre 2000 y mayo del 2001; hallada entre el 6 y 7 noviembre; crimen sexual [No resuelto].
desconocida				muerta entre octubre de 2000 y mayo de 2001; crimen sexual [No resuelto].
Martha C. Pizarro Velázquez	23	13-11	Juárez	crimen sexual; encontrada en el Motel Royal; el esposo fue acusado.
Alma Neli Osorio Bejarano	21	18-11		[No resuelto].
Francisca Torres Casillas	84	04-12		[Resuelto].
Natividad Monclova Moreno	39?	05-12		[Resuelto].
Rosa M. Palacios Briones	62	06-12		[Resuelto].
María L. Carsoli Berumen	34	21-12		[Resuelto].
Susana Torres Valdivieso	20	23-12	Juárez	[No resuelto].

2002

María López Torres	24	01-01		[Resuelto].
Lourdes I. Lucero Campos	26	18-01	Juárez	crimen sexual; oficialmente resuelto pero marcas de mordeduras no coinciden con la dentadura del sospechoso.
Roberta G. Coronel Molina	32	21-01		se desconoce el estado del caso.
Merced Ramírez Morales	35	26-01	Alamillo, Chihuahua	[No resuelto].
Clara Hernández Salas	32	22-02		[Pendiente].

313

Claudia G. Martínez Hernández	3	22-02		[Pendiente].
Leticia Alvídrez Carrera	27	06-03	El Paso, Texas	[No resuelto].
Elisa Carrera Aceves	72	19-03	Juárez	[No resuelto].
Carolina Carrera Aceves	30	19-03	El Paso, Texas	[No resuelto].
Miriam Sáenz Rivera	14	24-03	El Paso, Texas	[Pendiente].
Gloria M. Escalante R.	73	24-03	Juárez	[No resuelto].
María Luisa Cuéllar	24	08-04	Juárez	[No resuelto].
Cynthia Portillo de González	26	08-04	El Paso, Texas	[No resuelto].
Rosa I. De la Cruz Madrigal	19	11-04	Veracruz	[Pendiente]
María del Rosario Ríos	48	14-04		[No resuelto].
Petra de la Rosa Moreno	55	20-04	Juárez	[No resuelto].
Suly Alvarado Torres	13	10-05		[No resuelto].
Gloria Betance Rodríguez	34	27-05	Juárez	[No resuelto].
Lucila Silva Salinas	30	02-06	Chihuahua	[Resuelto].
Manuela Hermosillo Quezada	52	08-06	Juárez	[Resuelto].
no identificada	recién nacida	11-06		[No resuelto].
Linda Sandoval Sánchez	31	21-06		[No resuelto].
Cinthia Armendáriz Moreno	15	21-08	Juárez	[No resuelto].
Nancy G. Quintero	20	25-08	Juárez	[No resuelto].
Dora A. Martínez Mendoza		26-08		[No resuelto].
no identificada				expediente del 23 de septiembre [No resuelto].
Margarita Briceño Rendón	36	27-09		[No resuelto].
no identificada (osamenta)		-06 -09		expediente del 8 de octubre; crimen sexual [No resuelto].
Gloria Rivas Martínez	16	-06 -09	Monterrey, Nuevo León	expediente del 26 de octubre; crimen sexual [No resuelto].
no identificada (osamenta)	15-17	-06 -09		expediente del 20 de noviembre; crimen sexual [No resuelto].
Deissy Salcido Rueda	26	17-11	El Paso, Texas	descuartizada, la madre acusó al esposo pero las autorida-

314

				dades formularon cargos contra el sujeto que la enterró.
María de Jesús Valenzuela	35	22-11	Torreón	[No resuelto].
Sandra Maribel Frías García	23		Chihuahua	[No resuelto].
Martha Sosa Gallardo	41	24-11	Juárez	[No resuelto].
María de Jesús González Apodaca	32	30-11		[No resuelto].

2003

Claudia I. Tavares Rivera	22	21-01		[Resuelto].
Berenice Delgado Rodríguez	5	09-02	Juárez	crimen sexual; se desconoce el estatus del caso.
Amalia Morales Hernández	37	13-02		fue hallada en la calle con heridas en el rostro, fue catalogada de muerte natural.
Lilia Reyes Espinosa	26	08-02	Veracruz	fue degollada [No resuelto].
Violeta Mabel Alvídrez	18	13-02	Santa Bárbara, Chihuahua	[No resuelto] (hallada el 17 de febrero con otras dos).
Juana Sandoval Reyna	17	10-02	Zacatecas	fallecida el 18 de noviembre de 2002; hallada el 17 de febrero [No resuelto].
Esmeralda Juárez Alarcón	17	10-02	Juárez	crimen sexual [No resuelto].
Adriana Cecilia Adriano	20	24-02	Juárez	tenía varios meses de embarazo, la policía dijo que fue muerta por arma de fuego por una pandilla durante un robo [No resuelto].
Francilina Pereyra	38	07-03	Brasil	abandonada por un traficante de indocumentados; reportes contradictorios acerca de la causa de muerte [No resuelto].
Brenda L. Santos González	15	17-03	Juárez	supuesto accidente.
Anabel Mendoza Torres	30	26-03	Juárez	[No resuelto].
Diana M. Hernández Vázquez	14	04-04		[No resuelto].
Antonia Ceniceros Corral	60	06-04	Juárez	[Resuelto] con la colaboración de la policía de El Paso, Texas.
María Teresa Tullius	22	11-04	El Paso, Texas	atada de pies y manos [No resuelto].

315

Mayra Yesenia Nájera		28-04	crimen sexual [No resuelto].
Guadalupe Juárez Rodríguez	39	30-04	[No resuelto].
María D. Quiñónez Corral	43	11-05	apuñalada; crimen sexual [No resuelto].
Aída Ávila Hernández	18	03-07	Juárez	[Pendiente].
Abigail González Benítez	42	06-07	Veracruz	[Pendiente].
Maribel Villa Santana	31	13-07	Juárez	estatus desconocido.
Emy Y. Gaytán Núñez	2	20-07	Juárez	crimen sexual [Resuelto].
Miriam García Solorio	22	23-07	Juárez	arma de fuego; una de las tres víctimas de una riña en la familia de un narcotraficante [Resuelto].
Karina C. Ramos González	22	23-07	Juárez	arma de fuego [Resuelto].
Mayra Gema Alamillo González	20	23-07	Juárez	arma de fuego [Resuelto].

2004

Margarita Juárez Torres	41	02-02		golpe a la cabeza con piedra; robo el posible móvil.
Rebeca Contreras Mancha	24		Juárez	murió aproximadamente el 8 de marzo; hallada en Cristo Negro [No resuelto]
Cristina Escobar González	22	13-03	Juárez	estrangulada, trabajaba en el bar Madonna's [Resuelto].
Lorenza Rodríguez Calderón	32	04-04	Chihuahua	[Resuelto].
Rosina Solís Corral	30	22-04		supuesto crimen relacionado al tráfico de drogas [No hubo detalles].
Irma Leticia Muller Ledezma	37	18-05	Madera, Chihuahua	víctima de fuego cruzado entre bandas del crimen organizado [No resuelto].
Alma Delia Chávez Marquez		21-05	Juárez	junto con Laura Ivette León Chávez* y Vicente León se consignaron a tres hombres, dos son familiares [Resuelto].
Laura Ivette León Chávez*	13	21-05		
Guadalupe Santos Gómez	36	24-05		estrangulada [No resuelto]. No hubo detalles.
María Clara Mavie Torres Castillo	26		Juárez	ama de casa; consignaron a

				dos hombres el 7 de julio de 2004 por el asesinato de 2001; su esposo la mató y enterró en el patio de su casa.
Alma Brisa Molina Baca	34	26-07		crimen sexual; fue detenido un sospechoso de 28 años.
Lidia Elías Granados	52	14-08	Juárez	golpeada y estrangulada; apareció en un tambo de basura [No resuelto].
Ana Maria Reyes Valverde	35	16-09		estrangulada; víctima de homicidio-suicidio, el esposo la mató.
no identificada	aprox. 25	06-10		crimen sexual; fue arrojada cerca de la frontera [No resuelto].
Martha Lizbeth Hernández Moreno	16	02-11	Juárez	estudiante violada y estrangulada, presunto responsable fue consignado.
Bárbara A. Franco Rivera	3	09-11		víctima de fuego cruzado entre bandas del crimen organizado [No resuelto].
no identificada	aprox. 3			murió 10 u 11 de noviembre; golpeada, semidesnuda [No resuelto].
no identificada				arrojada en Valle de Juárez fue hallada el 25 de noviembre [No resuelto].
Cinthia Irasema Ramos	21	06-12	Juárez	empleada del bar Casanova; estrangulada, su cuerpo fue encontrado en la banqueta cerca del bar; autoridades declaran responsable a un abogado, Mario García [No resuelto].
Flor Fabiola Ferrer Rivera	20	09-12		degollada en su domicilio, empleada del bar Chapulín Colorado, madre de un pequeño [No resuelto].
no identificada		13-12		restos en la Colonia Parajes del Sur, hallazgo al parecer de una pierna de mujer con calceta y zapato tenis.

317

Nota 1: Un grupo de civiles reportó el hallazgo de tres cadáveres de mujer en enero de 2003 en Lomas de Poleo. Las autoridades negaron las afirmaciones. La autora especula si los funcionarios ocultaban información o si estos cuerpos fueron removidos hacia el área del Cristo Negro. Autoridades federales mexicanas informaron de la ubicación de seis cadáveres a finales de 2002 y principios de 2003, en Cristo Negro.

Nota 2: Otros 42 restos de mujeres no identificadas, rescatados entre 1995 y 1996, fueron catalogados como víctimas de homicidios. Las autoridades no los divulgan públicamente.

Nota 3: La policía considera un caso resuelto si han identificado al sospechoso; no esperan a que el probable responsable sea declarado culpable por un tribunal. La autora no está de acuerdo con todas las conclusiones oficiales.

Desaparecidas en Ciudad Juárez

Las siguientes mujeres fueron reportadas como desaparecidas en Juárez, de enero de 1993 a mayo de 2003. Amnistía Internacional recopiló la lista para su reporte de 2003 en los crímenes contra mujeres en Ciudad Juárez y la ciudad de Chihuahua. Las víctimas están enumeradas aquí por nombre, edad (siempre y cuando se cuente con estos datos), fecha de expediente y clave del registro judicial.

Nombre	Edad	Fecha	Clave
María del Rosario Gómez Solís		22 de diciembre de 1993	26456/93.
Verónica Montañés Monreal		4 de mayo de 1995	10659/93.
Abigail Esmeralda Reyes Jacobo		19 de junio de 1995	1426/93.
María Elena García Salas		5 de diciembre de 1995	2219/93.
Erica Ivonne Madrid Ríos		1996	168769/96.
Lidia Herrera Herrera		1996	6839/96.
Guadalupe Espinoza Boyso		6 de enero de 1996	252/99.
Verónica Muñoz Andrade		25 de enero de 1996	1816/96.
Rosina Blanco Ramos		26 de enero de 1996	12905/96.
María Guadalupe del Río Vásquez		27 de febrero de 1996	4011/96.
Micaela Ríos Saldívar		12 de junio de 1996	13586/96.
Miriam Lizeth Bernal Hernández		1 de julio de 1996	301/98.
Catalina Duarte Carrera		12 de agosto de 1996	15788/96.
Alma Delia López Guevara		30 de septiembre de 1996	599/98.
Blanca Grisel Guzmán		11 de marzo de 1996	33/96.
Elena Guadina Simental		22 de marzo de 1997	201/97.
Blanca Cecilia Rivas López	13	1 de octubre de 1997	20385/97.
Mares Mata		11 de marzo de 1998	191/98.
Silvia Arce		12 de marzo de 1998	5333/98.
Gabriela Holguín o Griselda Reyes		2 de abril de 1998	7661/98.
Miguelina Soto Meléndez		13 de abril de 1998	[Resuelto]
María del Rosario Palacios Morán		7 de diciembre de 1998	688/98.
Ana Azucena Martínez Pérez		18 de marzo de 1999	159/99.

Carmen Cervantes Terrazas	42	1 de mayo de 1999	[Resuelto]
Rosa Velia Cordero Hernández	25	1 de mayo de 1999	368/99.
María del Rosario		23 de julio de 1999	390/99.
Elizabeth Rodríguez Pérez		18 de noviembre de 1999	557/99.
Celina Uribe Vásquez		25 de febrero de 2000	75/00.
Marta Felicia Campos Molina		8 de abril de 2000	143/00.
Merlín E. Rodríguez Sáenz	17	8 de abril de 2000	19454/00.
Miriam Cristina Gallegos	17	4 de mayo de 2000	sin expediente
Blanca Estela Garza Aguirre		20 de mayo de 2000	242/00.
Nancy Edith Hernández Chacón		1 de noviembre de 2000	437/00.
Margarita Ruiz Chaparro	45	15 de abril de 2001	262/01.
María de los Ángeles Acosta	19	25 de abril de 2001	118/01.
María de Jesús Sandoval González		7 de junio de 2001	244/01.
Lorenza Clara Mavie Torres	26	23 de junio de 2001	[Asesinada]
Mayra Juliana Reyes Solís	17	25 de junio de 2001	sin expediente
María Rosina Galicia		6 de agosto de 2001	199/01.
Guadalupe Luna de la Rosa	19	30 de septiembre de 2001	398/00.
Verónica Martínez Hernández	20	28 de octubre de 2001	422/00.
María D. Gutiérrez Portillo		28 de octubre de 2001	266/01.
Bárbara A. Martínez Ramos	20	7 de noviembre de 2001	008/01.
Sofía Torres	15	18 de febrero de 2002	sin expediente
Dinora Gutiérrez	24	18 de febrero de 2002	[Resuelto]
Alma M. López Garza	27	25 de febrero de 2002	40/02.
Claudia Noemí Romero		10 de marzo de 2002	47/02.
María Fátima Flores Ortiz		8 de mayo de 2002	98/02.
Isabel Mejía Sapién		10 de mayo de 2002	103/02.
Teresa D. González Mendoza	13	6 de julio de 2002	139/02.
Mayra Y. Nájera Larragoiti	15	10 de agosto de 2002	172/02.
Beatriz Angélica Valera		11 de agosto de 2002	173/02.
Samantha Y. Carrasco Carrasco		17 de agosto de 2002	182/02.
San Juana E. Sifuentes Rivas		16 de noviembre de 2002	243/02.
Rosa M. Mayela Ituarte Silva		21 de noviembre de 2002	252/02.
Érika Abigail Loera	26	20 de diciembre de 2002	sin expediente
María C. Torres Campos		3 de enero de 2003	002/03.
Lizeth Sosa Mendoza		6 de enero de 2003	006/03.
Estela Gardea Chávez	32	10 de enero de 2003	007/03.
María G. Segura Fernández		11 de enero de 2003	008/03.
Luisa García Hernández		20 de enero de 2003	017/03.
Maricruz Leo Huerta		23 de enero de 2003	019/03.
Maribel Parra Pérez		2 de marzo de 2003	044/03.
María D. Frank Martínez		3 de marzo de 2003	048/03.
Yohanna P. Miranda González		9 de marzo de 2003	056/03.
Sayra Luz Luján Campa		13 de marzo de 2003	6642/03/999.
Victoria Paloma Holguín Varela		17 de marzo de 2003	062/03.
Blanca Estela Urrieta Colón		23 de marzo de 2003	065/03.

Adriana Morín Zugasti	25 de marzo de 2003	065/03.
María I. Rascón Fernández	30 de marzo de 2003	066/03.
Marisela González Vargas	30 de marzo de 2003	8513/03/999.
Cristal Palacios Rosales	31 de marzo de 2003	8513/03/999.
Perla de la Cruz Jacobo	31 de marzo de 2003	8513/03/999.
Karla P. Rodríguez Romero	31 de marzo de 2003	8513/03/999.

Nota: La Comisión Interamericana para los Derechos Humanos, en su reporte 2003, señaló la desaparición de 260 mujeres, una cifra obtenida por la comisión por parte de las autoridades mexicanas.

Cifras para Juárez:
Homicidios

1993-2004: 391 homicidios, más otras 42 víctimas que no son identificadas. Y, según la autora, otras siete presumiblemente ya fallecidas: Silvia Arce, Griselda Mares, Perla Holguín del Castillo, una mujer identificada como "Graciela", la paseña Claudia M. López, Abigail Sánchez y Alma Díaz.

Total: 440 homicidios (1993-2004).

Cifras de desaparecidas en Juárez

1993-2004: Desde 74 hasta 260 desaparecidas en Juárez.

Víctimas de la ciudad de Chihuahua
(1999-2004)

La Ciudad de Chihuahua, a 380 kilómetros al sur de Ciudad Juárez, comenzó a registrar desapariciones y asesinatos similares a los cometidos en la ciudad fronteriza. De acuerdo a Justicia Para Nuestras Hijas, 18 mujeres fueron asesinadas en este periodo.

NOMBRE	EDAD	FECHA	CAUSA DE MUERTE Y ESTATUS
Norma L. Luna Holguín	16		hallaron cuerpo el 24 de marzo de 1999; crimen sexual, trabajadora doméstica [No resuelto].
Jacqueline C. Sánchez Hernández	14	05-2000	estudiante, cuerpo arrojado a espaldas del edificio Motorola; crimen sexual [No resuelto].
Erika Ivonne Ruiz Zavala	16	23-06-2001	cuerpo semienterrado en una tumba en el panteón municipal; expediente fue consignado sólo por inhumación clandestina.
Perla Chávez Rodríguez	25		bailarina reportada como desaparecida el 28 de diciembre de 2001; encontrada sin vida después de un mes [No resuelto].
Paloma A. Escobar Ledesma	16		reportada como desaparecida el 2 de marzo; hallada muerta el 27 de marzo 2002; trabajaba en maquiladora y estudiaba en la escuela ECCO [No resuelto].
M. Viviana Rayas Arellanes	16	03-2003	estudiante del Colegio de Bachilleres núm. 1 [No resuelto].
María Teresa Araiza Hernández	19	26-06-2003	encontrada semidesnuda pero las autoridades consideran suicidio.
Neyra Azucena Cervantes	18		reportada desaparecida el 13 de mayo de 2003; hallada sin

		vida el 14 de julio de 2003; torturada, crimen sexual; la vieron salir por última vez de la escuela de computación ERA; su primo fue consignado.
no identificada		encontrada el 15 o 16 de julio de 2003, cerca del lugar donde se descubrió el cuerpo de Neyra Azucena. Permanece oculta por las autoridades.
Diana Yazmín García Medrano	18	desapareció el 27 de mayo de 2003. Salió de su casa a la escuela de computación BC&T en el centro a cien metros de la Procuraduría de Justicia del estado. Su cuerpo se encontró el 7 de agosto de 2003.
no identificada	28-02-2004	el cadáver fue hallado en una bodega cercana a la Central de Abastos. El cuerpo estaba calcinado y las autoridades dijeron que se trataba de una indigente.
Teresa Torbellín Loya	33	su cadáver fue hallado el 26 de abril a seis kilómetros y medio de la ciudad de Chihuahua; murió de un golpe en la cabeza; empleada de la maquiladora Electrocomponentes [No resuelto].
Luisa Rocío Chávez Chávez	14	desapareció 27 de mayo 2004 y se estima que fue asesinada el 13 de mayo; cuerpo semidesnudo se localizó al siguiente día tirado en un fraccionamiento privado en construcción. Hay tres personas detenidas.
no identificada	08-2004	restos de mujer fueron encontrados en un predio a 21

			kilómetros al norte de la capital estatal.
María Elsa Cano Gutiérrez	21		desaparecieron el 14 de agosto de 2004 y encontraron sus cuerpos el 4 de septiembre de 2004. Se inculpa al esposo.
su hija Denisse Yaliz Pérez Cano	2 años*		
Denisse Yaliz*	2 años		(*véase* el caso anterior).
no identificada			el cadáver de una mujer fue encontrado semidesnudo en un arroyo [No hubo detalles].
Sandra Ríos Salmón	15	21 y 22-10	violada, estrangulada y desnucada en un cuarto a medio construir; un sospechoso fue detenido.

Desaparecidas en la ciudad de Chihuahua

Miriam C. Gallegos Venegas	17	04-05-2000	obrera de la maquiladora ACS (144/00).
Érika Noemí Carrillo Enríquez	20	12-12-2000	estudiaba en el Tecnológico Plantel 2 y en la escuela de computación ECCO (384/00).
Rosalba Pizarro Ortega	17	23-02-2001	fue a llevar solicitud de trabajo a un lugar del centro (48/01).
Yesenia C. Vega Márquez	16	03-2001	sin expediente.
Julieta M. González Valenzuela	17	08-03-2001	estudiante de preparatoria y trabajadora de maquiladora (62/01).
Claudia Y. Urías Berthaud	14	09-03-2001	estudiante de la secundaria.
Minerva T. Torres Alveldaño	18	13-03-2001	salió de su casa al centro a una entrevista de trabajo (66/01).
Bianca S. Quezada Pérez	17	01-04-2002	sin expediente.
Yesenia M. Barraza Quiñónez	15	01-04-2002	(también se mencionó la fecha 8 de noviembre de 2002.) sin expediente.

323

Nota: Estas listas fueron compiladas usando varias fuentes: el Instituto Chihuahuense de la Mujer en Juárez; otras listas oficiales; organismos no gubernamentales Ocho de Marzo, Nuestras Hijas de Regreso a Casa y Justicia para Nuestras Hijas; profesora Julia Monárrez de El Colegio de la Frontera Norte en Juárez; el Proyecto Sagrario por Aztlan.Net; el libro *El silencio que la voz de todas quiebra*; e investigación independiente por parte de la autora. La lista de personas desaparecidas proporcionada por fuentes oficiales, familias y Amnistía Internacional.

Anexo 3.

Funcionarios negligentes

La fiscal federal María López Urbina entregó a la Procuraduría del estado de Chihuahua una lista de servidores públicos que supuestamente incurrieron en negligencias y omisiones en la integración de los expedientes de los feminicidios en Ciudad Juárez. Solicitó acciones penales o administrativas en contra de ellos. En octubre de 2004, las autoridades estatales difundieron los siguientes nombres. Doce de ellos seguían en sus puestos.

Suly Ponce Prieto	fiscal especial
Manuel A. Esparza Navarrete	fiscalía especial mixta
Maria Antonieta Esparza Cortez	fiscal especial
Marina Aspeytia Morales	fiscal especial
Liliana Herrera López	fiscal especial
Zulema Bolívar García	fiscal especial
Ángela Talavera Lozoya	fiscal especial
Silvia Loya Miyamoto	fiscal especial
Hernán Rivera Rodríguez	jefe de averiguaciones previas
Jorge Ramírez Pulido	jefe de averiguaciones previas
José Luis Olvera Moreno	ministerio público
Salvador Soto Cepeda	ministerio público
Fernando Baxin Gil	ministerio público
Julio César Yáñez Camacho	ministerio público
César Octavio Rivas Ávila	ministerio público
Ernesto Frías Galván	ministerio público
Sandra Cecilia Domínguez Carrillo	ministerio público
Gerardo García Villalobos	subagente ministerio público
José Luis Armendáriz Fuentes	subagente ministerio público
María Cristina Olivas Urrutia	subagente ministerio público
Jesús Moreno Cano	subagente ministerio público
Julio C. Cortez Razo	perito
Julio César del Hierro Ochoa	perito
Luis Aguilar Morita	perito
Luis Roberto Tuda Gandarilla	perito
Martín Ignacio Coello Tarango	perito
Mónica Esparza	perito
Francisco Tapia Córdova	perito

Gaudencio Pavía Ortiz	perito
Rodrigo Bustillos Villegas	perito
Rigoberto Isaías Flores Gómez	perito
César Rubén Salazar Arriaga	perito
Enrique Pérez Silva	perito
Antonio Navarrete Pérez	agente policía judicial
Gustavo Gutiérrez Mascareño	agente policía judicial
José Armando Ponce Uranga	agente policía judicial
José Enrique Reyes	agente policía judicial
José Breña Hernández	agente policía judicial
Martín S. Herbert Ortiz	agente policía judicial
Miguel Ángel Ramírez Orozco	agente policía judicial
Jorge Pantoja Ramírez	agente policía judicial
Alfonso Carrasco Juárez	agente policía judicial
Ángel Olivas Stirk	agente policía judicial
Martín Valenzuela	agente policía judicial
Rubén Alonso Rodela	agente policía judicial
Alejandro Macías Sierra	agente policía judicial
Miguel A. Cárdenas Quiroz	agente policía judicial
Joel Téllez Venegas	agente policía judicial
Leonel Octavio Lara	agente policía judicial
Vianey Aguirre Calderón	agente policía judicial
Martín Salvador Zúñiga Alanis	agente policía judicial
Miguel A. Ríos Adame	agente policía judicial
Eugenio Yáñez Rodríguez	agente policía judicial

APÉNDICE DOCUMENTAL

Cráneos de víctimas de la violencia en Juárez (hombres y mujeres), en el Servicio Médico Forense de Ciudad Juárez, en espera de ser identificados. [Bárbara Vázquez]

Diana Washington camina entre cruces pintadas en un campo algodonero; ahí fueron encontrados, en noviembre de 2001, los cadáveres de ocho mujeres asesinadas. [Leonel Monroy]

Interior del Club 15. Según un reporte de inteligencia del FBI, el ático del club se utilizaba para almacenar "recuerdos" de las víctimas. [Leonel Monroy]

Diana Washington habla con el encargado de La Sevillana, restaurant ubicado en el centro de Ciudad Juárez. [Leonel Monroy]

Exterior del restaurant La Sevillana, señalado en un reporte del FBI de 2003 de estar relacionado con los crímenes de mujeres en Ciudad Juárez. [Leonel Monroy]

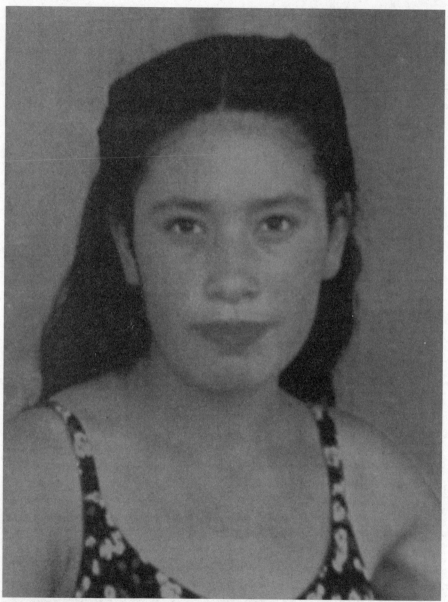

Sagrario González, de 17 años, obrera de una maquiladora. Desapareció en abril de 1998, después de su turno de trabajo. Días después, su cuerpo fue encontrado en un lote baldío, varios kilómetros al este de la planta donde laboraba. [Foto familiar]

Paula Flores, mamá de Sagrario González, participa en un rastreo en Ciudad Juárez el 6 de agosto de 2000. [Leonel Monroy]

Guillermina González, hermana de Sagrario (la joven obrera habitante de Lomas de Poleo violada y asesinada), en una manifestación el 25 de noviembre de 2001. Guillermina contribuyó a crear el grupo Voces Sin Eco, un organismo no gubernamental que busca justicia para su hermana y las otras víctimas. [Leonel Monroy]

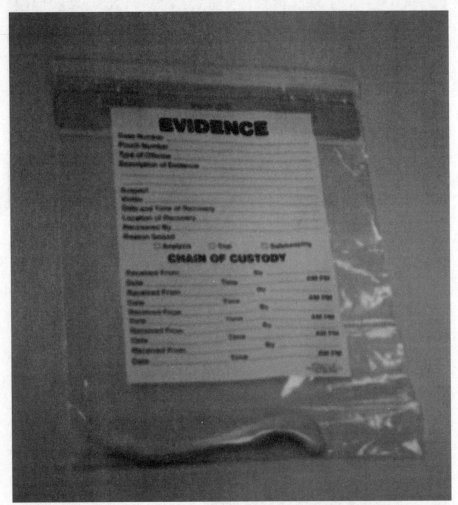

Clavícula de Laura Berenice Ramos, una de las ocho víctimas cuyos restos fueron encontrados en 2001, en un campo algodonero.

Portada del periódico Norte de Ciudad Juárez con fotografías que son clara evidencia de que fueron "sembradas" las perforaciones de bala en los vehículos de los policías involucrados en el asesinato del abogado Mario Escobedo hijo. [Cortesía de Norte de Ciudad Juárez]

Descubrimiento de ocho cadáveres de mujeres asesinadas
en un lote urbano, ubicado en
las avenidas Ejército Nacional y
Paseo de la Victoria de Ciudad
Juárez, en noviembre de 2001.
[Leonel Monroy]

Velorio de Gustavo la Foca González Meza en 2003, uno de los choferes acusados de violar y asesinar a las ocho mujeres encontradas en un lote urbano en 2001. [Marisela Ortega]

Cruz colocada en la entrada del puente internacional Paso del Norte después de una marcha organizada por el grupo de derechos humanos Mujeres de Negro, en protesta por los asesinatos de mujeres en el estado de Chihuahua. [Leonel Monroy]

Paloma Escobar, víctima de la ciudad de Chihuahua; desapareció el 2 de marzo de 2002 y su cadáver fue hallado el 29 de marzo de ese año, en las afueras de la ciudad. [Diana Washington Valdez]

Miembros de la pandilla Los Rebeldes tras las rejas en la cárcel de Ciudad Juárez, consignados en 1996 bajo cargo de secuestro y asesinato de mujeres por encargo de Sharif. [Cortesía de Norte de Ciudad Juárez]

Abdel Latif Sharif Sharif, acusado de ser el autor intelectual de los asesinatos de 24 jovencitas; considerado el perfecto chivo expiatorio y una víctima de la política debido a la presión ejercida sobre las autoridades para esclarecer los crímenes. [El Paso Times, Víctor Calzada]

Irene Blanco, exdefensora de Abdel Latif Sharif Sharif, el sospechoso exhibido como trofeo judicial en los crímenes contra mujeres en Juárez. Ahora diputada federal por Quintana Roo. [Diana Washington Valdez]

Imágenes de desaparecidas en la Subprocuraduría General de Justicia en Ciudad Juárez, primero de agosto de 2000.

La doctora Irma Rodríguez Galarza, especialista forense de la Procuraduría General de Justicia de Chihuahua, reconstruyendo rostros de víctimas para su posterior identificación.

Manifestación frente al consulado mexicano en El Paso, Texas, primero de noviembre de 2003. [Leonel Monroy]

Manifestación frente al consulado mexicano en El Paso, Texas, primero de noviembre de 2003. [Leonel Monroy]

En una manifestación la activista Sally Misenheimer coloca una carta dirigida al presidente Vicente Fox y al gobernador de Chihuahua Patricio Martínez en la puerta del consulado mexicano en El Paso, Texas. [Leonel Monroy]

Manifestación internacional del V-Day (realizada simultáneamente en El Paso, Texas, y en Ciudad Juárez, Chihuahua), el 14 de febrero de 2004; lado Ciudad Juárez. [Leonel Monroy]

Arsene y Rolando van Nierop, padres de la turista holandesa Hester Susanne van Nierop (violada y estrangulada en 1998 a la edad de 28 años) muestran la edición especial elaborada en su país sobre 20 casos de feminicidio, y que incluye las firmas solidarias de 7,342 europeos, en demanda de justicia. Los padres de la extranjera regresaron con un equipo de la televisión de su país a recrear el caso de su hija y a renovar su exigencia de justicia ante las autoridades. [Bárbara Vázquez]

Retrato hablado de sospechoso del asesinato de la turista holandesa Hester Susanne van Nierop en 1998, difundido por autoridades del estado de Chihuahua en 2004, año en que viajaron a México los padres de Hester para exigir justicia.

Pesquisas de personas desaparecidas (en su mayoría mujeres), en tablero de la Policía Judicial del Estado de Chihuahua. [Bárbara Vázquez]

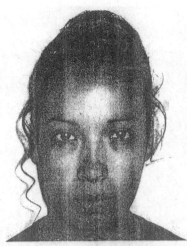

AYUDANOS A ENCONTRAR A:
)LETA MABEL ALVIDREZ BARRIOS

ERISTICAS:

SEXO:	FEMENINO
EDAD:	18 AÑOS
ESTATURA:	1.55
COMPLEXION:	DELGADA
PIEL:	MORENA CLARA
OJOS:	MIEL
CABELLO:	CASTAÑO CLARO

ENTA: PANTALON AZUL MARINO ACAMPANADO Y
SUDADERA AZUL MARINO CON LOGOTIPO
DEL CRUZ AZUL Y ZAPATOS NEGROS.

)ESAPARICION: MARTES 4 DE FEBRERO DEL 2003
)E DESAPARICION: 2 CUADRAS DE LA PREPA ALLENDE

) DE TENER ALGUNA INFORMACION FAVOR DE
[CARSE A LOS SIGUIENTES TELEFONOS:

/ 683-31-16 / 612-85-42 / 044 656 642-46-02 / 612-73-38

Volante para localizar a Violeta Alvídrez Barrios, una de las seis víctimas halladas, en 2003, en un sitio dentro de la cooperativa de un banco de materiales conocido como Cristo Negro.

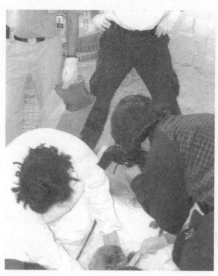

Primer cadáver descubierto en Ciudad Juárez durante la investigación binacional Operación Plaza Sweep, en 1999. [FBI]

El FBI en el Rancho Santa Rosalía (controlado anteriormente por un líder del cartel de Juárez) durante la Operación Plaza Sweep en 1999. En ese lugar fueron encontrados dos cuerpos. [FBI]

El misterioso Compadre (en medio de dos conocidos toreros de México, Mariano Ramos [der.] y Manuel Capetillo [izq.]), supuesto benefactor de Heidi Slaquet Armengol. [Cortesía de Isabel Arvide]

El activista de El Paso Jaime Hervella hablando con Vicky Caraveo, directora del Instituto Chihuahuense de la Mujer de Ciudad Juárez, el 11 de octubre de 2003. Hervella era el padrino de Saúl Sánchez Jr., un veterano de la Fuerza Naval de Estados Unidos, secuestrado junto con su esposa Abigaíl en 1994 por un grupo de hombres que incluía a miembros de la policía federal mexicana. [Leonel Monroy]

Hilda Solís, quien encabezó la visita de los congresistas estadunidenses a Ciudad Juárez, en un informe privado en El Paso, Texas, 11 de octubre de 2003. [Leonel Monroy]

Los congresistas estadunidenses en Ciudad Juárez después de entrevistar a familiares de víctimas, 11 de octubre de 2003. [Leonel Monroy]

Autoridades de México y Estados Unidos anuncian la línea telefónica del FBI en El Paso, Texas, en 2003, para proporcionar pistas. [Diana Washington Valdez]

Hardrick Crawford Jr., titular del FBI en El Paso, Texas, y los diputados estadunidenses Ciro Rodríguez y Silvestre Reyes, 11 de octubre de 2003. [Leonel Monroy]

Patricio Martínez, gobernador del estado de Chihuahua, con Ray Caballero, alcalde de El Paso, Texas.
[Marisela Ortega]

Hardrick Crawford Jr., titular del FBI en El Paso, Texas [en medio], en Ciudad Juárez con el cardenal Juan Sandoval Íñiguez [der.].

La comisionada federal para Prevenir y Erradicar la Violencia contra las Mujeres en Ciudad Juárez, Guadalupe Morfín Otero, nombrada por el presidente Vicente Fox para el esclarecimiento de los crímenes, primero de julio de 2004. [Leonel Monroy]

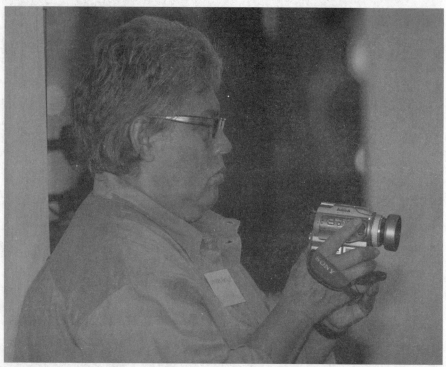

La cineasta Lourdes Portillo, creadora de Señorita extraviada, película que fue exhibida al público en varios países y sirvió como catalizador para la creciente demanda de justicia, 11 de octubre de 2003. [Leonel Monroy]

Caravana trinacional por las Muertas de Juárez. [Bárbara Vázquez]

Procesión de católicos contra la violencia. [Bárbara Vázquez]

Hallazgo en un arroyo en el poniente de Ciudad Juárez del cuerpo violado y estrangulado de quien después se supo era Guadalupe Santos Gómez, de 26 años, casada y con dos hijos pequeños, originaria del estado de Veracruz, extrabajadora de una maquiladora y quien laboraba a últimas fechas en un puesto de comida de la zona centro. [Bárbara Vázquez]

En la imagen se observa el cuerpo violado, estrangulado y abandonado a las puertas de un bar de quien posteriormente sería identificada como Cinthia Irasema Ramos Quezada, de 24 años, empleada de un bar. El asesino, un cliente del establecimiento donde ella trabajaba, continúa prófugo. [Bárbara Vázquez]

Marisela Ortiz y Alfredo Limas, de Nuestras Hijas de Regreso a Casa, frente al pequeño ataúd que contiene los restos mortales de María Elena Chávez Caldera, asesinada a los 16 años en el año 2000 y que en junio de 2004 fuera identificada mediante un examen de ADN. [Bárbara Vázquez]

Un perito de la Fiscalía de Feminicidios observa el cuerpo de Coral Arrieta Medina, obrera de una maquiladora y estudiante de 17 años, originaria de Veracruz, semidesnudo, violado y estrangulado, descubierto en el conocido Lote Bravo. Éste es el octavo feminicidio del año 2005. [Raymundo Ruiz]

Letrero en una calle de Ciudad Juárez, entre Vicente Guerrero y Adolfo de la Huerta, en la zona comercial.
[Bárbara Vázquez]

Cosecha de mujeres,
escrito por Diana Washington Valdez,
es una obra indispensable
para intentar entender la angustia
y degradación de una sociedad
a la que la violencia, en la edad
de los verdugos, tiene presa
en la impunidad.
La edición de esta obra fue compuesta
en fuente newbaskerville y formada en 11:13.
Fue impresa en este mes de agosto de 2005
en los talleres de Impresos y Encuadernaciones SIGAR,
que se localizan en la calzada de Tlalpan 1702,
colonia Country Club, en la ciudad de México, D.F.
La encuadernación de los ejemplares se hizo
en los mismos talleres.